Eine Arbeitsgemeinschaft der Verlage

Böhlau Verlag · Wien · Köln · Weimar
Verlag Barbara Budrich · Opladen · Toronto
facultas.wuv · Wien
Wilhelm Fink · München
A. Francke Verlag · Tübingen und Basel
Haupt Verlag · Bern
Verlag Julius Klinkhardt · Bad Heilbrunn
Mohr Siebeck · Tübingen
Nomos Verlagsgesellschaft · Baden-Baden
Ernst Reinhardt Verlag · München · Basel
Ferdinand Schöningh · Paderborn · München · Wien · Zürich
Eugen Ulmer Verlag · Stuttgart
UVK Verlagsgesellschaft · Konstanz, mit UVK / Lucius · München
Vandenhoeck & Ruprecht · Göttingen · Bristol
vdf Hochschulverlag AG an der ETH · Zürich

Uwe Uhlendorff · Matthias Euteneuer
Kim-Patrick Sabla

Soziale Arbeit mit Familien

Mit 8 Abbildungen und 3 Tabellen

Ernst Reinhardt Verlag München Basel

Prof. Dr. *Uwe Uhlendorff* lehrt Sozialpädagogik an der Technischen Universität Dortmund.

Dr. *Matthias Euteneuer* ist wissenschaftlicher Mitarbeiter am Lehrstuhl für Didaktik der Sozialpädagogik an der Technischen Universität Dortmund.

Prof. Dr. *Kim-Patrick Sabla* lehrt Soziale Arbeit an der Universität Vechta.

Bibliografische Information der Deutschen Nationalbibliothek

Die Deutsche Nationalbibliothek verzeichnet diese Publikation in der Deutschen Nationalbibliografie; detaillierte bibliografische Daten sind im Internet über <http://dnb.d-nb.de> abrufbar.

UTB-Band-Nr.: 3913
ISBN 978-3-8252-3913-8

Printed in Germany
Einbandgestaltung: Atelier Reichert, Stuttgart
Cover unter Verwendung eines Bildes von © James Thew – Fotolia.com
Satz: ew print & medien service gmbh, Würzburg

Ernst Reinhardt Verlag, Kemnatenstr. 46, D-80639 München
Net: www.reinhardt-verlag.de E-Mail: info@reinhardt-verlag.de

Inhalt

Hinweise zur Benutzung dieses Lehrbuches

Zur schnelleren Orientierung werden in den Randspalten Piktogramme benutzt, die folgende Bedeutung haben:

Fallbeispiel

Exkurs

Literaturtipps

Übungsaufgaben

Internet-Verweis

1 Was heißt Soziale Arbeit mit Familien?

In diesem ersten Kapitel werden wir erläutern, was Soziale Arbeit mit Familien heißt. Es gilt, Merkmale von Sozialer Arbeit mit Familien zu identifizieren und grundlegende Definitionen zu erarbeiten. Gleichzeitig geben wir dabei einen Überblick über den weiteren Aufbau des Buches. Aus der grundlegenden Beschäftigung mit der Frage, was Soziale Arbeit mit Familien ist, ergeben sich nämlich auch die Thematiken, welche wir in den weiteren Kapiteln dieses Buches behandeln werden. Um die Frage „Was heißt Soziale Arbeit mit Familien?" besser beantworten zu können, folgt nun ein Fallbeispiel:

Fallbeispiel 1

Frau Kurt und Frau Abel, Beratungsstelle des Jugendamts

Frau Kurt hat sich in einer Erziehungsberatungsstelle des Jugendamtes zu einem Beratungsgespräch angemeldet. Nach längerer Wartezeit bekommt sie einen Termin bei der Sozialpädagogin Frau Abel. Frau Kurt wird von Frau Abel im Beratungszimmer freundlich empfangen. Nachdem sich beide kurz vorgestellt haben, fragt Frau Abel nach dem Grund des Aufsuchens der Beratungsstelle. Frau Kurt erläutert sogleich, warum sie in die Beratungsstelle gekommen ist. Sie ist Mutter eines 7-jährigen Sohnes namens Tom. Vor drei Wochen habe Frau Kurt ein Gespräch mit Toms Lehrerin führen müssen. Die Lehrerin habe sich über Toms Verhalten beschwert. Er könne nicht lange still sitzen, er würde ständig den Unterricht stören und provoziere seine Mitschüler zu Streitereien, die häufig zu körperlichen Auseinandersetzungen führten. Die Lehrerin hätte Frau Kurt mitgeteilt, dass ihr Sohn verhaltensgestört sei und dass sie sich an das Jugendamt wenden müsse. Andernfalls könne sie ihren Sohn nicht mehr unterrichten. Frau Kurt sei von dem Gespräch schockiert gewesen. Sie mache sich große Sorgen um Tom. Sie könne nicht behaupten, dass Tom verhaltensgestört sei. Nach einer kurzen Pause fragt Frau Abel, wie sich Tom in der Familie verhält. Frau Kurt erwidert daraufhin, dass sich Tom in der Familie an die Regeln halten würde. Allerdings habe er unter der Trennung vom Vater zu leiden. Tom sei in letzter Zeit sehr verschlossen und würde viel Zeit vor dem Fernseher verbringen. Frau Kurt habe aber ein enges Verhältnis zu Tom. Sie nehme ihn oft in den Arm. Frau Kurt hat sich vor zwei Jahren von ihrem Mann getrennt, das Ehepaar ist noch nicht geschieden. Seit einem Jahr lebt sie mit einem neuen Partner zusammen. Frau Kurt berichtet in dem Gespräch, dass der Kontakt zwischen Tom und seinem Vater schwierig sei. Tom sei sehr wütend auf seinen Vater, da er die Familie verlassen habe. Mit ihrem neuen Lebenspartner würde sie sich häufig über die Erziehung ihres Sohnes streiten. Frau Abel macht sich Notizen. Schließlich fragt sie Frau Kurt, wie sie sich das Verhalten von Tom in der Schule erklären würde. Frau Kurt sieht die Ursachen darin, dass ihr Lebenspartner zu streng zu ihrem Sohn sei und ihn überfordern würde. Schließlich fragt Frau Abel, was sie an der Situation verändern möchte und welche Unterstützung sie sich von ihr und dem Jugendamt wünscht …

Kontext

Es stellt sich zunächst die Frage: Handelt es sich bei dem Gespräch um Soziale Arbeit mit Familien? Vordergründig beschränken sich die Tätigkeiten von Frau Abel auf Begrüßung, Notizenmachen und einige Nachfragen. Aber dennoch deutet vieles darauf hin, hier von Sozialer Arbeit zu sprechen. Das betrifft zum einen den Kontext, in dem das Gespräch stattfindet: Es handelt sich um eine Beratungsstelle des Jugendamtes, das Gespräch wird von einer bezahlten Fachkraft geführt. Es ist für den Außenstehenden erkennbar, dass es sich nicht um ein alltägliches Gespräch handelt wie z.B. bei einem Treffen zweier Freundinnen. Die beiden Gesprächspartner nehmen zum anderen unterschiedliche soziale Rollen ein. Die Interaktion zwischen Frau Kurt und Frau Abel ist asymmetrisch: Frau Abel stellt Frau Kurt sehr persönliche Fragen zur Familiensituation, die bereitwillig beantwortet werden. Es wäre auch umgekehrt denkbar, dass Frau Kurt intime Fragen an Frau Abel richtet, z.B. ob sie in ihrer Partnerschaft glücklich ist. Frau Kurt zieht dies aber nicht in Betracht, sondern fügt sich in eine bestimmte Interaktions- und Erwartungsstruktur, die durch die Institution „Beratungsstelle" vorgegeben wird: Die Fachkraft stellt bestimmte Fragen, die von der Besucherin beantwortet werden, beispielsweise zur Familiensituation, Schulsituation usw. Die Klientin darf ebenfalls Fragen stellen, die sich auf mögliche Hilfen beziehen. Mit dem Aufsuchen einer Beratungsstelle ist automatisch eine soziale Situation definiert: Der Besucher (auch Klient genannt) verfolgt mit dem Besuch eine Absicht und hat bestimmte Erwartungen, er sucht Hilfe (einen Ratschlag, Klärung) bei einem Experten (Sozialarbeiter, Sozialpädagogin, Psychologe). Die Fachkräfte der Beratungsstelle müssen hierzu Genaueres über die Lebenssituation der Klienten herausfinden; sie wollen klären, ob und wenn ja, was für ein Problem es gibt, wer für die Problemlösung zuständig ist und was als Erstes zu tun ist. Sie bedienen sich dabei professioneller Methoden, z.B. einer bestimmten Gesprächsführung: Frau Abel ermuntert Frau Kurt durch eine offene Eingangsfrage („Was führt Sie in die Beratungsstelle des Jugendamtes?"), das Problem aus ihrer eigenen

asymmetrische Interaktion

Sicht zu beschreiben. Sie bewertet die Gesprächsäußerungen ihres Gegenübers nicht, sondern macht sich Notizen. Sie fordert schließlich Frau Kurt auf, ihre eigene Position oder Erklärungsmuster hinsichtlich des Schulverhaltens von Tom deutlich zu machen und ihre Erwartungen an die Hilfe zu benennen. Anhand der gestellten Fragen kann man ablesen, dass Frau Abels Verhalten darauf abzielt, Frau Kurt dazu zu bewegen, ihre subjektiven Erklärungsmuster des Konflikts und Lösungsvorstellungen zu entwickeln. Es handelt sich hierbei um einen ersten bedeutsamen Schritt der Sozialen Arbeit mit Familien. Soziale Arbeit mit Familien heißt, die Frage „Wer hat welche Probleme?“ zu klären.

Wer hat welche Probleme?

Damit ist aber nur ein Aufgabentyp benannt, der in der Sozialen Arbeit mit Familien geleistet wird, es gibt noch weitere, wie die folgenden beiden Fallbeispiele zeigen. Sie stammen aus zwei Tageszeitungen.

Fallbeispiel 2

Kochprojekt der evangelischen Schlosskirchengemeinde

Ein dampfender Berg aus Pfannkuchen steht vor Cans Nase. Ungeduldig rutscht der Elfjährige auf seinem Stuhl in der Mensa der Mathildenschule hin und her. Doch erst wenn alle sitzen, darf gegessen werden.

Beim Kochprojekt der evangelischen Schlosskirchengemeinde lernen Can, seine Mutter und andere Familien, die wenig Geld haben, wie sie günstig und gesund zu Hause kochen können: „Vor allem ohne Fertigprodukte", sagt Initiatorin Stephanie Ludwig vom evangelischen Dekanat. Sie hatte die Idee, Familien aller Religionen und Kulturen zum gemeinsamen Kochen und Essen zusammenzubringen: „Im Alltag bleibt kaum Zeit für ein gemeinsames Essen." (Frankfurter Rundschau, 09.06.2012)

Fallbeispiel 3

Eine Frau im Frauenhaus

Mit ihren zwei Kindern ist eine Frau ins Frauenhaus geflüchtet. Sie wurde von ihrem Mann jahrelang körperlich misshandelt, ihre Verletzungen mussten schon stationär in der Klinik versorgt werden. Die Frau ist durch die stetige Gewalt psychisch stark belastet und in psychologischer Behandlung. Ihre Teilzeitstelle hat sie wegen hoher Fehlzeiten verloren.

Die Kinder, die die Gewalt gegen ihre Mutter miterlebt haben, sind entwicklungsverzögert und verhaltensauffällig. Sie brauchen logopädische und ergotherapeutische Förderung. Obwohl sie schon oft beim Arzt und in der Klinik war, hat die Frau nie über die Gewalt gesprochen. Bis sie es irgendwann einfach nicht mehr aushielt. (Südwestpresse Ulm, 14.06.2012)

Im Unterschied zum Fallbeispiel 1, wo sich die Problemklärung noch im Anfangsstadium befindet, scheint der Prozess bei den Beispielen 2 und 3 abgeschlossen zu sein, d.h., die Problemstellungen sind schon definiert: Im Fallbeispiel 2 ist von Familien die Rede, die in Armut leben und nicht wissen, wie man gesund und preiswert kochen kann. Bei dem Fallbeispiel 3 wird von einer psychisch stark belasteten Frau, die von ihrem Mann jahrelang misshandelt wurde, und ihren Kindern berichtet, die als entwicklungsverzögert und verhaltensauffällig bezeichnet werden. In beiden Fällen werden auch Ziele und Hilfemaßnahmen benannt, um die Probleme zu lösen: Durch ein Kochprojekt sollen Eltern und Kinder lernen, billig und zugleich gesund zu kochen. Das Frauenhaus gewährt der misshandelten Mutter, die nicht mehr bei ihrem Mann leben kann, Schutz und ein vorläufiges Zuhause; den Entwicklungsverzögerungen und Verhaltensauffälligkeiten soll durch logopädische und ergotherapeutische Förderung entgegengewirkt werden. Damit kann ein zweiter Aufgabentyp Sozialer Arbeit mit Familien benannt werden, nämlich Familien in bestimmten Problemlagen praktische Hilfe und Unterstützung anzubieten oder zu vermitteln.

Wer benötigt welche Hilfe?

Noch ein weiteres gemeinsames Merkmal wird deutlich. Alle drei Fallbeispiele zeigen, dass sozialpädagogische Hilfen – im Gegensatz zur Hilfe von Freunden oder Nachbarn – Formen organisierter Hilfe sind, die von Organisationen bereitgestellt werden. Die Hilfe richtet sich dabei darauf, soziale Probleme zu lösen (z.B. Gewalt) und/oder die betroffenen Familien dazu zu befähigen, ihre Konfliktthemen und Erziehungs- oder Fürsorgeaufgaben (Erziehung von Tom, gesunde Ernährung) besser als zuvor zu bewältigen. Sie erfolgt immer in sozialen Interaktionen zwischen Klienten und Professionellen oder ehrenamtlichen Mitarbeitern und ist geplant, durchdacht und zielgerichtet.

Soziale Arbeit mit Familien

Zusammenfassend lässt sich Soziale Arbeit mit Familien also folgendermaßen definieren:

Definition:

Unter **Sozialer Arbeit mit Familien** versteht man alle Interaktionen zwischen sozialpädagogischen Fachkräften oder ehrenamtlichen Helfern und Familienmitgliedern, die unter Einbeziehung bestimmter Konzepte, Methoden und Techniken darauf ausgerichtet sind, Eltern und Kinder dabei zu unterstützen, familienbezogene Konfliktthemen, Aufgabenstellungen und soziale Probleme zu klären und zu lösen. Soziale Arbeit mit Familien zielt auf die Wiederherstellung bzw. Stärkung der familiären Erziehungs- und Sorgeleistungen ab, die z.B. angesichts von Konflikten oder sozialen Problemen aus Sicht von Familienmitgliedern und/oder Sozialarbeitern nur ungenügend erbracht werden. Soziale Arbeit wird im Rahmen von Organisationen geleistet und basiert auf rechtlichen Regelungen bzw. wird durch diese möglich.

Soziale Arbeit

Unsere Definition „Soziale Arbeit mit Familien" soll im Folgenden näher erläutert werden: Der Begriff „Soziale Arbeit" steht in diesem Buch für das Handlungsfeld von Sozialpädagogen und Sozialarbeitern, es umfasst alle Lebensalter und unterschiedliche Problemlagen von Kindern, Jugendlichen, Erwachsenen und alten Menschen. Unter Sozialpädagogik verstehen wir die wissenschaftliche Disziplin, die sich theoretisch und empirisch (Forschung) mit diesem Handlungsfeld auseinandersetzt. Die Begriffe Soziale Arbeit, Sozialarbeit und Sozialpädagogik wurden in der Vergangenheit unterschiedlich definiert. Mittlerweile werden sie in der Fachdiskussion und in der Wissenschaft synonym verwendet, auch wenn aus historischer Sicht einiges dafür spricht, zwischen Sozialarbeit und Sozialpädagogik zu unterscheiden (Thole 2012, 258).

Lebensform Familie

Soziale Arbeit mit Familien bezieht sich auf ein Teilgebiet der Sozialen Arbeit, in dem meist sozialpädagogische Problemstellungen, die durch Bildung und Erziehung bearbeitet werden, im Zentrum stehen. Familien kann man dabei als eine besondere Lebensform verstehen, die sich durch bestimmte Merkmale von anderen Lebensformen wie dem Zusammenleben als Paar, dem Leben als Single unterscheidet. Wie Familien konkret „aussehen", funktionieren und leben, ist sehr unterschiedlich. Familien wandeln sich historisch und unterscheiden sich interkulturell manchmal sehr. Sie erfüllen aber im Kern immer Sorge- und Erziehungsleistungen. Sowohl die relativ universellen Funktionen von Familie als auch den Wandel ihrer Erscheinungsformen analysieren wir genauer in *Kapitel 2*.

Interaktion

Soziale Arbeit mit Familien ist im Wesentlichen Interaktion zwischen sozialpädagogischen Fachkräften und Familienmitgliedern.

Definition:

Mit dem Begriff **Interaktion** ist zwischenmenschliches Handeln (lat. inter agere) gemeint, an dem zwei oder mehr Personen beteiligt sind und sich wechselseitig aufeinander beziehen.

Konsens über Situationsdefinition und Handlungsziele

Der Begriff kommt aus der Interaktionstheorie. Begründer der Interaktionstheorie (auch symbolischer Interaktionismus genannt) waren George Herbert Mead und Erving Goffman. In die Erziehungswissenschaft und Sozialpädagogik wurde sie in den 1970er Jahren von Klaus Mollenhauer und Hans Thiersch eingeführt (Mührel/Birgmeier 2009). Interaktion ist ein sehr umfassender Begriff, er muss im Hinblick auf die Soziale Arbeit mit

Familien spezifiziert werden. Sozialpädagogische Interaktionen mit Familien unterscheiden sich von anderen insofern, als dass sie auf ein bestimmtes Ziel ausgerichtet sind: Es geht darum, Probleme und Konflikte zu klären, die Familien daran hindern, ihre Sorge- und Erziehungsleistungen zufriedenstellend zu erbringen. Es gilt, gemeinsam mit den betroffenen Familien Hilfen zu entwickeln, die die Familienmitglieder dabei unterstützen, ihren Lebensalltag zu bewältigen und/oder ihre Konflikte und sozialen Probleme zu lösen. Nach der Interaktionstheorie ist das Gelingen zwischenmenschlichen Handelns davon abhängig, ob die an der Interaktion beteiligten Personen von derselben Situationsdefinition ausgehen und einen Konsens über gemeinsame Handlungsziele herbeiführen. Der Verlauf des im Fallbeispiel 1 beschriebenen Beratungsgesprächs lässt darauf schließen, dass Frau Kurt und Frau Abel von derselben Situationsdefinition ausgehen: Die Situation ist definiert als ein Beratungsgespräch im Jugendamt mit einer klaren Rollenaufteilung (siehe oben). Aber die Situationsdefinition muss noch weiter ausgedehnt werden, um zu weiterführenden Handlungen zu kommen. Die Frage lautet: „Wer hat welche Probleme?" (Müller 1993). Im weiteren Verlauf dieses Kontakts und der folgenden Gespräche, so lässt sich vermuten, werden Frau Abel und Frau Kurt sich darum bemühen, eine *gemeinsame Problembeschreibung* zu erarbeiten. Frau Abel wird, um die Sichtweise der Lehrerin hinsichtlich Toms in Erfahrung zu bringen, ein Gespräch mit ihr führen. Vielleicht stellt sich heraus, dass nicht Tom, sondern die Lehrerin Schwierigkeiten hat: Sie ist vielleicht mit ihrer Rolle überfordert und delegiert das Problem an Tom. Frau Abel wird auch den leiblichen Vater, Frau Kurts Lebensgefährten und Tom zu den Gesprächen einladen. Ziel der Gespräche wird ein sog. „Hilfeplan" sein. Er beinhaltet eine Beschreibung der familialen Konfliktthemen und Aufgabenstellungen (der „Probleme"), der Ressourcen und Stärken der Familie sowie der Ziele und Inhalte der Hilfen (das Hilfeplanverfahren wird in *Kapitel 7.2 und 7.3* erläutert).

Aufgaben und Konflikte im Familienkontext

Familiale Aufgabenstellungen und Konfliktthemen sind Herausforderungen, die sich Familien im Familienalltag sowie im Rahmen von Übergängen im Lebenslauf stellen. Obwohl diese fallbezogen rekonstruiert werden müssen, gibt es natürlich *typische Aufgabenstellungen und Konfliktthemen,* z.B. bei der Kindererziehung, der Arbeitsteilung im Haushalt oder in der Paarbeziehung (siehe dazu *Kapitel 3*).

soziale Probleme

Daneben können auch soziale Probleme Thema Sozialer Arbeit mit Familien sein, da auch diese Familien bei der Erfüllung ihrer Sorge- und Erziehungsleistungen beeinflussen können. Unter einem sozialen Problem versteht man – in aller Kürze – Lebensbedingungen von Familien oder bestimmte Verhaltensweisen, die aus gesellschaftlicher Sicht als problematisch und veränderungsnotwendig beurteilt werden. Was als soziales Problem aufgefasst wird, ist gesellschaftlich konstruiert – d.h. Ergebnis eines öffentlich ausgetragenen Diskussionsprozesses – und unterliegt dem historischen Wandel. Was vor einigen Jahren teilweise noch als soziales Problem gesehen wurde, wird heute manchmal als unproblematisch bewertet (Groenemeyer 2011).

Bezogen auf die Familie sind insbesondere folgende soziale Probleme weiterhin von hoher Relevanz: Armut (Verschuldung, schlechte Wohnbedingungen, siehe Fallbeispiel 2), prekäre Lebenslagen und damit einhergehende gesundheitliche Beeinträchtigungen, Sucht und Drogenprobleme von Eltern, Kindern oder Jugendlichen, Scheidung und Trennung der Eltern (siehe Fallbeispiel 1), häusliche Gewalt (siehe Fallbeispiel 3), Missbrauch und Vernachlässigung. Oftmals kumulieren diese Probleme, d.h., sie treten oft gemeinsam in Familien auf, da sie sich gegenseitig bedingen. Auf diese sozialen Probleme von Familien wird in *Kapitel 4* genauer eingegangen.

Soziale Dienste

Für die Erbringung der Hilfen für Familien sind Soziale Dienste zuständig. Soziale Dienste sind Organisationen, die auf die Erbringung sozialer Dienstleistungen spezialisiert sind und sich gerade durch ihre Formalisierung unterscheiden – z.B. durch festgelegte Regeln im Hinblick auf Handlungsabläufe und das zielgerichtete Zusammenwirken der Fachkräfte (siehe dazu *Kapitel 2*). Die Entstehung von Organisationen, die Soziale Arbeit erbringen, ist in dem heutigen Ausmaß kaum denkbar ohne rechtliche Regelungen, welche z.B. Vorgaben für die Soziale Arbeit geben oder den Anspruch auf Finanzierung der Dienstleistungen und die Finanzierung selbst regulieren. Die rechtlichen Rahmenbedingungen, die für die Soziale Arbeit mit Familien und ihre Organisationen relevant sind, sind Gegenstand von *Kapitel 5*. Soziale Dienste, die im engeren Sinne Hilfen für Familien anbieten und auf Konfliktthemen, Aufgabenstellungen oder soziale Probleme von Kindern, Jugendlichen und Eltern mit spezialisierten Angeboten reagieren, nennt man Sozialpädagogische Einrichtungen (Uhlendorff 2011b). Soziale Arbeit mit Familien im enge-

Sozialpädagogische Einrichtungen

ren Sinne wird überwiegend von folgenden Typen von Sozialpädagogischen Einrichtungen geleistet: vom Allgemeinen Sozialen Dienst (ASD, meist im Jugendamt angesiedelt), von (Erziehungs-)Beratungsstellen, stationären und ambulanten Jugendhilfeeinrichtungen (dazu zählen Heime, Wohngruppen, Tagesgruppen, Sozialpädagogische Familienhilfe), von Mutter-Vater-Kind-Einrichtungen (in erster Linie zur Unterbringung von sehr jungen oder behinderten Müttern mit Kindern), Familienzentren, Familienbildungsstätten, Mehrgenerationenhäusern sowie von Mädchen- und Frauenhäusern. Diese Sozialpädagogischen Einrichtungen werden in *Kapitel 6* vorgestellt. Soziale Arbeit wird insgesamt allerdings nicht nur von Sozialpädagogischen Einrichtungen geleistet, sondern auch von anderen Institutionen wie z.B. von Schulen (Schulsozialarbeit), von Psychiatrischen Diensten oder in Krankenhäusern oder von der Kirche (wie das Fallbeispiel 2 zeigt).

Welche Konzepte, Methoden, Techniken?

Die oben genannten Typen von Sozialpädagogischen Einrichtungen unterscheiden sich deutlich voneinander: Sie verfolgen unterschiedliche Ziele und haben sich teilweise auf bestimmte Problemlagen von Familien spezialisiert. Auch Sozialpädagogische Einrichtungen, die man einem Typ zuordnen kann, können sich unterscheiden aufgrund ihrer Konzepte, Methoden und Techniken, die sie anwenden. Unter einem Konzept versteht man ein Handlungsmodell, an dem sich die Interaktionen unter den Fachkräften, aber auch zwischen ihnen und den Klienten orientieren. Es umfasst Definitionen der Zielgruppen, der grundsätzlichen Handlungsziele und Inhalte der Sozialen Arbeit, aber auch ein Repertoire an bestimmten Methoden und Techniken, die vorgesehen sind, um die Ziele zu erreichen.

Definition:

Konzepte der Sozialen Arbeit mit Familien ermöglichen es, Ziele, Inhalte, Methoden und Techniken in einen sinnvollen Zusammenhang zu bringen. **Methoden** der Sozialen Arbeit mit Familien sind professionelle, zielgerichtete und detaillierte Handlungspläne bzw. Vorgehensweisen, die darauf ausgerichtet sind, Eltern und Kinder dabei zu unterstützen, familienbezogene Konfliktthemen oder Aufgabenstellungen zu klären und zu lösen. **Techniken** der Sozialen Arbeit mit Familien sind Handlungsmuster, mittels derer Methoden im Einzelfall umgesetzt werden. Sie sind weniger komplex als Methoden und antworten auf Detailprobleme im Rahmen des Vorgehens.

Die Unterscheidung von Konzept, Methode und Technik erscheint zunächst abstrakt, sie lässt sich aber anhand eines Fallbeispiels gut veranschaulichen: Das Konzept des Kochprojektes (Fallbeispiel 2) bezieht sich vermutlich auf drei konzeptionelle Elemente: multikulturelle Arbeit („Familien aller Religionen und Kulturen zum gemeinsamen Kochen und Essen zusammenzubringen"), Gesundheitserziehung (gesunde Ernährung), sowie eine Verbesserung der Lebensbedingungen bei Armut und prekärer Lebenslage (vielseitiges Essen, ressourcensparendes Einkaufen). Die Methode, die beim Kochprojekt zur Anwendung kommt, ist ein aus der Familienbildung stammendes Angebot der Gruppenarbeit. Es lassen sich Techniken denken, die bei dem Kochprojekt angewendet werden, um die Lern- und Bildungsprozesse der Teilnehmerinnen zu unterstützen: beispielsweise ein Diavortrag über die schädliche Auswirkung von kulinarischen Fertigprodukten oder Techniken handlungsorientierten Lernens beim gemeinsamen Kochen. Verschiedene Konzepte, Methoden und vereinzelt auch Techniken der Sozialen Arbeit mit Familien werden in *Kapitel 7* behandelt.

Normalitätsannahmen

Am Schluss dieses Kapitels wollen wir einige grundlegende Überlegungen zum Verhältnis von Familie und Sozialer Arbeit festhalten. In den Fallbeispielen 2 und 3 wird deutlich, dass die Fachkräfte Sozialpädagogischer Einrichtungen Familien mit normativen Erwartungen und Normalitätsannahmen konfrontieren, die sie von den konzeptionellen Zielen der Einrichtungen, allgemeinen gesellschaftlichen Normen, wissenschaftlichen Modellen oder von ihren eigenen Vorstellungen von einem „guten Leben" ableiten. Die Initiatorin des Kochkurses hat eine bestimmte Vorstellung von gesunder und preiswerter Ernährung im Familienhaushalt. Das gemeinsame Familienessen scheint Bestandteil ihrer Normalitätsvorstellung eines guten Familienlebens zu sein; Kinder und Eltern aus armen Familien greifen aus ihrer Sicht teilweise auf ungesunde Fertigprodukte zurück und sollen im Kochprojekt lernen, gut und billig zugleich zu kochen. Bei dem Fallbeispiel 3 werden andere normative Erwartungen und Normalitätsannahmen ins Spiel gebracht: der gewaltfreie Umgang in Familien. Weiterhin werden die Kinder als verhaltensauffällig und entwicklungsverzögert bezeichnet. Sie sollen lernen, sich altersentsprechend zu verhalten und Entwicklungsdefizite aufzuholen. Hier stehen entwicklungspsychologische Begründungsmuster eines normalen und abweichenden Entwicklungsverlaufs von Kindern im Hintergrund. In allen drei Fällen greifen die Mitarbeiterinnen der Sozialpädagogischen Einrichtungen im Sinne einer Intervention in das Familienleben ein, wenn auch unter-

entwicklungspsychologische Begründungen

schiedlich stark. Bei dem Beratungsgespräch im Fallbeispiel 1 ist dies am schwächsten ausgeprägt – allerdings kann sich dies schnell ändern, sobald Frau Abel sichere Anhaltspunkte einer Kindeswohlgefährdung bei Tom feststellt; in diesem Fall muss sie Maßnahmen einleiten, um das Kindeswohl zu gewährleisten.

Verhältnis der Familienerziehung zur Sozialen Arbeit mit Familien

Die Fallbeispiele veranschaulichen ein Grundproblem Sozialer Arbeit mit Familien. Die Hilfe-, Bildungs- und Erziehungsangebote im Rahmen der Sozialen Arbeit stehen oft (aber nicht zwangsläufig) in einem engen, aber spannungsreichen Verhältnis zu den nicht professionellen Formen der Sorge, Bildung, Erziehung und Sozialisation, wie sie u.a. in der Familie stattfinden (Fuhs 2007, 31f; Karsten/Otto 1996, 9f). Familienerziehung (Ecarius 2007, 2002) sowie informelle Bildung in Familien (Müller et al. 2010; Böhnisch 2009; Richter 2008) ist ein zentrales Thema in den Erziehungswissenschaften, aber auch in der Öffentlichkeit. Auf der einen Seite wird Familie als eine grundlegende Sozialisationsinstanz für Kinder und Jugendliche gesehen, auf der anderen Seite wird Bildung und Erziehung in der Familie in mancherlei Hinsicht als ergänzungsbedürftig oder sogar als problematisch eingeschätzt (Büchner 2009; Liegle 2009; Fuhs 2007, 31f). Dies ist z.B. ein Begründungsmuster, das bei dem Ausbau der Vorschulerziehung (Kindertageseinrichtungen) und bei Maßnahmen der Prävention von Kindeswohlgefährdung eine zentrale Rolle spielt.

Normalitätsbalancen

Sozialpädagogen stehen vor der schwierigen Aufgabe, zwischen den allgemeinen gesellschaftlichen Normalitätsvorstellungen, den institutionellen Normalitätserwartungen (z.B. von Schule oder den Sozialpädagogischen Einrichtungen), ihren eigenen Vorstellungen und den Normalitätsvorstellungen ihrer Klienten zu vermitteln und dies darüber hinaus mit dem gesetzlichen Auftrag ihres Arbeitsfeldes in Einklang zu bringen. Soziale Arbeit mit Familien zielt somit auf Normalitätsbalancen (Mollenhauer 1996, 880) ab, d.h., Sozialpädagoginnen unterstützen Eltern, Kinder und Jugendliche dabei, Normalitätsentwürfe und eine Lebensführung zu entwickeln, die für sie selbst und für andere sozial verträglich sind. Dies setzt dreierlei voraus:

1 Um diese Normalitätsbalancen zu bewältigen, brauchen Sozialpädagoginnen und Sozialarbeiter ein hohes Reflexionsvermögen, welches das Abwägen der eigenen Normalitätserwartungen sowie die der Familien und beteiligten Institutionen

umfasst und Aushandlungsspielräume, aber auch die Parteinahme für die Klienten ermöglicht.

2 Eine Wissenschaft (Sozialpädagogik, Erziehungswissenschaft), welche diese Normalitätsbalancen erforscht, muss gesellschaftliche und institutionelle Normalitätskonzepte kritisch hinterfragen und die Bedingungen untersuchen, unter denen gelingende Sozialisations- und Erziehungsprozesse und darauf abzielendes sozialpädagogisches Handeln – im Sinne einer reflexiven Professionalität – möglich sind oder behindert werden (Dewe/Otto 2012).

3 Eine Ausbildung an Fachhochschulen und Universitäten muss angehende Sozialpädagogen und Sozialarbeiter dabei unterstützen, diese reflexive Professionalität zu entwickeln (Kessl 2006).

Hilfe und Kontrolle

Für die praktische Soziale Arbeit mit Familien jedenfalls gilt es festzuhalten, dass sie sich im Spannungsverhältnis von „Hilfe und Kontrolle“ bewegt: Sie unterstützt Familien in der Verwirklichung ihrer Vorstellungen einerseits, andererseits kontrolliert sie allerdings auch, ob das Familienleben, wie es ist, zentrale rechtliche und gesellschaftliche Normen erfüllt. Die Abwägung von Hilfe und Kontrolle muss zwar im Rückgriff auf fachliche Standards erfolgen. Wie wir später sehen werden, gibt es aber auch umfangreiche rechtliche Regelungen (siehe dazu *Kapitel 5*), die Grundlinien festlegen, wann wie und mit welchen Interventionen Jugendämter und Sozialpädagogische Einrichtungen Familien unterstützen, ergänzen oder gar ersetzen können und müssen und wann nicht.

1.1 Übungsaufgaben zu Kapitel 1

Aufgabe 1

Sie nehmen mit einer kleinen Gruppe von Kommilitoninnen und Kommilitonen Ihrer Hochschule im Rahmen eines internationalen Studentenaustauschs an einer Summerschool in Kopenhagen teil. Bei den Teilnehmerinnen und Teilnehmern handelt es sich um Studierende im Bereich Sozial- und Humanwissenschaften. Sie repräsentieren als einzige Gruppe das Fachgebiet Soziale Arbeit. Sie sind nun aufgefordert (wie alle anderen Teilnehmer und Teilnehmerinnen auch), an einem Projekttag Ihr Fachgebiet, in dem Sie später einmal arbeiten werden, den anderen Teilnehmerinnen vorzustellen. Sie haben max. 10 Minuten Zeit. Da es sich bei Sozialer Arbeit um ein sehr großes Fachgebiet handelt, entscheiden Sie, sich exemplarisch auf Soziale Arbeit mit Familien zu konzentrieren. Der Vortragstitel lautet: „Was heißt Soziale Arbeit mit Familien?". Diskutieren Sie in einer kleinen Gruppe von max. 5 Personen Aufbau und Gliederung der Präsentation. Arbeiten Sie gemeinsam den Kurzvortrag aus (am besten als Powerpoint-Präsentation). Sie können das sicherlich auch in englischer Sprache!

Aufgabe 2 Diskutieren Sie Fallbeispiel 1. Versuchen Sie dabei die folgenden Fragen zu beantworten: Was könnte das Konzept der Beratungsstelle sein, in dem Frau Abel tätig ist? Welche Methode wendet Frau Abel in dem Beratungsgespräch mit Frau Kurt an? Welche Technik(en) verwendet sie in dem Gespräch? (Die Lösung finden Sie in *Kapitel 7.1*)

Sozialpädagogik, Sozialarbeit, Soziale Arbeit – ein kurzer Rückblick

Die Sozialpädagogik als wissenschaftliche Disziplin findet in Deutschland ihre Ursprünge in den drei ersten Jahrzehnten des 20. Jahrhunderts (Niemeyer 2012, 123ff). Mit der Ernennung von Christian Jasper Klumker zum Professor für Fürsorgewesen und Sozialpädagogik an der Universität Frankfurt am Main im Jahr 1920 begann sich das Fach Sozialpädagogik als wissenschaftlich-akademische Tradition zu etablieren. Als ein weiterer Vertreter der universitären Sozialpädagogik ist Herman Nohl (Niemeyer 2010, 138ff) zu nennen. Er wurde 1919 an der Universität Göttingen zum Professor für Philosophie und Pädagogik berufen. Beide Personen stehen für unterschiedliche Traditionen der „Sozialpädagogik" in Deutschland. Herman Nohls Konzept der Sozialpädagogik war eng verbunden mit der Praxis der Jugendhilfe in Deutschland und der Jugendbewegung. Sozialpädagogik wurde mit ihm als eine Teildisziplin der Pädagogik (bzw. Erziehungswissenschaft) etabliert. Sie befasste sich in erster Linie mit Problemen der familialen und öffentlichen Erziehung, deren rechtliche Bestimmungen v.a. im Reichsjugendwohlfahrtsgesetz von 1922 vorgenommen wurden. Bei diesem Ansatz spielten Bildungs- und Erziehungstheorien eine bedeutsame Rolle. Klumker steht für eine andere Traditionslinie der Sozialpädagogik als eine wissenschaftliche Disziplin. Dabei stehen sozialpolitische und sozialstaatliche Aspekte sowie die öffentliche und privat organisierte Fürsorge für arme und in Not geratene Individuen stärker im Vordergrund. Hans Scherpner, der ebenfalls an der Universität Frankfurt arbeitete, hat die Ideen von Klumker weitergeführt. Von ihm stammt die Schrift „Theorie der Fürsorge“. Hier spielen die Begriffe „Hilfe“ und „Fürsorge“ als soziale Kategorien eine zentrale Rolle (Theorie der Fürsorge, Göttingen 1962).

Die Etablierung der Sozialpädagogik als wissenschaftliche Disziplin war eine Reaktion auf die Ausbreitung der Jugendfürsorge und Armenfürsorge im Zuge der bürgerlichen Sozialreform im ausgehenden 19. Jahrhundert (vgl. hierzu und im Folgenden Sachße/Tennstedt 1988; Uhlendorff 2003, Hammerschmidt/Tennstedt 2012). Die Jugendfürsorge erschöpfte sich vor der Zeit der deutschen Reichsgründung im Wesentlichen in der Waisenpflege, die in Anstaltserziehung (Waisenhäuser) und Pflegefamilien aufgeteilt war. Im Zeitraum von 1871 bis 1910 erfolgte nun eine starke Ausdifferenzierung der Jugendfürsorgeaufgaben. Bewirkt wurde sie zum einen durch Reichs- und Landesgesetze, die z.B. Fürsorgeerziehung bei straffällig gewordenen bzw. verwahrlosten Jugendlichen vorsahen oder Amtsvormundschaft gegenüber unehelichen Kindern vorschrieben. Zum anderen ging die Ausweitung der Aufgaben auch auf das Engagement lokaler bürgerlicher Vereine zurück, wie Säuglingsfürsorge oder Krippen- und Hortwesen, oder auf das Wirken ehrgeiziger Verwaltungsbeamter wie z.B. das Pflegekinderwesen in Mainz. Das Betätigungsfeld wurde im Lauf der Zeit – insbesondere zwischen 1880 und 1910 – nicht nur erheblich ausgeweitet; im gleichen Zeitraum wurde die Jugendfürsorge in einigen Städten, die später eine Vorbildfunktion hatten (wie Hamburg und Mainz), aus der Armenfürsorge ausgegrenzt (ausdifferenziert). Die Jugendfürsorge entwickelte sich zu einem eigenständigen Arbeitsfeld neben der Armenfürsorge.

Hier entstanden die ersten eigenständigen Jugendfürsorgebehörden (später Jugendämter genannt), in denen nach und nach alle entscheidenden Jugendfürsorgeaufgaben zentralisiert wurden. Wir haben es also mit einer eingreifenden „Vergesellschaftung von Erziehung" zu tun, die sich über die gesamte Kindheits- und Jugendphase erstreckt und unterschiedliche Lebenslagen berücksichtigt. Um 1910 standen die ersten „Jugendämter", die sich zwar noch nicht als solche bezeichneten (wie die Mainzer Zentrale für öffentliche Jugendfürsorge oder die Hamburgische Behörde für öffentliche Jugendfürsorge), aber fast das gesamte Spektrum der Aufgaben innehatten, wie es das spätere Reichsjugendwohlfahrtsgesetz vorsah.

Auch die Armenfürsorge wurde in der zweiten Hälfte des 19. Jahrhunderts reformiert. In den Großstädten entstanden die ersten Wohlfahrtsämter (später Sozialämter genannt). Sie waren für fast alle im Zuge der Industrialisierung entstandenen Armutsprobleme zuständig. Im Zentrum stand die Integration verarmter Bevölkerungsgruppen.

Im Unterschied zu anderen Ländern, insbesondere den angloamerikanischen, entstanden in Deutschland zwei unterschiedliche und rechtlich-administrativ getrennte Arbeitsfelder: die Jugendhilfe und die Armenfürsorge.

Die Jugendhilfe umfasste Aufgaben der Jugendfürsorge, darunter fielen Angebote für gefährdete Jugendliche und Kinder (wie z.B. Fürsorgeerziehung, Vormundschaft, Pflegekinderwesen, Schutzaufsicht) und die Jugendpflege. Sie umfasste Angebote zur Förderung von Kindern, Jugendlichen und deren Familien wie z.B. Kindergärten und -horte, Beratungsstellen, Säuglingsfürsorge, Förderung von Jugendvereinen, Hilfen für arbeitslose Jugendliche. Für diese Aufgaben war das Jugendamt zuständig, sie wurden aber auch von privaten Institutionen (Vereinen) durchgeführt und öffentlich gefördert.

Die Armenfürsorge (später Sozialhilfe genannt) umfasste finanzielle und persönliche Hilfen für verarmte und in Not geratene Familien und Personen (wie finanzielle Unterstützung durch Armengeld, Beratung, Obdachlosenfürsorge, Altenfürsorge, Witwenfürsorge etc.). Hierfür waren die Wohlfahrtsämter (später Sozialämter genannt) zuständig.

In der Praxis waren die Grenzen zwischen den beiden Bereichen fließend. Dennoch etablierten sich im Zuge dieser Zweiteilung zwei Begriffe: die Sozialpädagogik und die Sozialarbeit. Der Begriff „Sozialarbeit“ bezog sich auf das Arbeitsfeld der später Sozialhilfe genannten Armenfürsorge; Sozialpädagogik berücksichtigte die Jugendhilfe. Sozialpädagogik hatte im Wesentlichen mit erzieherischen Problemen von Eltern, Kindern und Jugendlichen und mit entsprechenden erzieherischen Hilfen zu tun, Sozialarbeit mit Armutsproblemen und entsprechenden Maßnahmen. Ende des 20. Jahrhunderts wurde die Trennung dieser beiden Begriffe aufgehoben, es etablierte sich der Begriff „Soziale Arbeit“. Dies drückt sich auch in der Berufsbezeichnung aus: Die Absolventen der Fachhochschulen in den Studiengängen Sozialarbeit/Sozialpädagogik haben meistens den Titel Sozialpädagoge/Sozialarbeiter.

Zusammenfassend kann gesagt werden, dass die Sozialpädagogik in Deutschland ihre konzeptionellen sowie theoretischen Bezugspunkte in den im Zuge der Industrialisierung entstandenen Erziehungs- und Armutsproblemen („soziale Frage“) hatte. Die Sozialpädagogik war ein Versuch, die „soziale Frage“ mit pädagogischen Mitteln zu lösen. Die Ausbildung der in den Bereichen Jugendhilfe und Armenfürsorge tätigen Personen entwickelte sich im ausgehenden 19. Jahrhundert und im ersten Jahrzehnt des 20. Jahrhundert. Die Verberuflichung der Sozialen Arbeit in den beiden Arbeitsfeldern setzte sich in den 1920er Jahren durch.

2 Familie als Lebensform

Allgegenwart von Familie im Alltag

Familie ist im Lebensalltag allgegenwärtig. Die meisten Menschen nehmen in ihrem Leben nämlich am Alltag von einer Familie, meist sogar von zwei oder mehr Familien teil und gestalten diesen Alltag aktiv mit: Nahezu alle Menschen haben familiäre Erfahrungen im Rahmen des Aufwachsens in der *Herkunftsfamilie* gesammelt – jener Familie, die wir aus der Kinderposition erlebt haben. Und trotz der zunehmenden Kinderlosigkeit in Europa (Dorbritz/Ruckdeschel 2007) gründen die meisten Menschen im Laufe ihres Lebens eine sogenannte *Eigenfamilie* – eine Familie, in der sie selbst die Elternposition einnehmen.

Gefahr der Ideologisierung von Familie

Im Rahmen der wissenschaftlichen Beschäftigung mit Familie(n) ist die Allgegenwart von Familie einerseits hilfreich: können doch Familienforscher plausibel argumentieren, dass sie sich einem Untersuchungsgegenstand von großer alltäglicher und gesellschaftlicher Bedeutung zuwenden. Andererseits birgt diese Allgegenwart aber auch die Gefahr, dass sich nahezu jeder aufgrund seiner Alltagserfahrung in der Lage fühlt „mitzureden" (Schneider 2008, 9). Auch Wissenschaftler selbst laufen Gefahr, alltäglich erworbene Erfahrungen, Vorstellungen oder Werturteile über ihren Forschungsgegenstand unreflektiert in die wissenschaftliche Thematisierung ihres Gegenstands einzubringen. Kurt Lüscher hat der Familienforschung deshalb eine *„notorische Ideologisierung* ihres Gegenstandes" (Lüscher 1995, 4) vorgeworfen, also den Vorwurf gemacht, dass die von der Familienforschung verbreitete Sicht auf Familie häufig gefärbt wäre durch persönliche Werthaltungen, Standpunkte sowie Gestaltungs- und Machtinteressen der Forscher.

abweichende Normalitätsvorstellungen

Das Problem der Ideologisierung von Familie und Sozialer Arbeit betrifft auch die sozialpädagogische Arbeit mit Familien. Auch Sozialpädagogen sind der Gefahr ausgesetzt, ihre Normvorstellungen unhinterfragt zu verallgemeinern und in die praktische Arbeit einfließen zu lassen, d.h., der ideologischen Annahme zu folgen, sie wüssten aus eigener Erfahrung, was und wie

Familie sein sollte und was gut für Familien ist. Sozialpädagogen begegnen in ihrer Arbeit aber häufig Familien, deren Alltagsleben weit von ihren eigenen Idealen und Normalitätsvorstellungen entfernt ist. Sie begegnen Familien, die anders sind, als sich dies Sozialpädagogen wünschen – und die in vielerlei Hinsicht auch anders sein *wollen* und *dürfen*. Gerade sozial engagierte Menschen aus eher „bürgerlichen" Familien – welche die Soziale Arbeit seit ihren historischen Anfängen an geprägt haben – mussten dies immer wieder schmerzlich feststellen.

Irreligiösität und Sittenverfall – Wicherns Blick auf Hamburger Familien

So erfüllte den Theologen und Pädagogen Johann Hinrich Wichern z. B. in den 1830er Jahren nicht nur die offensichtliche körperliche Verwahrlosung der Kinder im Hamburger Arbeiterviertel St. Georg mit Grauen. Als Theologe, der aus einem einfachen, aber bürgerlichen Elternhaus stammte, empfand er es vielmehr als genauso schwer erträgliches Übel, dass viele Eltern (da sie sich eine Hochzeit nicht leisten konnten) in wilder Ehe lebten und ihre Kinder (aus Scham) oft auch nicht taufen ließen. Die daraus resultierende „herrschende Irreligiosität" führte nach Ansicht Wicherns zu einem „Sittenverderben des Volkes" – und dieses Sittenverderben war für ihn wiederum Hauptursache dafür, dass es den Familien nicht gelang, der Armut zu entkommen (Wichern 1958, 17).

Reflexion von Normalitätsannahmen

Auch heutzutage ist davon auszugehen, dass in der Sozialen Arbeit mit Familien oft sehr unterschiedliche Familienbilder (so nennen wir abstrakte Vorstellungen bzw. Entwürfe von Familie) zusammenstoßen, die durch die verschiedenen soziale Milieus, kulturellen Hintergründe oder schlicht unterschiedlichen Biografien von Klienten und Professionellen geprägt sind. Wenn man in der Sozialen Arbeit der – mit Schlagwörtern wie Lebenswelt-, Dienstleistungs- oder Subjektorientierung (Thiersch 1992; Otto/Olk 2003; Mangold 1997) – geforderten Orientierung an den Bedürfnissen und Vorstellungen der Klienten gerecht werden will, erscheint es deshalb wichtig, seine eigenen Normalitätsvorstellungen zu reflektieren und eine gewisse Distanz zu ihnen zu entwickeln. Hierfür ist zum einen hilfreich, sich zunächst jenes im 19. Jahrhundert entstandene Familienideal bewusst zu machen, welches unsere Normvorstellungen von Familie bis heute beeinflusst (Nave-Herz 2004, 37ff). Zum anderen ist es nützlich, sich im interkulturellen Vergleich zu verdeutlichen, dass Familie auch völlig anders gestaltet werden kann, ohne dadurch unbedingt „schlechter" zu sein. Der erste Abschnitt dieses Kapitels stellt deshalb das Familienideal vor, das unsere Gesellschaft geprägt hat, und verdeutlicht gleichzeitig, wie vielfältig die tatsächlichen Formen familialen Zusammenlebens aus interkultureller Sicht sind – die Ethnologie bietet reichhaltiges Anschauungsmaterial dafür. Der darauf folgende Abschnitt skizziert den Wandel der Familie im deutschen Sprachraum seit den 1960er Jahren und zeigt, dass vieles für eine wachsende Pluralität von Familienformen spricht.

Mindestvorstellung, was Familie ist und leisten muss

Trotz aller Vielfalt bedarf es aber für die sozialpädagogische Arbeit auch einer Mindestvorstellung, was Familie ist und leisten muss – um z.B. zu klären, wann sozialpädagogische Interventionen notwendig sind. Soziale Arbeit sollte sich deswegen um eine *Definition von Familie* bemühen, die einerseits die wichtigsten Funktionen von Familie auf den Punkt bringt, aber andererseits trotzdem den unterschiedlichen Weisen gerecht wird, wie Menschen gegenwärtig Familie leben. Eine solche Definition wird deshalb im letzten Abschnitt des Kapitels erarbeitet.

2.1 Bürgerliche Normen und mögliche Vielfalt von Familie

Familienbilder und familienbezogene Normen

Vater, Mutter, Kind – so heißt ein beliebtes Rollenspiel von Kindern. Und an jede dieser Rollen sind bestimmte Verhaltenserwartungen gerichtet. Obwohl wir alle unterschiedlichen Erfahrungen in und mit Familien gemacht haben, ist uns allen das im Kinderspiel dargestellte Familienmuster recht gut bekannt. Dies liegt daran, dass wir uns familienbezogene kulturelle Normen (Regeln, was wie zu sein hat und wer was wann zu tun und zu lassen hat) im Rahmen unserer Sozialisation angeeignet haben. Relativ unabhängig von unseren persönlichen Erfahrungen in „unseren" Familien haben wir durch Alltagserfahrungen und mediale Darstellungen eine Vorstellung von einer „normalen" Familie erworben. Dieses Normbild ist dabei in den meisten Ländern Europas (wie das Kinderrollenspiel) noch stark durch die Normen der bürgerlichen Kleinfamilie geprägt, welche sich im 19. Jahrhundert als Leitbild entwickelte und die Idealvorstellungen von Familie im 20. Jahrhundert dominierte (Burkart 2008, 121ff; Fuhs 2007; Nave-Herz 2004, 48ff; Böhnisch/Lenz 1999, 16ff; van Dülmen 1990).

die Normen der bürgerlichen Kleinfamilie

Die Vorstellung der bürgerlichen Kleinfamilie ist im Wesentlichen durch den untrennbaren Dreiklang von Heirat (*Ehe-*

schließung als Norm), Gründung eines ökonomisch und rechtlich eigenständigen Haushalts jenseits der Elternhaushalte (*Neolokalitätsnorm*) und die auf die Eheschließung folgende Geburt von Kindern (*Fertilitätsnorm)* geprägt gewesen. Familie basierte auf dem Ideal einer lebenslangen Partnerschaft, die ausschließlich zwei Menschen (Prinzip der *Monogamie*) miteinander führen, welche zudem verschiedengeschlechtlich sein müssen (*Heteronormativität*). Von zentraler Bedeutung für dieses Familienmodell war weiterhin, dass recht klare Grenzen um die neolokale *Klein-* oder *Kernfamilie* – Vater, Mutter, Kind(er) – gezogen wurden. Diese Grenzen galten auch gegenüber der eigenen Herkunftsfamilie, die sich nicht ohne Weiteres oder zumindest nicht zu sehr in „innere Angelegenheiten" der Eigenfamilie (wie z.B. die Erziehung) einmischen sollte. Erst durch diese „Abschottung" der bürgerlichen Familie entstand ein *intimer*, durch Wärme und Emotionalität geprägter *familialer Innenraum*, der Schutz und Geborgenheit gewährte gegenüber einer als hart, rational und effizient vorgestellten Außenwelt. Sowohl die Partnerschaftsbeziehung als auch die Beziehung zu den Kindern sollte dabei auf *Liebe* basieren. Dies kommt uns heute völlig selbstverständlich vor, ist es historisch betrachtet aber nicht: Familienbeziehungen waren lange Zeit vornehmlich ökonomisch und machtpolitisch begründete Zweckverbände (Fuhs 2007) und das Alltagsleben der Familien bot kaum Raum für Intimität, Individualität und Privatheit (Nave-Herz 2004, 44f). Ausgehend von der Annahme, dass das biologische Geschlecht (*sex*) den sozialen „Geschlechts-Charakter" (*gender*) einer Person bestimme, wurde zudem die emotionale, familiale Innenwelt zum Wirkungsbereich der Frau (als „Seele der Familie") erklärt und die Erwerbsarbeit sowie die gesellschaftliche und politische Außenwelt zum Wirkungsbereich des Mannes (dem „Familienoberhaupt"). Das bürgerliche Familienideal war deshalb geprägt durch eine *geschlechtsspezifische Auffassung von Arbeitsteilung* zwischen weiblicher Haushalts-, Sorge- und Pflegearbeit und männlicher Erwerbsarbeit; es war *patriarchalisch* strukturiert, da dem Mann höchste Rangposition zukam.

Verhältnis von Normen und Realität

Dass diese Normen unsere Gesellschaft vom 19. Jahrhundert an geprägt haben, bedeutet jedoch keineswegs, dass sie auf alle Familien zutrafen. Das Verhältnis von Normen und sozialer Realität ist weitaus komplizierter: Normen können sich gesellschaftlich etablieren, auch wenn ihnen (zunächst) nur wenige Familien genügen. So konnte sich die bürgerliche Kleinfamilie im 19. Jahrhundert als Norm durchsetzen, obwohl sie rein zahlenmäßig anderen Familienformen unterlegen war (Nave-Herz 2004, 48ff).

Soziale Normen können (eine Weile oder dauerhaft) weiterbestehen, auch wenn ihnen Menschen nicht mehr folgen. Ein historisches Beispiel für eine *vorübergehende* Normabweichung waren die jungen Paare, die in den 1950er und 1960er Jahren begannen, vor der Ehe sexuelle Beziehungen einzugehen. Obwohl dies schnell geläufige Praxis wurde, machte sich bis 1973 wegen „Kuppelei" strafbar, wer vorehelichen Geschlechtsverkehr „förderte" – etwa durch das Vermieten einer Wohnung an Unverheiratete (Köbler 1997, 422). Ein aktuelles Beispiel für eine *dauerhafte* Normabweichung ist die Abweichung vom Monogamiegebot. Die Paarbeziehung wird zwar von den meisten Menschen immer noch als ausschließlicher Ort der Befriedigung sexueller Bedürfnisse verstanden – erfüllt wird diese Norm allerdings nur von etwa der Hälfte aller Partner (Peuckert 2008, 286f).

Schließlich können sich Normen auch wandeln, aber das Handeln der Menschen bleibt trotzdem (noch) normativ veralteten Mustern verfangen. Ein aktuelles Beispiel dafür ist, dass die Norm einer geschlechtsspezifischen Arbeitsteilung der Norm einer *egalitären* (durch Gleichheit geprägten) Arbeitsteilung weicht – die tatsächliche beobachtbare Arbeitsteilung entspricht diesem normativen Wandel jedoch noch lange nicht (BMFSFJ 2006, 91f).

Wie im nächsten Abschnitt ausführlicher dargestellt wird, haben sich viele der eben aufgeführten Normen und auch das tatsächliche Familienleben in den letzten 50 bis 60 Jahren gewandelt – manches mehr, manches weniger. In Bezug auf einige Normen neigen wir aber immer noch dazu, Abweichungen davon als „Defizite" von Familie zu verstehen. Zudem lassen uns diese Normvorstellungen oft vergessen, dass Familie auch *völlig anders* gelebt werden kann, wie ethnologische Beispiele aus anderen Kulturen zeigen.

Ohne Väter, ohne Ehemänner – das Familienleben der Na in Westchina
Die Na leben an den Ufern des Lugosees auf Höhen von 3000 bis 4000 Metern in Sippen bzw. Clans von 14–50 Personen zusammen und betreiben Ackerbau (Göttner-Abendroth 1991, 76). Sie werden ethnisch den Naxi zugerechnet und auch Mosuo genannt (Hua 2001, 35).

Ungewohnt ist für uns, dass die Na vollständig matriarchal organisiert sind: Für die Frage, welcher Familie man angehört, zählt die mütterliche Verwandtschaftslinie (Matrilinearität). Kinder bleiben ihr Leben lang bei der Mutter wohnen (Matrilokalität). Auch das Sippenoberhaupt ist eine Frau. Sie verwaltet den Besitz der Sippe und trifft alle wichtigen Entscheidungen (Matriarchat). Da nur die mütterliche Verwandtschaftslinie zählt, lebt jede Person im Haus der Mutter zusammen mit seinen/ihren Schwestern und Brüdern sowie seinen/ihren Cousinen und Cousins, Onkel und Tanten und Großeltern mütterlicherseits. Die Väter gehören dagegen nicht zur Familie – ebenso wenig die Onkel und Tanten, Cousinen und Cousins sowie Großeltern väterlicherseits! Väter wohnen somit nicht mit ihren leiblichen Kindern zusammen und wirken nicht an deren Erziehung oder Pflege mit – dies übernimmt vielmehr die Sippe der Mutter. Aus Sicht der Kinder sind also ihre Onkel mütterlicherseits ihre nächsten männlichen Verwandten, ihre männlichen Erziehungs- und Bezugspersonen. Gewöhnlich kennen Kinder ihre Väter, sie sind jedoch nicht besonders bedeutsam – und das sehen die Väter genauso: „Natürlich liebe ich meinen Sohn, aber er gehört nicht zu meiner Familie", sagt dementsprechend ein Na-Mann. „Später werden meine Neffen und Nichten für mich sorgen, und deshalb stehen sie mir näher als mein Sohn." (Graebert 2007)

Auch die Frauen gehen mit ihren Partnern keine Verwandtschaftsbeziehung ein, sondern praktizieren etwas, das von Ethnologen „Besuchsehe" getauft wurde, aber wenig mit einer Ehe zu tun hat, wie wir sie kennen: Die Na wählen sich gegenseitig für kürzere oder längere Zeit als „Freunde" oder „Bettgenossen", ohne dass dauerhafte Rechte oder Pflichten für die Partner entstehen. Denn die Frauen verbleiben im Haus ihrer Familie und ihre Partner kommen nur nachts zu Besuch. Deshalb begegnet man am Lugosee häufig Männern auf „Wanderschaft" – abends sind sie auf dem Weg zu ihrer Partnerin und morgens auf dem Weg zum Haus ihrer Mutter bzw. deren Familie.

So entstehen bei den Na äußerst stabile Familienverbände auf der Basis von Matrilinearität, während Patrilinearität (die Verwandtschaftslinie väterlicherseits) relativ bedeutungslos ist. Partnerschaften können ebenso formlos gegründet wie aufgelöst werden können. „In einer Ehe ist der Mann für die Frau am wichtigsten", erklärt eine Na-Frau, „aber uns [...] ist die eigene Familie wichtiger, sie steht uns näher als unser Besuchsmann. Wir heiraten ja nicht, wir sind unabhängig und müssen uns keinem Mann unterordnen. Wenn uns der Besuchsmann nicht mehr gefällt, dann sagen wir einfach er soll nicht mehr kommen." (Graebert 2007) Der Besuchsmann gehört nicht zur Familie, das Alltagsleben geht auch ohne ihn seinen Gang und es ist auch ohne ihn für alle Familienmitglieder und alle Na-Kinder gesorgt. Die Trennung vom Partner wird auch den Na oft Herzschmerz bereiten – ein soziales oder gar sozialpädagogisches Problem stellt sie allerdings nicht dar!

Familienformen: vielfältig, aber nicht beliebig

Familienformen können also extrem unterschiedlich und vielfältig sein. Sie sind dabei aber nicht beliebig, sondern in umfassendere kulturelle und wirtschaftliche Kontexte eingebettet: So bietet das Familienleben der Na durch die gemeinsam wirtschaftenden großen Familienverbände und die Auslagerung von Liebesbeziehungen aus der Familie eine weitaus stabilere Familienumgebung als die bürgerliche Kleinfamilie, in der dem Ideal nach der Mann alleine für das Einkommen sorgen muss, die Frau überwiegend die Kinder pflegt und zudem eine Liebesbeziehung lebenslang erhalten werden muss. Die Kleinfamilie ist durch ihre Größe und die eindeutige Trennung von emotionalem Familienleben und rationalistischer Arbeitswelt allerdings besser an die Anforderungen moderner Industriegesellschaften angepasst, die z.B. disziplinierte Erwerbsarbeit und eine hohe Bereitschaft zu räumlicher Mobilität einfordern, während das großfamiliäre Sippenleben der Na zu einer immobilen agrarischen Lebensweise (Ackerbau) passt.

2.2 Familie im Wandel – empirische Schlaglichter

Doch nicht nur im interkulturellen Vergleich sind Familien vielfältig. Familienwissenschaftler und Historiker sind sich inzwischen einig, dass in Europa vor und zu Beginn der Industrialisierung eine große Vielfalt an Familienformen existierte (BMFSFJ 2006, 14; Rosenbaum 1982; van Dülmen 1990). Demgegenüber stellt es eine historisch einmalige Situation dar, dass in den 1950er und 1960er Jahren in Deutschland die bürgerliche Kleinfamilie nicht nur normativ selbstverständlich war, sondern auch von einer Mehrheit der Bevölkerung gelebt wurde (Peuckert 2008, 16f). Vor diesem Hintergrund ist es verständlich, dass der seitdem einsetzende *Wandel der Familie und der Familienformen* in der Familienforschung zu lang anhaltenden Diskussionen über eine mögliche Krise der Familie geführt hat (Burkart 2008, 14ff). Trotz einer Fülle an empirischen Studien und existierenden Daten über den Wandel der Familie bleibt die Bewertung dieses Befundes umstritten: Denn ob angesichts des Wandels die Familie an sich ein „gefährdetes Auslaufmodell" ist oder ob wir nur die Rückkehr zur historisch normalen Vielfalt der Lebensformen erleben, hängt von den ideologisch geprägten Antworten auf die Frage ab, was Familie ausmacht.

Jenseits der Ideologien lassen sich jedenfalls seit den 1960er Jahren deutliche Veränderungen in den *privaten Lebensformen* feststellen. Der Begriff Lebensformen umfasst mehr, als wir uns alltäglich unter Familie vorstellen (z.B. auch die Lebensform Single), aber eben auch *familiale* Lebensformen, die wir vorläufig als Lebensformen mit Kindern bestimmen wollen.

Definition:

Unter privaten **Lebensformen** versteht man die „relativ beständigen Konstellationen [...] in denen Menschen im Alltag mit den ihnen am nächsten stehenden Menschen zusammenleben" (Hradil 2004, 87).

Im Folgenden werden wir insbesondere drei Entwicklungen aufzeigen, die private Lebensformen beeinflussen und verändern: Anhand demografischer (bevölkerungswissenschaftlicher) Daten werden erstens deutliche Veränderungen im reproduktiven Verhalten und der Lebenserwartung erkennbar, die eng verwoben sind mit sich wandelnden Biografien, Lebensstilen und Lebensumwelten; zweitens sind die (familialen) Lebensformen tendenziell vielfältiger geworden; und drittens haben sich auch innerfamiliale Strukturen sowie die Familie als Lebensraum verändert.

Demografischer Wandel

Zentrales Kennzeichen des demografischen Wandels ist zunächst der Geburtenrückgang in allen europäischen Staaten seit Mitte der 1960er Jahre. Er lässt sich z.B. an der Entwicklung der Gesamtfruchtbarkeitsrate ablesen (der durchschnittlichen Anzahl von Kindern, die eine Frau voraussichtlich in ihrem Leben zur Welt bringt). In Europa ist diese Rate seit den 1960er Jahren gesunken – in Österreich hat sie sich seitdem sogar halbiert. Sie liegt in Deutschland, Österreich und der Schweiz unter dem europäischen Durchschnitt. Die Gesamtfruchtbarkeitsraten liegen in Europa und den in Abb. 2.1 dargestellten Staaten auch deutlich unter dem Wert, der nötig wäre, um die Bevölkerungszahl (ohne

Geburtenrückgang

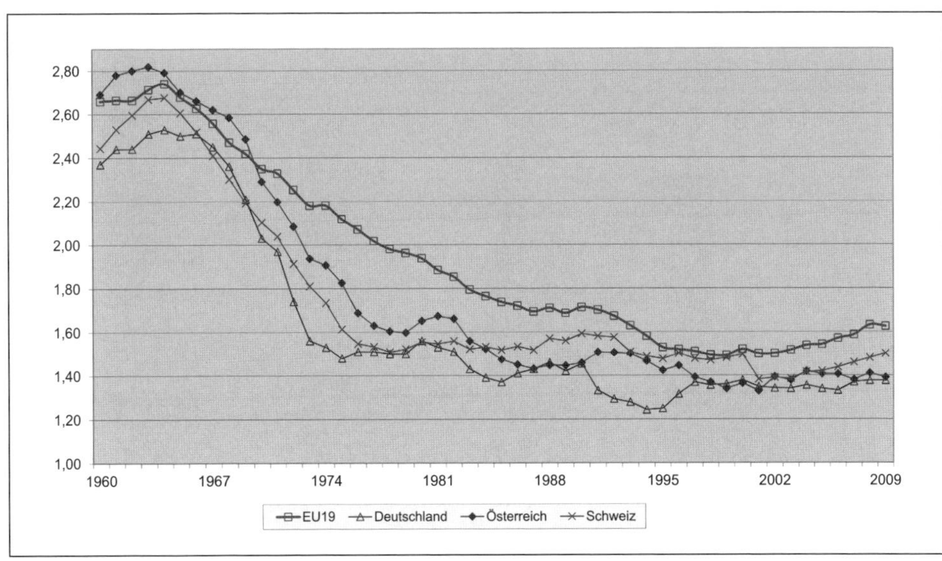

Abb. 2.1: Gesamtfruchtbarkeitsrate in Deutschland, Österreich, der Schweiz und der Europäischen Union (EU19), 1960–2009 (Quelle: eigene Darstellung nach EUROSTAT)

Einwanderung) zu erhalten. Dafür ist eine Rate von 2,1 Kindern pro Frau erforderlich. Die Bevölkerungszahl in Europa verringert sich gegenwärtig also tendenziell.

Die Geburtenrückgänge werden dabei in Westdeutschland bis in die 1980er Jahre v.a. auf den *Rückgang von kinderreichen Familien* (mit mehr als drei Kindern) zurückgeführt, seitdem spielt wachsende *Kinderlosigkeit* eine bedeutende Rolle (Peuckert 2007, 37; Statistisches Bundesamt 2009, 10). In Deutschland, Österreich und der Schweiz werden seit Mitte der 1980er Jahre deutliche Anstiege in der Kinderlosigkeit registriert. Deutschland und die Schweiz erreichen dabei besonders hohe Werte in der EU: So wurde 2007 z.B. prognostiziert, dass in Deutschland 29% und in der Schweiz 28% der 40-jährigen Frauen dauerhaft kinderlos bleiben werden (Dorbritz/Ruckdeschel 2007, 56). Kinderlosigkeit ist zu einer kaum mehr diskriminierten und manchmal bewusst gewählten Lebensweise geworden (Ecarius/Köbel/Wahl 2011, 26).

Alterung der Gesellschaft

Die rückgehenden Geburtenzahlen führen zusammen mit einer gestiegenen Lebenserwartung zur sogenannten Alterung der Gesellschaft: Der Anteil der älteren Menschen an der Gesamt-

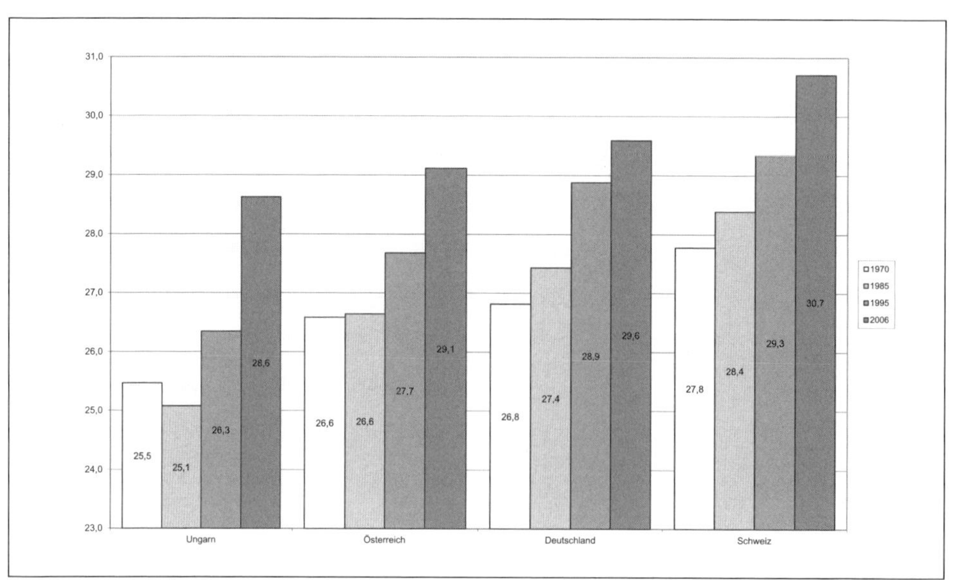

Abb. 2.2: Durchschnittsalter der Mütter bei der Geburt ihres ersten Kindes (eigene Darstellung nach UN World fertility data 2008)

bevölkerung steigt und der Anteil der jüngeren sinkt. Das klingt abstrakt, hat aber direkte Folgen – nicht nur für die sozialen Sicherungssysteme, sondern auch für unseren Alltag. So begegnen Menschen statistisch häufiger älteren Menschen und seltener Jugendlichen, Kindern und Kleinkindern als früher.

steigendes Durchschnittsalter der Frauen bei der Erstgeburt

Diese Entwicklungen gehen zudem mit einem deutlich steigenden Durchschnittsalter der Frauen bei der Geburt ihres ersten Kindes einher. In ganz Europa erfolgt die Familiengründung (spätestens seit den 1980er Jahren) später im Lebenslauf. Dies gilt nicht nur für Länder wie Deutschland, Österreich und die Schweiz, wo sich dieser Trend bereits früh abzeichnete, sondern auch für ein Land wie Ungarn, das lange durch frühe Familiengründungen gekennzeichnet war. Die in Abb. 2.2 dargestellten Durchschnittsangaben geben eine gute Orientierung über die Entwicklung, verbergen aber große, insbesondere bildungsspezifische Unterschiede in den Ländern selbst: So lässt sich für Westdeutschland nachweisen, dass Frauen mit hohen Bildungsabschlüssen später Kinder bekommen als Frauen mit niedrigeren Abschlüssen (Peuckert 2008, 100f). Dies verdeutlicht auch die enge Verwobenheit von demografischem Wandel, Lebensläufen und Lebensentwürfen von Männern und Frauen und kulturell geprägten Familienkonzepten: Basierend auf der Norm der Neolokalität sehen die meisten Menschen in Europa die Voraussetzungen für eine Familiengründung offenbar erst dann gegeben, wenn sie einen ökonomisch unabhängigen eigenen Haushalt begründen können. Im Rahmen der Bildungsexpansion, der zunehmenden Integration von Frauen in Erwerbsarbeit und Bildung seit den 1960er Jahren sowie verschlechterten Arbeitsmarktbedingungen seit den 1990er Jahren ist dies jedoch immer später im Leben der Fall.

Sinken der Eherate, Zunahme von Scheidungen

Schließlich wird im Rahmen demografischer Entwicklungen auch der *Bedeutungswandel der Ehe* (Peuckert 2007, 38) thematisiert. Immer mehr Paare leben ohne Trauschein. Auch die Anzahl der Singles hat zugenommen. Die Eheraten sind in Deutschland, Österreich und der Schweiz seit 1960 deutlich gesunken und die Scheidungsraten deutlich gestiegen. Für Deutschland wird geschätzt, dass zukünftig zwischen 30% und 40% der Menschen zeitlebens ledig bleiben und etwa 40% der Ehen in einer Scheidung enden (Peuckert 2007, 38f). Dies bedeutet jedoch keineswegs, dass Ehe und Partnerschaft heutzutage eine geringe Bedeutung zugemessen wird. Vielmehr gehen Familienforscher davon aus, dass die Ansprüche an die Qualität einer Partnerbeziehung gestiegen sind. Zusammen mit der Tatsache, dass Ehen viel länger als früher halten müssen (steigende Lebenserwartung), erhöht dies die Wahrscheinlichkeit einer Scheidung (Peuckert 2007, 39; Peuckert 2008, 167).

Pluralisierung der (familialen) Lebensformen im Lebensverlauf

Die bislang dargestellten Entwicklungen bleiben nicht ohne Folgen für die (familialen) Lebensformen in einer Gesellschaft: So hat der Anteil der Familienhaushalte an allen Haushalten im Rahmen des demografischen Wandels deutlich abgenommen. In Deutschland ist der Anteil der Familien an allen Haushalten von 1968 bis 1995 z.B. von 48% auf 36% gesunken (Mikrozensus/DESTATIS). Unter den Familienhaushalten wiederum hat der Anteil der Familien mit mehr als zwei Kindern seit 1968 deutlich abgenommen – Familien sind also „kleiner" und „seltener" geworden (Abb. 2.3). Außerdem hat der Anteil der Ein-Eltern-Haushalte durch Trennungen und Scheidungen deutlich zugenommen. Der Anteil der Ein-Kind-Familien ist – entgegen

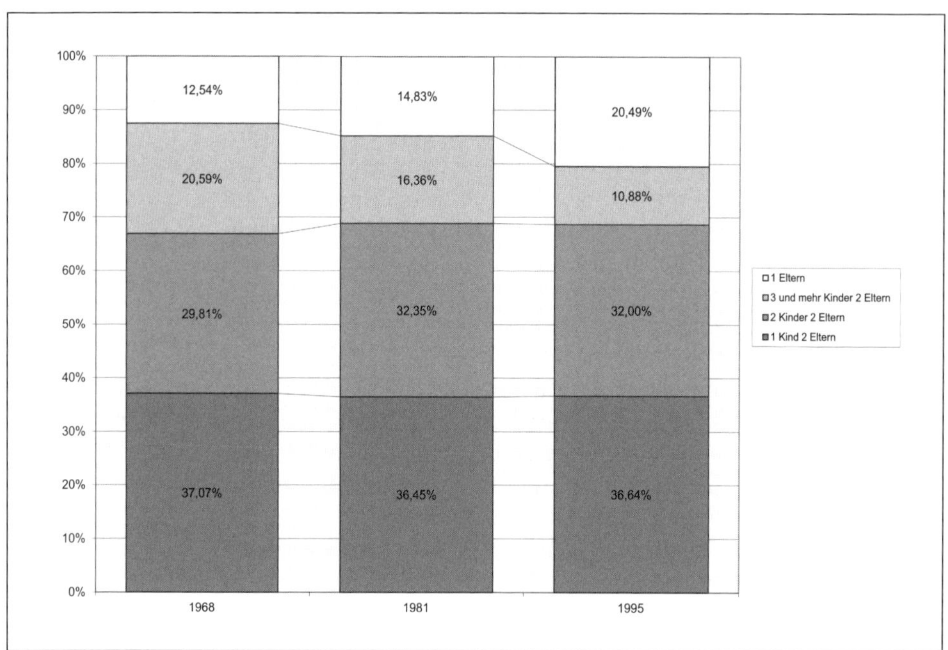

Abb. 2.3: Anteil verschiedener Familienformen an allen Familienhaushalten in Deutschland (eigene Darstellung nach Daten des Mikrozensus/DESTATIS)

mancher medialen Dramatisierung – relativ stabil geblieben und wirkt auf der Basis der verwendeten Daten auch zu groß: Denn die Daten stellen eine Momentaufnahme dar, in der auch jene Familien als Ein-Kind-Familien zählen, die noch ein zweites Kind bekommen werden.

Zunahme der Ein-Eltern-Haushalte

Insbesondere im Zusammenhang mit der deutlichen Zunahme der *Ein-Eltern-Haushalte* (oft etwas unzutreffend „Alleinerziehende" genannt) wird in der Familienforschung seit Langem über eine *Pluralisierung der familialen Lebensformen* diskutiert. Was ist darunter zu verstehen? Mit Pluralisierung ist zunächst eine Zunahme von Lebensformen gemeint, die nicht alle Merkmale der bereits beschriebenen bürgerlichen Kleinfamilie aufweisen. Ob und wie deutlich eine solche Pluralisierung festzustellen ist, ist jedoch umstritten (Wagner 2008; BMFSFJ 2006, 150ff; Hansen 2005; Bengtson 2001). Denn obwohl alle vom klassischen Modell abweichenden Familienformen häufiger als in den 1960er Jahren auftreten, leben die meisten Familien zumindest eine gewisse Phase in ihrem Familienleben noch ein recht klassisches Familienmodell. Es ist deshalb wahrscheinlich präziser, von einer *Pluralisierung der Familienformen im Lebensverlauf* (Bertram 2009) zu sprechen. Immer mehr Familien weichen in gewissen Lebensphasen von dem bürgerlichen Kleinfamilienideal ab, erfüllen es in anderen Lebensphasen aber nahezu vollständig. Die Wahrscheinlichkeit, im Leben phasenweise in einem unkonventionellen Familienmodell zu leben, ist also deutlich gestiegen, *obwohl* viele Aspekte des traditionellen Familienmodells normativ wenig an Attraktivität eingebüßt haben. Im Folgenden sollen die wichtigsten „Abweichungen" vom traditionellen Familienmodell dargestellt werden und in ihrer quantitativen Bedeutung abgeschätzt werden.

Pluralisierung der Familienformen im Lebensverlauf

Zunahme der nicht ehelichen Lebensgemeinschaften

Zunächst stellt die deutliche Zunahme *nichtehelicher Lebensgemeinschaften* (NEL) eine Veränderung der Lebensformen dar. Da in Deutschland 2005 in fast ein Drittel der 1,7 Millionen NEL Kinder lebten, lässt sich festhalten, dass diese Veränderung nicht nur Paare, sondern auch Familien betrifft (Peuckert 2008, 63). So lebten z.B. in Österreich im Jahr 2001 6,2% aller Kinder in einer NEL (Statistik Austria 2007, 96). NEL mit Kindern entstehen dabei häufig *nach* einer Scheidung – besonders Frauen bringen oft Kinder aus erster Ehe in eine NEL mit (Peuckert 2008, 68). Eher selten verbleiben bislang unverheiratete Partner in einer NEL, wenn sie eine Familie gründen. Noch immer wird in Deutschland,

Österreich und der Schweiz häufig geheiratet, sofern Kinder geplant oder „auf dem Weg" sind (Peuckert 2008, 42; BFS 2008, 8).

Weitaus stärker als die sinkende Heiratsneigung tragen also *Scheidungen* sowie *Trennungen* zu einer Pluralisierung von Familienformen bei (Abb. 2.4).

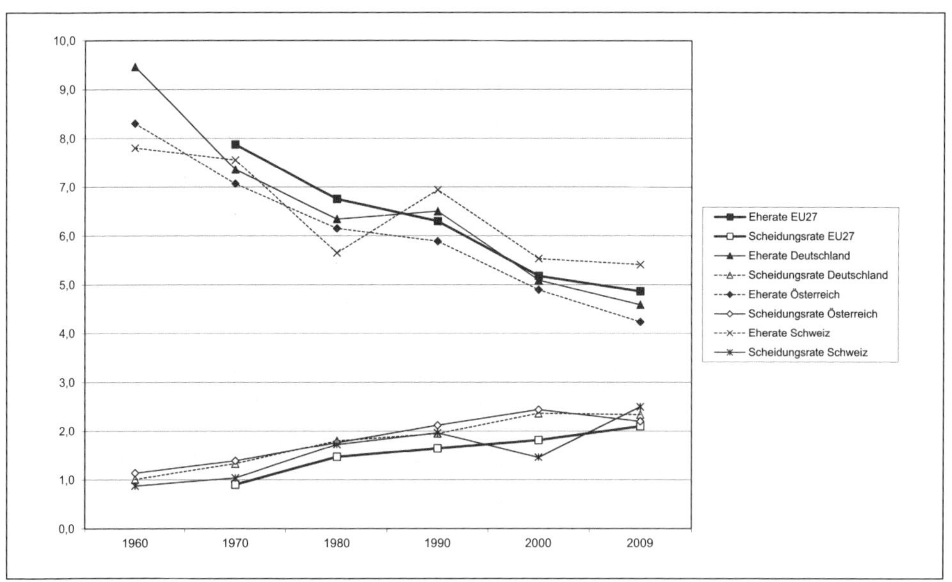

Abb. 2.4: Entwicklung der Ehe- und Scheidungsquoten (Heiraten/Scheidungen pro 1000 Einwohner) in Deutschland, Österreich, der Schweiz und der Europäischen Union (EU27) (Quelle: eigene Darstellung nach EUROSTAT)

„Alleinerziehende"/ Ein-Eltern-Haushalte

Trennungen und Scheidungen führen zu vielfältigen familialen Lebensformen im Lebensverlauf, wobei die bekannteste und zahlenmäßig bedeutsamste die „Alleinerziehenden" oder *Ein-Eltern-Haushalte* sind. Diese Lebensform macht in Deutschland und Österreich etwa 20% und der Schweiz etwa 15% aller Familien aus (OECD Family Database; Statistisches Bundesamt, 2010). Dabei ist die innere Vielfalt dieser Familienform nicht zu unterschätzen. Bereits die Entstehungszusammenhänge dieser Familienform sind recht unterschiedlich: So stellten Schneider

Definition:

Unter **Alleinerziehenden** oder **Ein-Eltern-Haushalte** versteht man Väter oder Mütter, die ohne Lebens- oder Ehepartnerinnen mit ihren minderjährigen Kindern in einem Haushalt zusammenleben.

et al. (2001, 24) für Deutschland fest, dass 42% Prozent der „Alleinerziehenden" ledig waren und sich recht früh – während der Schwangerschaft oder kurz nach der Geburt – von ihrem Partner trennten. In ca. 58% der Fälle waren die „Alleinerziehenden" verheiratet. Hier erfolgte eine Trennung vom Partner oft später und wurde oft durch das hohe Konfliktniveau der Ehe begründet. Entgegen der deswegen auch als missverständlich zu kritisierenden Bezeichnung „Alleinerziehende" übernimmt nur in gut der Hälfte (61%) aller Fälle der „alleinerziehende" Elternteil tatsächlich die alleinige Erziehungsverantwortung (Schneider et al. 2001, 18f). In 31% der Fälle liegt insofern eine Zwei-Eltern-Situation vor, als ein neuer Partner (18%) bzw. der andere leibliche Elternteil (13%) Erziehungsverantwortung und Betreuungstätigkeiten übernimmt. In 8% aller Fälle lässt sich von einer Drei- oder sogar Vier-Eltern-Situation sprechen, bei der neben beiden leiblichen Eltern neue Partner und Partnerinnen als Erziehungspersonen relevant sind.

Fortsetzungsfamilien

Damit wird schon kenntlich, dass Ein-Eltern-Familien oft in sogenannte *Stieffamilien* oder *Fortsetzungsfamilien* übergehen. Über diese Familienform existieren nur wenige und uneinheitliche Daten – häufig werden sie statistisch den „Alleinerziehenden" zugerechnet. Eine Analyse von Steinbach (2008, 165) kommt zu dem Ergebnis, dass Stieffamilien in Deutschland im Jahr 2005 etwa 13,6% aller Haushalte mit Kindern unter 18 Jahren ausmachten. Dagegen kamen Bien et al. (2002, 12) auf der Basis einer anderen Stichprobe für das Jahr 2002 auf nur 7%. Daten der OECD legen für Deutschland, Österreich und die Schweiz recht ähnliche Werte nahe, nach denen 8% bis 9% aller Kinder zwischen 11 und 15 Jahren in einer Stieffamilie leben (Abb. 2.6). Trennung und Scheidung führen über den Lebenslauf hinweg also nicht selten zu Situationen, in denen biologische und soziale Elternschaft auseinanderfallen und dergestalt komplexe, oft durch mehr als zwei Elternbeziehungen geprägte Familienstrukturen entstehen.

Definition:

Als **Stieffamilien** oder **Fortsetzungsfamilien** bezeichnet man Familien, bei denen zu einem oder beiden biologischen Elternteilen noch mindestens ein sozialer Elternteil hinzukommt (Peuckert 2007, 44).

Adoptionsfamilien

Auch in Adoptions- bzw. Adoptivfamilien bestehen solche komplexen Elternbeziehungen. Adoptionsfamilien spielen jedoch quantitativ eine relativ geringe Rolle – 2005 waren schätzungsweise weniger als 1% aller Kinder Adoptivkinder (Peuckert

Definition:

Adoptionsfamilien sind Familien, die durch die Annahme eines Kindes durch ein Paar oder eine alleinstehende Person entstehen.

2008, 221). Ebenso spielen *Inseminationsfamilien,* also Familien, die mithilfe von Reproduktionstechnologien gegründet werden, bislang noch eine untergeordnete Rolle. Gerade in jenen Fällen, in denen ein Elternteil oder sogar beide Elternteile nicht biologisch mit dem Kind verwandt sind, aber von Anfang an die soziale Elternrolle übernehmen, entstehen rechtlich komplexe und sozial ungewohnte Familien und Verwandtschaftsverhältnisse (Peuckert 2008, 224ff).

„Regenbogenfamilien"

Schließlich sind in letzter Zeit vermehrt *gleichgeschlechtliche Lebensgemeinschaften mit Kindern („Regenbogenfamilien")* Thema der Familienforschung und Gegenstand öffentlicher Aufmerksamkeit geworden – eine Familienform, die wie kaum eine andere Ressentiments hervorruft. Obwohl laut Berger et al. (2000) 40% aller Lesben und 30% aller Schwulen gerne mit Kindern zusammenleben würden, wachsen vermutlich in weitaus we-

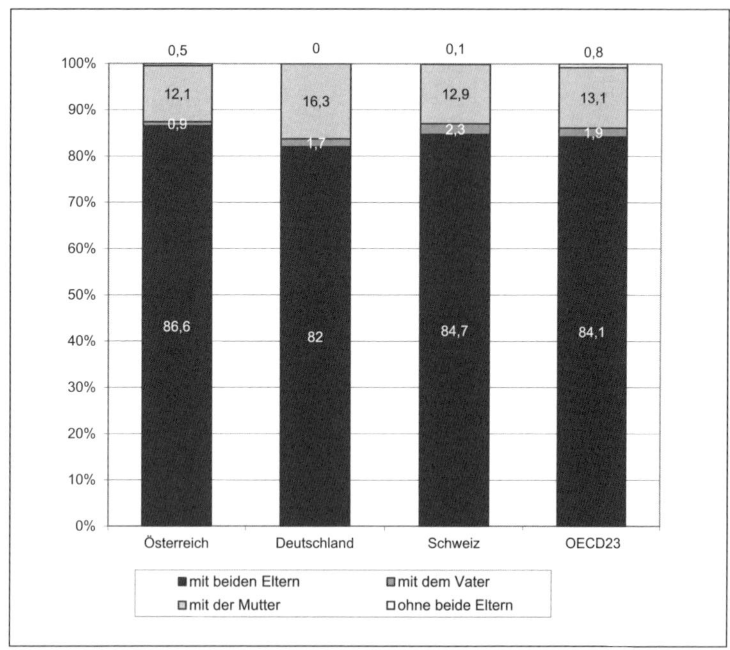

Abb. 2.5: Lebenssituation von Kindern unter 15 (2007, Schweiz 2000; eigene Darstellung nach OECD Family Database)

niger gleichgeschlechtlichen Lebensgemeinschaften Kinder auf. Nach dem Mikrozensus 2009 gibt es in Deutschland ca. 63.000 gleichgeschlechtliche Lebensgemeinschaften – nur in ca. 4000 dieser Gemeinschaften (dies entspräche ca. 6–7%) leben minderjährige Kinder (Statistisches Bundesamt 2011b, 49). Kinder stammen in gleichgeschlechtlichen Lebensgemeinschaften häufig aus vorherigen heterosexuellen Partnerschaften, sie gelangen zunehmend aber auch per Insemination oder Adoption in die Partnerschaft, wobei Letztere in Deutschland bislang nur für die leiblichen Kinder des Lebenspartners (Stiefkind-Adoption) zulässig ist. Inzwischen belegt eine Vielzahl an Studien, dass sich Kinder gleichgeschlechtlicher Elternpaare bezüglich ihrer kognitiven, emotionalen und sozialen Entwicklung nicht von anderen Kindern unterscheiden (Peuckert 2008, 298; Rupp 2009). Die oft zu hörende Behauptung, dass Kinder beide Geschlechterrollenvorbilder als Eltern benötigen, um sich gut entwickeln zu können, ist demnach nicht zu halten.

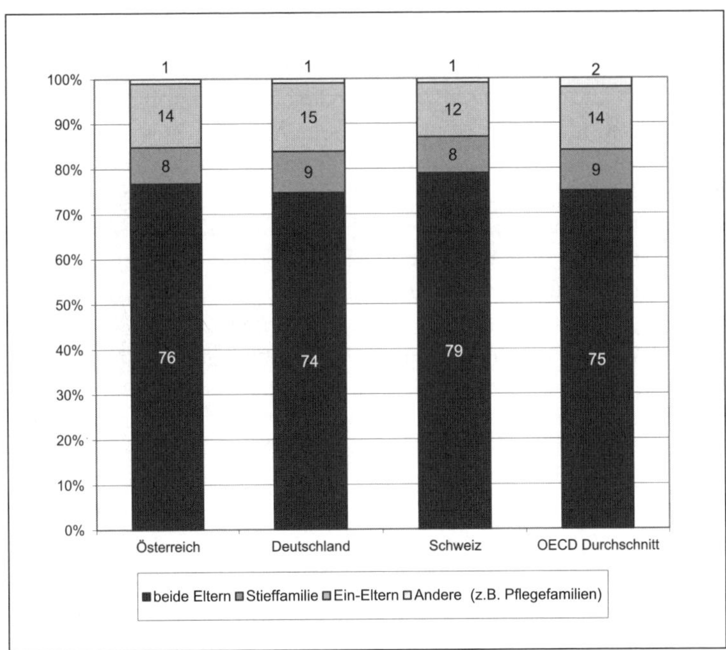

Abb. 2.6: Lebenssituation von 11-, 13- und 15-Jährigen (2005/2006; eigene Darstellung nach OECD Family Database)

Wie ist nun vorläufig die Pluralität der familialen Lebensformen aus sozialpädagogischer Sicht einzuschätzen? Man kann zwei Antworten darauf geben: Erstens kann man nicht davon ausgehen, dass von der Zwei-Eltern-Familie abweichende Familienformen pauschal defizitär oder problematisch sind. Zweitens lässt sich anhand der unten dargestellten Daten der OECD zur Familiensituation von Kindern und jungen Jugendlichen sagen, dass die Mehrzahl der Kinder immer noch mit beiden (biologischen) Eltern aufwächst. Da aber z. B. in Deutschland und Österreich immerhin rund ein Viertel aller 11- bis 15-Jährigen in einem Ein-Eltern-Haushalt oder einer Stieffamilie lebt und in der Schweiz immerhin ein Fünftel, muss festgehalten werden, dass diese Familienformen eine nicht mehr zu vernachlässigende Größe darstellen und keine gesellschaftliche Randerscheinung sind (Abb. 2.5, Abb. 2.6).

Binnenfamiliärer Wandel

Schließlich soll noch ein Blick auf die Veränderungen binnenfamiliärer Strukturen (innerhalb der Familie) geworfen werden. Auch hier sind Veränderungen gegenüber den traditionellen Normen zu erkennen, die zur Pluralität von Familien beitragen.

stärkere Berufsorientierung der Frauen

Zentral ist hier zunächst der Wandel der Frauenrolle. Die Lebensläufe von Frauen haben sich deutlich gelöst vom bürgerlichen Kleinfamilienideal, insbesondere vom männlichen Alleinverdienermodell, das bis in die 1960er Jahre vorherrschend war; sie sind inzwischen weitaus berufsorientierter geworden. Dies heißt allerdings nicht, dass mehr Gleichberechtigung zwischen den Geschlechtern erreicht wurde. Vielmehr finden sich Frauen häufig in der widersprüchlichen Situation, dass sie einen Beruf ausüben oder ausüben wollen, ohne dass gleichzeitig die Verantwortung für Kinder und Haushalt besser zwischen Männern und Frauen verteilt ist.

Geburten retraditionalisieren die familiäre Arbeitsteilung

Viele Paare praktizieren zwar vor der Geburt eines Kindes eine weitgehend egalitäre Arbeitsteilung. Mit der Familiengründung ändert sich dies jedoch oft: Die Geburt eines Kindes zeigt geringe Auswirkungen auf das Erwerbsverhalten von Männern. Sie verbleiben im Beruf, ja intensivieren oftmals sogar ihr Engagement, um die klassische Ernährerrolle ausfüllen zu können. Frauen mit Kleinkindern sind dagegen deutlich seltener und zumeist in einem wesentlich geringeren Zeitumfang erwerbstätig als vor der Geburt (BFS 2008, 19; BMFSFJ 2006, 182ff). Gleichzeitig mit dem Rückzug aus dem Arbeitsmarkt übernehmen Frauen mit Kindern dann auch deutlich mehr Hausarbeit, während sich Männer tendenziell aus der Hausarbeit zurückziehen (BMFSFJ 2006, 184ff). Mit der Geburt des Kindes *retraditionalisiert* sich also häufig die Arbeitsteilung zwischen den Geschlechtern.

Typisch für weibliche Lebensläufe ist deshalb das sogenannte Drei-Phasen-Modell: Auf eine Vollerwerbstätigkeit folgt bei Frauen oft ab der Geburt des ersten Kindes eine Phase der Beurlaubung (Elternzeit) oder der deutlichen Reduktion von Erwerbstätigkeit. Erst mit zunehmendem Alter der Kinder gewinnt dann eine Erwerbsbeteiligung wieder an Bedeutung – oft in Form von Teilzeitarbeit (Statistisches Bundesamt 2006, 485f).

Das traditionelle Modell der Hausfrauen-Ehe hat einerseits bei Frauen an Bedeutung eingebüßt, was deutlich zur Diversifizierung familialer Lebensformen *im Lebensverlauf* beiträgt. Andererseits übernehmen Frauen aber immer noch den weitaus größten Teil der Erziehungs- und Betreuungsarbeit von Kindern – und das wird auch häufig noch von ihnen erwartet: So meinte 2003 noch etwa die Hälfte aller 20- bis 65-Jährigen, dass Vorschulkinder unter einer Erwerbstätigkeit ihrer Mütter leiden und nahezu die Hälfte aller Befragten stimmte im DJI-Familiensurvey 2000 der Aussage zu, dass Frauen, wenn sie Karriere machen wollen, auf Kinder verzichten sollten (Peuckert 2008, 242, 246). Da insbesondere junge Frauen traditionelle Rollenvorgaben deutlicher ablehnen als ältere und Frauen insgesamt mehr als Männer entsteht in Fragen der Arbeitsteilung Aushandlungsbedarf und ein Konfliktpotenzial im Paarsystem (siehe dazu *Kapitel 3*).

Wandel vom Befehls- zum Verhandlungshaushalt

Doch nicht nur die Beziehungen zwischen Männern und Frauen in Familien haben sich verändert. Fast noch deutlicher haben sich die *Umgangsformen zwischen Eltern und ihren Kindern* in Richtung eines deutlich egalitäreren „partnerschaftlichen" Verhältnisses gewandelt (Peuckert 2008, 156). So sind z.B. eine deutliche Zurücknahme elterlicher Strafpraktiken einerseits und ein steigender Einfluss von Jugendlichen und Heranwachsenden auf Familienentscheidungen andererseits festzustellen. Auch sind Erziehungsziele, die auf eine Unterordnung des Kindes abzielten und seine Anpassung an die Erwachsenengesellschaft einforderten (Gehorsam, Sauberkeit, Ordnung, gute Umgangsformen) seit den 1950er Jahren zusehends von Erziehungszielen abgelöst worden, die auf Selbstbestimmung setzen (Selbstständigkeit, Interesse an Dingen wecken, Verantwortungsbewusstsein). Pointiert ist dieser Wandel von Du Bois-Reymond et al. (1994, 273ff) und Ecarius (2002) als Wandel vom *Befehlshaushalt* (hierarchische

Eltern-Kind-Beziehung) zum *Verhandlungshaushalt* (mit ausgewogener Machtbalance zwischen Eltern und Kindern) beschrieben worden. Diese meist positiv beurteilte Entwicklung, die sich insbesondere in den „höheren" Sozialschichten durchgesetzt hat, kann jedoch auch zu Verunsicherungen und Orientierungsproblemen von Eltern führen, da es schwieriger geworden ist zu entscheiden, was Eltern wann von ihrem Kind einfordern können. Neben diesen Machtverschiebungen wird insbesondere für die Mittelschicht vermutet, dass die *Anforderungen an die Ausgestaltung der Elternrolle* deutlich gestiegen sind (Meyer 2002). Bereits in der Schwangerschaftsphase, aber auch im Rahmen der frühkindlichen Entwicklung sehen sich Eltern mit immer mehr (teils wissenschaftlich fundiertem) Wissen konfrontiert, was es hinsichtlich einer guten Entwicklung des Kindes zu tun und zu unterlassen gilt. Mit Blick auf den Schulerfolg des Kindes setzt sich dieser Druck – dem v.a. Mütter ausgesetzt sind – häufig fort. Der Bedarf an Beratung in Erziehungsfragen wird dementsprechend hoch eingeschätzt (Peuckert 2008, 161f).

2.3 Was heißt Familie?

Familie als menschliche Universalie

Angesichts der erkennbar gewordenen anthropologischen, historischen und innergesellschaftlichen Vielfalt der Erscheinungsformen von Familie mag es zunächst aussichtslos erscheinen, Familie definieren zu wollen. Familie ist aber trotz ihrer vielfältigen Erscheinungsformen eine anthropologische Universalie: Sie tritt in jeder Gesellschaft auf, da bestimmte Probleme, die Familie löst, in jeder Form menschlichen Zusammenlebens auftreten. Jede Gesellschaft muss dafür Sorge tragen, dass Kinder geboren und versorgt werden, dass die Generationenfolge sowie Sexualität und Partnerschaftsverhältnisse geregelt sind (Hill/Kopp 2002, 71ff; Nave-Herz 2004, 77ff). Dementsprechend hat die Familiensoziologie versucht, universelle Funktionen und Aufgaben von Familie zu benennen und entlang dieser zu definieren. Wie Soziologen, Psychologen oder Geschichtswissenschaftler ihre je eigenen Definitionen von Familie haben, so wollen wir im Folgenden auch eine Definition von Familie erarbeiten, die für die Soziale Arbeit nützlich ist. Dazu greifen wir ausgewählte Funktionen von Familie aus der soziologischen Literatur auf und deuten diese aus der Sicht der Sozialen Arbeit.

Definition:
Familien sind potenziell auf Dauer gestellte Lebensgemeinschaften, die durch mehrgenerationale Beziehungen geprägt sind und bei denen die wechselseitige informelle Sorge um das körperliche, emotionale und geistige Wohl im Zentrum steht. Familien tragen zur Erziehung und Sozialisation der Kinder wesentlich bei.

Von besonderer Bedeutung erscheint uns das, was als *besonderes Kooperations- und Solidaritätsverhältnis* in Familien hervorgehoben wird (Ecarius et al. 2011, 14; Huinink/Konietzka 2007, 71f; Nave-Herz 2004, 29ff). Aus sozialpädagogischer Sicht lässt sich dieses Verhältnis als *sorgende Beziehungen* bezeichnen – im Fachdiskurs werden die damit einhergehenden Tätigkeiten unter *Care* zusammengefasst, im Weiteren mit *Sorge* übersetzt (Brückner 2011b). Sorgetätigkeiten sind beim Menschen in ihren spezifischen Formen nicht angeboren, sie werden als soziale Tätigkeit erlernt und weitergegeben. Prinzipiell sind aber alle Menschen im Laufe ihres Lebens sorgebedürftig und besitzen die Fähigkeit zur Fürsorglichkeit (Brückner 2011b, 208). Im Familienleben lassen sich unterschiedliche Dimensionen von Sorge unterscheiden, beginnend mit der körperlichen Sorge (Ernährung, Gesundheit und körperliche Pflege, Erholung etc.), der Sorge um das seelische und geistige Wohl der Familienmitglieder (z.B. emotionale Zuwendung, Anerkennung, Bildung und Erziehung) und schließlich der Sorge um den materiellen Lebensunterhalt (Kleider, Wohnung, Nahrungsmittel, Spiel- und Lernmittel etc.).

Sorgebeziehungen in Familien

Wie in allen Familienformen finden sich auch in der bürgerlichen Kleinfamilie vielfältige Sorgebeziehungen: So sorgen Mütter und Väter für ihre Kinder und erwachsene Kinder oft für ihre alt gewordenen Eltern. Aber auch die Beziehung eines Elternpaares untereinander ist meist durch wechselseitige Sorge geprägt. Auch die Großeltern sind oft mehr in Sorgebeziehungen einbezogen, als dies das neolokale Kleinfamilienmodell nahe legt (Bengtson 2001; BMFSFJ 2006, 137): Großeltern beteiligen sich oft an der Betreuung und Pflege der Kinder; Eltern und Enkelkinder sorgen wiederum für Großeltern, wenn diese pflegebedürftig sind.

Es kann an dieser Stelle allerdings eingewendet werden, dass Sorgetätigkeiten nicht nur in der Familie zu beobachten sind, sondern z.B. auch im Krankenhaus, Altersheim, Kindergarten, in der Kirche (Seelsorge) und vielen anderen Einrichtungen. Das ist durchaus richtig, aber wie bereits erwähnt, besteht in Familien ein besonderes, nämlich ein *informelles* Sorgeverhältnis.

Formelle und informelle Sorge

In der Fachliteratur wird zwischen formeller Sorge und informeller Sorge unterschieden, wobei ein „Graubereich“ zwischen beiden Formen an Bedeutung gewinnt (Brückner 2011b, 2001; Geissler/Pfau-Effinger 2005). *Formelle* Sorgetätigkeiten werden von (öffentlichen und privaten) *Organisationen* geleistet, *Soziale Dienste* genannt. Sie werden meist *beruflich* von ausgebildeten „Sorgearbeiterinnen“ gegen Geldleistungen (aber auch gelegentlich von ehrenamtlichen Mitarbeitern) erbracht und sind durch vielfältige formale Regeln bestimmt (siehe dazu *Kapitel 6*).

Gegenüber solchen *gesellschaftlich* organisierten formellen Formen der Sorge folgt die Sorge in der Familie *informellen* Prinzipien: Familien sind Lebens*gemeinschaften*, die nicht durch offizielle Mitgliedschaften, Arbeitsverträge, Öffnungszeiten usw. gekennzeichnet sind. Die familialen Beziehungen sind deswegen speziell, weil sie besonders ausgeprägt auf *emotionalen* Beziehungen beruhen und *alltäglich* erbracht werden (also prinzipiell jederzeit). Sie werden oft sogar beiläufig und ohne formale Prüfung der Anspruchsberechtigung oder im Hinblick auf direkte Gegenleistungen gewährt. Zudem haben sie meist lebenslang Bestand.

Qualitäten informeller und formeller Sorge

Familiale informelle Sorge ist oft flexibler, bedarfsgerechter, voraussetzungsloser und persönlicher als gesellschaftlich organisierte formelle Sorge. Wegen dieser besonderen Qualitäten werden innerfamiliale Sorgepflichten und Rechte in den meisten Staaten auch gesetzlich geschützt. Nur dann, wenn die familiale Sorge nicht ausreicht oder nicht gewährleistet wird, kann sie durch formale Sorgearrangements ergänzt, unterstützt oder sogar ersetzt werden. Der Vorteil formeller Sorge liegt allerdings in ihrer Verlässlichkeit und Einklagbarkeit. Jeder hat ein Anrecht auf bestimmte Sorgeleistungen und wo sie familiär nicht erfüllt werden (können), müssen staatliche Instanzen und Organisationen (Soziale Dienste) einspringen und Hilfe und Unterstützung anbieten. Gerade wegen ihrer emotionalen Qualität bergen informelle familiäre Sorgebeziehungen außerdem oft Konfliktpotenzial in sich, da darin Fragen der Macht, der Gerechtigkeit und des Vertrauens berührt werden (Brückner 2001). In familialen

Beziehungen können neben positiven Emotionen deshalb auch negative Emotionen (und schlussendlich auch Gewalt) besonders ausgeprägt auftreten, da im Gegensatz zur formellen beruflichen Sorgearbeit (die auch nie emotionslos ist) Distanz zu den eigenen Emotionen weniger leicht möglich ist und nie „Feierabend" ist.

Generationenbeziehungen

Für unsere Definition von Familie können wir festhalten, dass Familie durch *informelle Sorgeleistungen* gekennzeichnet ist. Doch dieses Merkmal reicht für unsere Definition von Familie nicht aus. Denn informelle Sorgeleistungen werden auch in vielen Formen solidarischen Miteinanderlebens wie z.B. in Paargemeinschaften, Wohngemeinschaften, Klöstern, Nachbarschaften oder Freundschaften geleistet. In diesen Formen des Miteinanderlebens fehlt allerdings ein zweites Element, das Familie insbesondere aus pädagogischer Sicht prägt: das Zusammenleben von Menschen aus mindestens zwei Generationen. Die Generationenbeziehungen können in Familien durchaus vielfältig sein: Eltern-Kind-, Großeltern-Kind-, Großeltern-Enkelkind-, Onkel/Tante-Neffe/Nichte-Beziehungen. Es spielt für die Beziehungen zwischen den Menschen in Familien immer eine entscheidende Rolle, ob man in Bezug auf jemanden anderen Kind, Elternteil, Großelternteil, Geschwister oder Partner ist und welcher der mindestens zwei Generationen innerhalb einer Familie man damit angehört. Wechselseitige Rechte und Pflichten von Familienmitgliedern resultieren in weiten Teilen aus der Generationenzugehörigkeit. Neben vielem anderen charakterisiert dabei die intergenerationalen Beziehungen immer, dass diese (neben anderen Bildungsinstitutionen wie der Schule) auch darauf ausgerichtet sind, Kinder durch gezielte (*Erziehung*) sowie beiläufig stattfindende (*Sozialisation)* Vermittlung von Kulturinhalten zu psychisch und sozial erwachsenen, den Anforderungen der Gesellschaft eigenständig gewachsenen Menschen werden zu lassen (Mollenhauer 1983). Gelingt diese Vermittlung nicht oder nur unzureichend, dann entsteht eine Schwierigkeit, die man aus wissenschaftlicher Sicht als sozialpädagogisches Problem (Winkler 1988; Uhlendorff 2011a) bezeichnet (siehe dazu *Kapitel 6*).

Familie und biologische Abstammung

Häufig ist in der soziologischen Literatur unter Bezugnahme auf René König (2002, 57ff) auch die Rede davon, dass Familien einen *biologisch-sozialen Doppelcharakter* aufweisen, da in ihnen die Regulierung von Sexualität, biologischer Reproduktion und die bereits beschriebenen Sorge- und Sozialisationsfunktionen zusammenfallen. Dass wir hier die soziale Seite in den Vordergrund stellen, ist dabei nicht nur der sozialpädagogischen Perspektive geschuldet: Denn während sich die Sozialisations- und Sorgefunktion aus der Generationendifferenzierung der Familie und der anthropologischen Tatsache der Erziehungs- und Bildungsbedürftigkeit des Menschen ergibt, hat das Beispiel der Na gezeigt, dass biologische Reproduktion und Sexualität im Prinzip auch außerhalb der Familie geregelt werden können (so auch König 2002, 58). Trotzdem spielen biologische Abstammungsverhältnisse immer eine bedeutende (wenn auch nicht unersetzliche) Rolle für die Klärung der Frage, zu welcher Familie wer gehört.

2.4 Übungsaufgaben zu Kapitel 2

Aufgabe 1 Handelt es sich bei den folgenden Gruppen um Familien? Was spricht dafür, was dagegen? a) Christian (23), Anne (19) und Hans-Peter (22), Studierende, wohnen gemeinsam, kochen zusammen, teilen die Haushaltsarbeit und unterstützen sich auch sonst im Alltag wechselseitig; b) Frau und Herr Köster (62 und 65), in deren Haushalt Christina (7) aufwächst, die Enkelin von Frau Köster; c) eine Gruppe von Mönchen in einem tibetischen Kloster nimmt als Neumitglieder meist Kinder auf, wobei u.a. die jüngeren Mönche für die älteren im Krankheitsfalle sorgen und die älteren die jüngeren erziehen, sie in Traditionen und Bräuche einführen; d) Herr und Frau Muhl sind seit 15 Jahren verheiratet. Sie leben im Haus von Herrn Muhl und Frau Muhl pflegt die Mutter von Herrn Muhl.

Aufgabe 2 Fertigen Sie eine Liste der Merkmale der bürgerlichen Kleinfamilie an. Überlegen Sie, welche alternativen familiären Lebensformen dazu möglich sind. Welche Vor- und Nachteile ergeben sich dabei für das Familienleben? Versuchen Sie herauszufinden, wie man Familienformen mit den von Ihnen konstruierten Merkmalen nennt!

Aufgabe 3

Arbeiten Sie zentrale Trends heraus, die das Familienleben in Deutschland, Österreich und der Schweiz zwischen 1980 und 2010 verändert haben. Diskutieren Sie, ob und gegebenenfalls wie Soziale Arbeit auf diese Entwicklungen reagieren soll bzw. muss!

Aufgabe 4

Überlegen Sie, was Ihre persönlichen Ideale in Bezug auf Familie sind. (Was ist/wäre Ihnen für Ihr Familienleben und die Erziehung Ihrer Kinder besonders wichtig? Was würden Sie in Erziehung und Familienleben „völlig unmöglich" finden?) Diskutieren Sie dann in der Gruppe, a) auf welche der von Ihnen herausgearbeiteten Werte und Normen Sie als Sozialpädagoge bzw. als Sozialpädagogin in Ihrer Arbeit offensiv Bezug nehmen würden, b) welche Werte Ihrer Meinung nach „unverhandelbar" sind sowie c) was dagegen als „private" Meinung und Ansicht über ein gutes Familienleben aus der professionellen Arbeit mit Familien herausgehalten werden sollte!

Literaturempfehlungen zur Vertiefung des Themas:

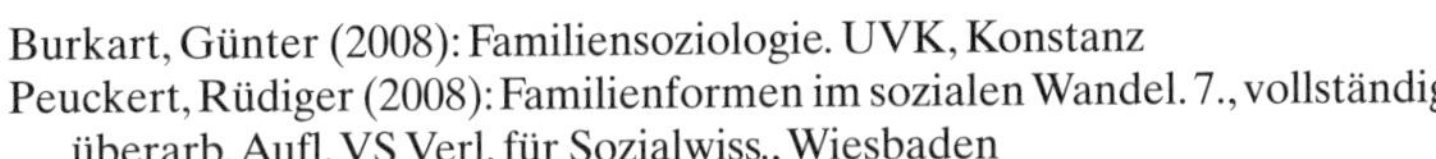

Burkart, Günter (2008): Familiensoziologie. UVK, Konstanz

Peuckert, Rüdiger (2008): Familienformen im sozialen Wandel. 7., vollständig überarb. Aufl. VS Verl. für Sozialwiss., Wiesbaden

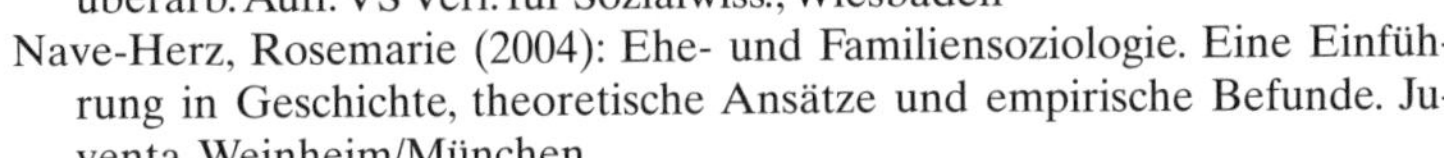

Nave-Herz, Rosemarie (2004): Ehe- und Familiensoziologie. Eine Einführung in Geschichte, theoretische Ansätze und empirische Befunde. Juventa, Weinheim/München

3 Aufgabenstellungen und Konfliktthematiken von Familien

In Kapitel 1 haben wir ein wesentliches Ziel Sozialer Arbeit mit Familien definiert: Sie zielt darauf ab, Familienmitglieder dabei zu unterstützen, Konfliktthemen, Aufgabenstellungen und soziale Probleme zu klären und zu lösen. Die meisten Fachkräfte der Sozialen Arbeit erfüllen diesen Auftrag, indem sie auf ihr Erfahrungswissen, aber auch auf Fachwissen zurückgreifen. Letzteres beruht auf wissenschaftlichen Erkenntnissen, welche die Erziehungswissenschaft und Sozialpädagogik als forschende Disziplinen (aber auch andere Wissenschaften wie die Psychologie) bereitstellen. In diesem Kapitel wollen wir eine sozialpädagogisch fundierte Systematik vorstellen, mit der sich Aufgabenstellungen und Konfliktthemen von Familien beschreiben und analysieren lassen. Diese Systematik wurde im Rahmen einer sozialpädagogischen Familienuntersuchung entwickelt (Uhlendorff et al. 2008) und geht von der Prämisse aus, dass Familien mit zwei grundsätzlichen Herausforderungen konfrontiert werden: Familien müssen zum einen ihren Familienalltag bewältigen und zum anderen Übergänge meistern, die sich im Lebenslauf stellen. Dabei ergeben sich für Eltern und Kinder Aufgaben, die sie gemeinsam lösen. In den meisten Fällen gelingt dies. Wo diese Aufgaben als Überforderung bzw. als unüberwindbare Konflikte erlebt werden, können sie Thema Sozialer Arbeit werden. Darum soll es in diesem Kapitel gehen.

Alltag und Übergänge im Lebenslauf fordern heraus

3.1 Herausforderung: Bewältigung des Familienalltags

Eine wesentliche Herausforderung von Eltern und deren Kindern ist die Bewältigung des Familienalltags. Es muss eingekauft, gekocht, geputzt und gewaschen werden, die Kinder müssen ins Bett gebracht werden usw. Der Tagesablauf will gestaltet werden und muss den vielseitigen Wünschen und Erwartungen Rechnung tragen. All dies setzt komplexe Abstimmungsprozesse unter den Familienmitgliedern voraus.

Im Hinblick auf die Bewältigung des Familienalltags ergeben sich vier unterschiedliche Aufgaben- und Konfliktbereiche:

Familienmitglieder müssen sich abstimmen

1 die Arbeitsteilung innerhalb des Familiensystems. Die Familienmitglieder müssen sich einigen, wer welche Tätigkeiten im Hinblick auf Haushalt, Kindererziehung und Berufstätigkeit übernimmt. Grundsätzlich geht es hierbei um das Aushandeln von Balancen, die sowohl von den Erwachsenen als auch von den Kindern mehr oder weniger als gerecht und befriedigend erlebt werden.
2 das Abstimmen von mehr oder weniger verbindlichen Zeitstrukturen im Familienalltag,
3 die Auseinandersetzung über Erziehungsziele und Erziehungskonzepte sowie die tatsächliche Erziehung der Kinder,
4 das Abstimmen von Erwartungen und Bedürfnissen in der Partnerschaft – eine z.T. konfliktträchtige Angelegenheit.

Wir wollen im Folgenden näher auf diese vier Bereiche eingehen und in jedem typische Aufgaben- und Konfliktthematiken beschreiben.

Familiale Arbeitsteilung

Die familiale Arbeitsteilung umfasst nicht nur die alltäglichen Aufgaben im Haushalt, sondern auch die Erwerbsarbeit, insbesondere die Frage, wer und in welchem zeitlichen Umfang das Familieneinkommen bestreitet. In der Fachdiskussion unterscheidet man drei Modelle:

Männliches Alleinverdiener-Modell

- Bei dem Männlichen Alleinverdiener-Modell (im Englischen „male breadwinner model" genannt) geht ausschließlich der Mann einer Erwerbstätigkeit nach; die Frau ist nicht berufstätig und überwiegend für Haushalt und Kindererziehung zuständig.

Eineinhalbverdiener-Modell

- Charakteristisch für das Eineinhalbverdiener-Modell ist die Vollzeittätigkeit des einen Partners, in der Regel des Mannes, und die Teilzeittätigkeit des anderen, meist der Frau.

Vollzeitbeschäftigung beider Elternteile

- Schließlich gibt es Familien, bei denen beide Elternteile Vollzeit arbeiten gehen.

Europäische Forschungsstudien zeigen, dass sich in den letzten 30 Jahren die familiale Arbeitsteilung stark verändert hat: Die Berufstätigkeit von Frauen hat deutlich zugenommen (siehe dazu *Kapitel 2*). Das ist auch politisch erwünscht und wurde insbesondere im ersten Jahrzehnt des 21. Jahrhunderts durch politische Maßnahmen auf EU-Ebene vorangetrieben (KOM 2006; KOM 2010). Männer beteiligen sich im Vergleich zu früher mehr, aber immer noch weniger als Frauen an Haushaltstätigkeiten (BMFSFJ 2006, 215), auch hierauf sind wir in Kapitel 1 eingegangen. Das Thema gerechte Arbeitsteilung hinsichtlich der Berufstätigkeit und der Bewältigung der Haushalts- und Erziehungstätigkeiten ist gerade wegen der Diskrepanz zwischen Anspruch und Realität bei vielen Familien ein Konfliktthema. Die Diskrepanzen werden von den Familienmitgliedern ganz unterschiedlich erlebt und gedeutet. Es lassen sich verschiedene subjektive Deutungsmuster nachweisen (vgl. hierzu und im Folgenden Uhlendorff et al. 2008, 56ff): Es gibt Familien, bei denen eine partnerschaftliche Arbeitsteilung vorherrscht. Dies ist der Idealfall, weil die familiäre Aufgabenverteilung von den Erwachsenen – und auch von den Kindern – in quantitativer Hinsicht als ausgeglichen erlebt wird. Man kann insofern von einer partnerschaftlichen Arbeitsteilung sprechen, als der zeitliche Aufwand als gleichwertig aufgefasst wird, den die Elternteile für die Erledigung der Alltagstätigkeiten (einschließlich Berufstätigkeit) jeweils aufbringen. Bei Familien mit einer partnerschaftlichen Arbeitsteilung herrscht ein komplementärer Modus vor, d.h., die Elternteile ergänzen sich gegenseitig. Die Eltern sind in ihren Rollen stärker festgelegt. Dies ist z.B. bei der Familie Otto der Fall:

partnerschaftliche Arbeitsteilung

Partnerschaftliche Arbeitsteilung bei Familie Otto

Herr und Frau Otto haben zwei Söhne (17 und 13) und eine Tochter (3). Frau Otto arbeitet Teilzeit als Krankenschwester, der Mann arbeitet Vollzeit als Maurer. Da die Frau regelmäßig auch am Wochenende arbeiten muss, gibt es kaum Zeit für gemeinsame familiäre Aktivitäten, allerdings kümmert sich der Mann dann um die Hausarbeit. Zeitdruck entsteht vormittags, weil der ältere Sohn zu einem Schulprojekt gebracht werden muss. Dies erledigt Frau Otto, weil ihr Mann früh mit der Arbeit beginnt. Die Jungen sind „verwöhnt" und beteiligen sich nicht am Haushalt. Frau Otto sagt: „Sie müssen selber das Geschirr in den Geschirrspüler stellen und die dreckige Wäsche rausgeben, was sie aber selten machen." Wenn der Druck groß wird, bekommt sie Unterstützung von ihrem Mann: „Mein Mann ist so, der lässt mich auch, ich glaube weil er aber selber so empfindet, da brauch ich einfach mal zwei Stunden für mich.

Ich geh 'ne Stunde in die Wanne mit 'nem Buch, finde ich ganz toll. Oder, ich leg mich hier auf den Balkon und lese drei Stunden. Aber wie gesagt, diese Zeit krieg ich von meinem Mann, das ist so. Der übernimmt dann halt die Pflichten, von mir aus. Der sitzt dann da nicht und sagt, so es ist, drei Uhr koch du mal den Kaffee, oder so, das macht der nicht." Da Frau Otto nur kurz im Mutterschutz war, ist der Mann an der Hausarbeit beteiligt gewesen: „Bei D. (dem älteren Sohn) gab es nur ein halbes Jahr Mutterschutz, da ich schon wieder relativ früh zum arbeiten gegangen bin, musste mein Mann Haushaltsrollen übernehmen, was er bis heute durchzieht, der wäscht, der kocht, der kauft ein." (zitiert nach Uhlendorff et al. 2008, 59f)

Im Hinblick auf die Arbeitsteilung scheint es sich um den Idealfall zu handeln. Es stellt sich die Frage, warum Familien wie die Ottos zu einem Fall für Soziale Arbeit werden. Partnerschaftliche Formen der Arbeitsteilung sind häufig fragil und können durch äußere Umstände wie Arbeitslosigkeit oder durch familiäre Umstände aus der Balance geworfen werden, wie z.B. durch Krankheit oder Pflegebedürftigkeit eines Familienmitglieds. Bei Familie Otto kam es zu einer Überlastung von Frau Otto; der Grund dafür waren die z.T. extremen Erziehungsprobleme mit dem ältesten Sohn. Ihm wurde ADHS (Aufmerksamkeitsdefizit-/Hyperaktivitätsstörung) attestiert. Aufgrund der Verhaltensschwierigkeiten und der erhöhten Zuwendungsbedürfnisse des Sohnes war Frau Otto oft nicht mehr in der Lage, den Alltag zu bewältigen. Das Interview wurde nach einem Jahr intensiver Betreuung im Rahmen einer sozialpädagogischen Familienhilfe durchgeführt. Den Sozialpädagogen gelang es, die Eltern dabei zu unterstützen, die Erziehungskompetenzen gegenüber dem Sohn zu stärken und die Alltagsbewältigung wieder herzustellen. Entlastung und Stärkung der Erziehungskompetenzen waren bei Familie Otto Thema der sozialpädagogischen Arbeit.

Allzuständigkeit

Entlastung ist ebenfalls Ziel der sozialpädagogischen Arbeit bei Familien, bei denen ein Muster von Arbeitsteilung vorherrscht, das mit „Allzuständigkeit" betitelt werden kann (Uhlendorff et al. 2008, 58f). Im Unterschied zum letztgenannten Muster zentrieren sich bei diesem die Haushalts- und Erziehungstätigkeiten überwiegend auf einen Elternteil. Diese Form der Arbeitsteilung findet man häufig bei Ein-Eltern-Haushalten. Aber auch Familien, die man dem Männlichen Alleinverdiener-Modell zuordnen kann, folgen diesem Muster. Diese Form der Arbeitsteilung muss nicht unbedingt zu Familienkonflikten führen, vorausgesetzt, dass die Person, bei der sich die Haushaltstätigkeiten konzentrieren, die sozialen Rollen nicht infrage stellt. Allerdings kann die „Allzuständigkeit“ insbesondere bei Ein-Eltern-Haushalten als Stressbelastung erlebt werden. Soziale Arbeit kann hier entlastend und unterstützend wirken.

dynamische Arbeitsteilung

Bei anderen Familien werden die Erwachsenenrollen im Hinblick auf die Arbeitsteilung grundsätzliche infrage gestellt. (Uhlendorff et al. 2008, 59f). Hier haben die Erwachsenen konträre Vorstellungen von den Verantwortlichkeiten im Hinblick auf Haushalt und Beruf, wie das Fallbeispiel Kurt zeigt:

Dynamische Arbeitsteilung bei Familie Kurt

Frau Kurt lebt mit ihrem Sohn Tom und ihrem neuen Lebenspartner Tobias zusammen. Sie besucht eine Umschulungsmaßnahme zur medizinischen Laborantin. Ihr Partner arbeitet nicht und übernimmt einen Großteil der Haushaltsaufgaben, weil Frau Kurt den ganzen Tag über an der Schulung teilnimmt. Tobias fühlt sich auch für Tom zuständig. Frau Kurt: „Ich habe längere Zeit Vollzeit gearbeitet … nach der Umschulung (in drei Monaten) möchte ich mehr zu Hause sein und mich um den Haushalt und um Tom kümmern". Frau Kurt: „… ich glaube, dass mich Tom mehr braucht". Sie möchte Teilzeit arbeiten gehen und erwartet, dass ihr Freund Tobias seine Vollzeitarbeitsstelle als Handelsvertreter möglichst bald wieder aufnimmt. Tobias hingegen möchte „lieber zu Hause bleiben und sich um den Haushalt kümmern." „Irgendwie braucht Tom einen richtigen Vater". Tobias ist mit dem „Rollentausch", wie er es nennt, „zufrieden": „In den letzten Jahren habe ich fast nur aus der Reisetasche gelebt, ich brauche jetzt mal ne Pause. In drei Jahren kann ich mir wieder vorstellen zu arbeiten". Er erwartet von seiner Partnerin, dass sie in den nächsten Jahren Vollzeit arbeiten geht.

Das Fallbeispiel zeigt, dass bei Familien, die diesem Typ zuzuordnen sind, die Rollen im Hinblick auf die Erledigung der Alltagstätigkeiten und der Berufstätigkeit nicht auf Dauer festgelegt sind. Die Partner haben unterschiedliche wechselseitige Erwartungen. Familien mit einer derartigen Lebenssituation befinden sich in einer dynamischen Situation, d.h., es stehen Veränderungen an, die unter den Erwachsenen ausgehandelt werden müssten. Unstimmigkeiten und Ungleichgewichte im Hinblick auf die Arbeitsteilung und die gegenseitigen Erwartungen können zu Familiendynamiken führen, die eine positive Neuverteilung und Neuinterpretation von Elternrollen zur Folge haben. Eine Aufgabenstellung, die auch sozialpädagogisch unterstützt werden könnte, besteht darin, die wechselseitigen Erwartungen der Eltern aufeinander abzustimmen und Rollen auszuhandeln, die für beide und für die Kinder befriedigend sind.

Familiäre Zeitstruktur

Eng mit der Arbeitsteilung verbunden ist die zeitliche Organisation des Familienalltags. Eine besondere Aufgabenstellung ist dabei die Koordination der Zeitvorgaben von Institutionen wie Schule und Betrieb mit den Bedürfnissen von Eltern und Kindern (Uhlendorff et al. 2008, 61). Da die institutionellen Zeitvorgaben in den Tagesablauf der Familien eingreifen, ist die zeitliche Autonomie des Familienlebens eingeschränkt, wie das Fallbeispiel Greiner zeigt.

Asynchrone Zeitstrukturen bei Familie Greiner
Herr Greiner ist Fernfahrer, seine Frau arbeitet im Schichtdienst. Sie haben einen 16-jährigen Sohn und eine 10-jährige Tochter. Der folgende Tagesablauf entstammt dem Interview mit der Mutter: Frau Greiner steht morgens um 6 Uhr auf, macht die Kaffeemaschine an und bereitet das Frühstück vor. Danach weckt sie ihre Tochter … und ihren Sohn. Dieser nimmt zurzeit kein Frühstück zu sich, da er nicht zu dick werden möchte. Sie schmiert ihren Kindern noch die Brote für die Schule, während diese sich anziehen. Wenn die Kinder in der Schule sind, kümmert sie sich um den Haushalt: „Ich koche dann vor, wenn ich Spätschicht habe, damit die Kinder nach der Schule etwas zu essen haben". Gegen 20.30 Uhr ist sie wieder von der Arbeit zurück und räumt noch das schmutzige Geschirr auf. Ihre Tochter kommt meistens um 15.15 Uhr nach Hause, … der Sohn um 18 Uhr. Er besucht nach der Schule eine Tagesgruppe. Den Abend verbringen sie dann gemeinsam zu Hause, bis sie von der Arbeit kommt. In der Frühschicht arbeitet die Mutter entweder von 8 Uhr bis 15 Uhr oder von 9 Uhr bis 16 Uhr. Danach kümmert sie sich noch ein bisschen um den Haushalt und widmet sich im Anschluss daran ihren Kindern. In ihrer anderen Schicht ist sie nach ihrer eigenen Aussage freitags und samstags generell weg und so sieht sie ihren Mann praktisch „3 Tage nur morgens früh und abends". Der Sohn darf bis 21.15 Uhr abends aufbleiben, meistens sehen sie dann gemeinsam fern, oder er zieht sich in sein Zimmer zurück und guckt Sport. Ihre Arzttermine mit den Kindern versucht sie immer in die Woche zu legen, in der sie 2 oder 3 Tage frei hat. Am Wochenende ist meistens ihr Mann wieder da, der sich dann auch um die Kinder kümmert, sodass sie sich eine Auszeit nehmen kann. Die Mutter beklagt den hektischen Alltag, dass sie während der Woche selten zur Ruhe kommt und dass sie ihren Mann meist nur am Wochenende zu Gesicht bekommt. Sie wünscht sich gemeinsame Familienausflüge, aber auch Zweisamkeit mit ihrem Mann, was sich aber nur selten realisieren lässt.

Die Konfliktthematik besteht darin, dass die Arbeitszeiten der Mutter sowie des Vaters und die Schulzeiten der Kinder nicht synchron sind. Hinzu kommt, dass die Mutter aufgrund der Schichtarbeit wechselnde Arbeitszeiten hat. Die Organisation des Tagesablaufs und des Wochenendes erfordern in diesem Fall

komplexe Zeitplanung

eine hohe Planungskompetenz. Gemeinsam erlebte Zeiten, also Aktivitäten, an denen alle Familienmitglieder beteiligt sind, konzentrieren sich fast ausschließlich auf das Wochenende. Das Fallbeispiel Greiner zeigt, dass Familien nicht nur mit der Aufgabe der Abstimmung der zeitlichen Erwartungen der Institutionen mit dem Familienleben gefordert sind, sondern auch im Hinblick auf die innerfamiliären Zeitperspektiven. Bei der zeitlichen Organisation des Familienalltags greifen unterschiedliche Erwartungsebenen ineinander:

- die Zeiten der Zuwendung der Elternteile für die Kinder, also die Sorge für die Bedürfnisse und Erwartungen der Kinder,
- die zeitlichen Erwartungen an die Paarbeziehung, d.h. der Wunsch nach Zweisamkeit,
- die Wünsche aller Familienmitglieder im Hinblick auf gemeinsame Aktivitäten und gemeinsam erlebte Zeit,
- Zeiten des individuellen Rückzugs, der als „Zeit für sich selbst" definiert wird, also der Wunsch nach individueller Zeit unabhängig von den anderen, die gleichsam als Zeit der Entspannung erlebt wird.

konkurrentes Zeitschema

Diese unterschiedlichen Erwartungsebenen müssen mehr oder weniger abgestimmt und balanciert werden, um eine Zufriedenheit aller Familienmitglieder zu gewährleisten. Dies gelingt nicht immer. Aus den Aussagen von Frau Greiner wird deutlich, dass die gemeinsame Zeit mit ihrem Mann, also die Zeit des Paares, und die gemeinsam verbrachte Zeit aller Familienmitglieder zu kurz kommen. Die Sorge für die Bedürfnisse der Kinder und die Organisation des Haushalts erfordern den größten Zeitaufwand und stehen im Mittelpunkt. Allerdings nimmt sich die Mutter eine Auszeit. Man kann dieses Muster „konkurrentes Zeitschema" nennen (Uhlendorff et al. 2008, 63f): Die Zeit für die Sorge der alltäglichen Bedürfnisse der Kinder und für die Organisation des Haushalts steht in Konkurrenz zu den Bedürfnissen der Erwachsenen, beispielsweise nach gemeinsamen Freizeitaktivitäten.

kindzentriertes Zeitschema

Neben diesem Zeitmuster gibt es noch andere, ebenso konfliktreiche Zeitmuster: Bei Familien mit kindzentriertem Zeitschema ist der Tagesablauf so organisiert, dass die Bedürfnisse der Kinder an erster Stelle stehen, während die Bedürfnisse der Erwachsenen kaum oder gar nicht erfüllt werden (Uhlendorff et al. 2008, 63). Zentralen Stellenwert bilden bei der Tagesgestaltung gemeinsame Mahlzeiten, Freizeitaktivitäten mit den Kindern, Hausaufgabenbetreuung, Gestaltung der Einschlafsituation etc., während autonome kinderfreie Zeiten der einzelnen Erwachsenen oder des Paares kaum realisiert werden. Bei Familien mit neugeborenen Kindern ist dies häufig der Fall. Da die meisten Eltern wissen, dass es sich hierbei nur um eine Übergangssituation handelt, bis die Kinder selbstständiger werden, wird dies nicht als Problem definiert. Bei Familien, bei denen dieses Zeitmuster zu einem Dauerzustand wird, leiden die Eltern häufig darunter, dass ihre Bedürfnisse zu kurz kommen. Es handelt sich hierbei häufig um Ein-Eltern-Haushalte mit vorwiegend kleinen oder verhaltensschwierigen bzw. entwicklungsverzögerten Kindern oder um kinderreiche Familien.

erwachsenenzentriertes Zeitmuster

Ein gegenteiliges Zeitschema ist das erwachsenzentrierte Zeitkonzept (Uhlendorff et al. 2008, 66). Auffällig ist hierbei, dass sich nach den Beschreibungen der Eltern das alltägliche Zeitmanagement an den Bedürfnissen der Erwachsenen orientiert.

Unterschiedliche Zeitrhythmen bei Familie Werner

Zur Familie gehören Herr Werner (50), Frau Werner (38), die gemeinsamen Kinder Bianca (17) und Sebastian (8). Die Familie bewohnt eine 90 m^2 große Wohnung in einer Wohnsiedlung einer Industriestadt. Der Tagesablauf sieht nach der Schilderung von Frau Werner folgendermaßen aus. Frau Werner steht um 6.30 Uhr auf und weckt ihren Sohn Sebastian. Sie bereitet ihm das Frühstück. Um 8.30 Uhr wird Sebastian von seinen Schulfreunden abgeholt und verlässt das Haus. Danach legt sie sich wieder ins Bett. Herr Werner steht gegen 10 Uhr auf und macht sich sein Frühstück. Danach sieht er fern oder beschäftigt sich am Computer. Frau Werner steht gegen 12 Uhr auf, sie nimmt einen Imbiss zu sich und macht den Haushalt, „... je nachdem, was anliegt, einkaufen, putzen, ... dann mache ich das Abendessen für den Kleinen und meinen Mann, ... gegen 5 Uhr kommt Bastian von der Ganztagsschule oder von seinen Freunden. Dann muss ich auch schon los zum Bus." Frau Werner arbeitet als Putzfrau in einem Großraumbüro. Gegen 2.30 Uhr kommt sie nach Hause, sie nimmt einen Imbiss zu sich, „... ich schlafe dann meistens erst um 3 Uhr ein". Frau Werner beschreibt die Familiensituation folgendermaßen: „Seit er (ihr Mann) arbeitslos ist, ja seit 2 Jahren, lässt er sich total hängen, den ganzen Tag am Fernsehen, oder am Computer ... er hat irgendwie keine Initiative mehr. Seitdem läufts auch mit der Großen nicht gut. Die ist praktisch nie zu Hause, mal schläft sie bei uns, dann bei ihren Freundinnen. Sie war auch schon mal im Heim ... sie macht mir große Sorgen zurzeit." Sie beklagt sich, dass Herr Werner sich nicht um seinen Sohn kümmert und nur seinen eigenen Interessen nachgeht. Am Wochenende ist ihr Mann „unterwegs ... Fußball und Kneipe mit Freunden". Frau Werner putzt dann die Wohnung, ist „dann viel bei meinen Freundinnen". Sebastian schaue am Wochenende viel Fernsehen oder sei bei seinen Freunden, wo er auch manchmal übernachte. Gekocht werde am Wochenende nicht, „na ja am Wochenende, da versorgt sich jeder selbst." Frau Werner ist mit dem Familienalltag sehr unzufrieden, sie wünscht sich „... mal mit allen was Gemeinsames machen". Zumindest am Wochenende habe sie versucht, ein gemeinsames Mittagessen und Sonntagsfrühstück wieder einzuführen, „... aber irgendwie klappt das nicht, jeder will seine eigenen Dinge machen, wir kommen einfach nicht mehr zusammen so wie früher".

Der letzte Satz von Frau Werner bringt das Konfliktthema auf den Punkt; aus ihrer Sicht gibt es kaum gemeinsam erlebte Zeiten. Situationen, wo alle Familienmitglieder beisammen sind und ein Ereignis gemeinsam teilen und so eine Synchronizität von äußeren und innerlichen Geschehen herstellen, gelingen scheinbar nicht mehr („... wir kommen einfach nicht mehr zusammen"). Die Familienmitglieder haben unterschiedliche Zeitrhythmen. Allerdings wäre, worauf Frau Werner hinweist, trotz ihrer Nachtschicht Synchronizität des Familienerlebens möglich, z.B. an Wochenenden in Form gemeinsamer Mahlzeiten. Die Bedürfnisse der Kinder werden, so scheint es, im Familienalltag wenig berücksichtigt, insbesondere von Herrn Werner. Seine Alltagsstruktur ist im Wesentlichen durch die Befriedigung seiner Bedürfnisse und Interessen geprägt. Auch Frau Werner folgt diesem Muster (wahrscheinlich aus Resignation) teilweise ebenfalls am Wochenende. Ihrer subjektiven Diagnose zufolge sieht sie die Ursache in der Langzeitarbeitslosigkeit und der Resignation ihres Mannes. Er sei mit eigenen Problemen so stark beschäftigt, dass kein Platz für die Bedürfnisse der Kinder bleibt. Sehr problematisch ist dieses Zeitmuster insbesondere bei Familien mit kleinen Kindern. Werden die Bedürfnisse der Kinder nicht von anderen Erwachsenen kompensiert, kann man von Kindeswohlgefährdung sprechen.

Im Hinblick auf die genannten Zeitmuster lässt sich zusammenfassend sagen, dass in allen drei die Balance zwischen den Bedürfnissen der Kinder und denen der Eltern ein zentrales Konfliktthema darstellt. Allerdings werden die Ungleichgewichtigkeiten unterschiedlich beschrieben. Sie sind ein Thema der Sozialen Arbeit, z.B. in der Erziehungs- und Familienberatung, in der sozialpädagogischen Familienhilfe oder im Rahmen der Familienbildung. Eine zentrale Aufgabe besteht darin, Familien dabei zu unterstützen, eine Zeitstruktur zu finden, die befriedigende Balancen zwischen den Bedürfnissen der Eltern und Kin-

synchrones Zeitmuster

dern gewährleisten. Es geht dabei um die Entwicklung eines synchronen Zeitmusters. In diesem Sinne ist Soziale Arbeit mit Familien ein Balanceakt (Uhlendorff et al. 2008, 65). Dieses Synchronisationsproblem auf der Eltern-Kind-Ebene wurde schon früh erkannt, z.B. von dem Kinderpsychiater und Familientherapeuten Minuchin (1969/1979).

Kindererziehung

Familiale Interaktionsstrukturen insbesondere zwischen Eltern und Kindern haben sich in den letzten 50 Jahren deutlich verändert. Dies belegen zahlreiche Studien (Kirchhöfer 1997; Fuhs/Büchner 1996; Wulf et al. 2001). Familien „verhandeln" heute mehr als früher, d.h., die Kindererziehung ist weniger autoritär als vor 50 Jahren (siehe dazu *Kapitel 2*). Eltern lassen sich mehr auf die Bedürfnisse ihrer Kinder ein, man spricht in diesem Zusammenhang vom Wandel vom „Befehlshaushalt" zum „Verhandlungshaushalt" (Du Bois-Reymond et al. 1994).

Nicht nur die Interaktion zwischen Eltern und Kindern, sondern auch zwischen Großeltern und Enkelkindern hat sich verändert. Großeltern beteiligen sich in den letzten Jahrzehnten deutlich stärker an der Erziehung der Enkelkinder als früher. Durch die hohe Lebenserwartung und aufgrund des häufigen Zusammenlebens von drei Generationen sind neue Versorgungserwartungen entstanden. Es ergeben sich spannende Fragestellungen für die sozialpädagogische Forschung. Längerfristig gilt es zu untersuchen, welche Erziehungsprobleme, paradoxen Erziehungskonzepte oder Generationenkonflikte mit diesen Veränderungen einhergehen und welche Aufgaben sich dadurch für die Sozialen Dienste im Bereich der Jugendhilfe und außerschulischen Bildung ergeben. Bisher liegen dazu nur einige wenige Untersuchungen vor (Schmidtchen 1989; Wieners 1999; Petzold 1999).

Grundsätzlich lässt sich im Hinblick auf diese Studien festhalten, dass Familien, insbesondere Eltern, sich seit ungefähr 50 Jahren stärker mit Erziehungskonzepten, normativen Erwartungen an Kinder und Formen emotionaler Unterstützung auseinandersetzen. Dies ist nicht nur bei Mittelstandsfamilien der Fall (Uhlendorff et al. 2008, 67). Erziehungsprobleme und Konflikte ergeben sich häufig an der Nahtstelle von Erziehungskonzept und dessen Umsetzung im Alltag. Wir wollen das am Fallbeispiel Kurt

Konfliktlinie: Erziehungskonzept und Umsetzung im Alltag

erläutern. Erinnern wir uns an die Begegnung zwischen Frau Kurt und Frau Abel in der Erziehungsberatungsstelle (siehe dazu *Kapitel 1, Fallbeispiel 1*). Frau Kurt erwähnt in dem Gespräch, dass sie sich mit ihrem Lebenspartner Tobias oft über die Erziehung von Tom streitet und dass Tobias Tom überfordern würde. Sie geht auf diesen Konflikt etwas näher ein:

Unterschiedliche Erziehungskonzepte in Familie Kurt

Frau Kurt berichtet: „Wir streiten uns oft über die Erziehung von Tom. So, äh Tobias sieht sich selbst als strengen Vater. Er kennt das auch nicht anders, sein Vater war auch streng. Er würde Tom niemals schlagen, niemals … er verbietet aber viel, wenn ich nicht da bin und droht mit Taschengeldentzug und Fernsehverbot. Er hat also ganz andere Vorstellungen von Erziehung als ich. Er meint, ich bin eine zu gutherzige Mutter, die alles durchgehen lässt. Na ja, manchmal hat er da recht. Ich bin sehr liebevoll erzogen worden und mache das bei Tom auch so. Ich setze ihm aber auch Grenzen … aber ich rede viel mit ihm darüber und versuche ihm das zu erklären. Das macht Tobias nicht, er schnauzt Tom oft an. Aber seine Erziehung passt nicht mehr so richtig in die Zeit. Tobias hat auch keine eigenen Kinder, er muss noch viel lernen. Und der Tom mag es nicht, wenn Tobias mit seinen Strafen ankommt. Es gibt viel Streit wegen der Schule, Tobias will ihn zum Musterschüler machen. Für mich ist das nicht so wichtig, dieser ganze Leistungsstress. Er ist noch ein Kind und will noch viel spielen. Das ist auch wichtig."

Das Problem von Frau Kurt und ihrem Lebenspartner Tobias besteht darin, dass sie sich über die Erziehung von Tom nicht einig sind. Beide haben offensichtlich unterschiedliche Auffassungen von Erziehung (Erziehungskonzepte) und verfolgen unterschiedliche Erziehungsziele. Eine zentrale, sozialpädagogische Aufgabe besteht darin, die Eltern dabei zu unterstützen, sich mit den unterschiedlichen Erziehungserwartungen und -vorstellungen auseinanderzusetzen und ein gemeinsames Erziehungskonzept auszuhandeln. Dieses Muster „Wir sind uns über die Erziehung der Kinder nicht einig" ist bei Familien, die Hilfen zur Erziehung in Anspruch nehmen, häufig anzufinden – aber auch bei Familien, bei denen kein Hilfebedarf besteht (Uhlendorff et al. 2008, 72).

Uneinigkeit über Erziehung

Nicht immer müssen unterschiedliche Erziehungskonzepte zu Familienkonflikten führen. Im Normalfall können sie sich ergänzen. Problematisch wird es dann, wenn ein Kind oder sogar mehrere Kinder aufgrund von Verhaltensschwierigkeiten oder sozialen Problemen einen besonderen Erziehungsbedarf haben, wie z. B. bei ADHS bei dem Fallbeispiel Familie Otto. Ähnlich wie bei dem Fall Kurt waren sich auch hier die Eltern nicht einig über die Erziehung des Sohnes.

Bei dem zuletzt genannten Muster haben die Erwachsenen divergierende Erziehungskonzepte, die sie im Alltag umsetzen und die aus der Sicht der Eltern zu Streit sowie zu Irritationen bei den Kindern führen. Daneben gibt es Familien, wo die Erwachsenen die gleichen haben, es ihnen aber nicht gelingt, diese in der Praxis umzusetzen. Das Konfliktthema „Ich (Wir) erziehe(n) inkonsequent" hat eine andere Dynamik als das zuvor genannte (Uhlendorff et al. 2008, 73). Die Eltern fühlen sich in ihrer Erziehungskompetenz überfordert und erleben sich unsicher im Umgang mit den Kindern. Ein Beispiel hierfür ist die Familie Werner:

„inkonsequenter" Erziehungsstil

Familie Werner erzieht „inkonsequent"

Frau Werner sagt in dem Interview, das von einer Mitarbeiterin einer Jugendhilfeeinrichtung im Rahmen einer sozialpädagogischen Diagnose durchgeführt wurde, Folgendes: „Na, ja eine Zeit hat es bei uns alles besser funktioniert. Das war, … als wir diese Familienhelferin hatten. Die war richtig nett, sie hat viel mit Bianca unternommen und sich auch um Bastian gekümmert. Sie hat mir ziemlich unter die Arme gegriffen, so psychisch halt. Mir ist damals alles zu viel geworden, die Schwierigkeiten mit Bianca und so. Das Wichtigste war aber, dass se mir geholfen hat bei der Erziehung. Da hat mein Mann noch mitgemacht. Da ham wa alle an einem Strang gezogen. So ne, ich bin eigentlich eher streng, und mein Mann auch, die Kinder müssen was lernen fürn guten Beruf, Fleiß und Anstand ist wichtig und gute Manieren. Das habe ich denen auch beizubringen versucht. Ich hab dann mit der Frau von der Jugendhilfe son Punkteplan aufgestellt für die Kinder. Da gabs dann ne Belohnung, wenn se was erreicht haben, ne gute Zensur nach Hause gebracht haben, oder sich an die Regeln gehalten haben. Das war richtig gut. Aber als die von der Jugendhilfe dann raus war … ja, mein Mann wollte das nicht mehr, weil die sich seiner Meinung in vieles eingemischt hat, was ihr nichts anging. Danach gings dann bergab. Meinem Mann war alles egal. Ich konnte mich nicht mehr richtig durchsetzen, dann da die Probleme mit meinem Mann … Und dann ging uns Bianca durch die Lappen, die war immer unterwegs, kam abends nicht nach Hause, hatte was mit älteren Jungens. Was sollte ich da machen, sie bestrafen, wenn se nach Hause kommt, nee das geht nicht. Hab mir richtig Sorgen gemacht. Mit dem Kleinen war ich dann auch nicht mehr so klar mit der Konsequenz für die Erziehung, hab vieles durchgehen lassen und das ist auch immer noch so. Irgendwie muss das wieder anders werden".

Bei dem Fall Werner wird eine Schwierigkeit deutlich, die viele Familien haben, die von Sozialpädagogischen Einrichtungen betreut werden: Die Eltern haben zwar mehr oder weniger klare Vorstellungen von Erziehung, aber aufgrund von bestimmten Lebensumständen – wie Arbeitslosigkeit, psychische Belastungen durch Verschuldung oder Paarkonflikte, Alkoholismus, Pubertätskonflikte der Jugendlichen – fühlen sie sich in der Erziehung überfordert und perspektivlos. Eine sozialpädagogisch relevante Aufgabenstellung besteht darin, die Eltern zu entlasten, sie dabei zu unterstützen, ihre Lebensumstände zu verbessern und sie in ihren Erziehungskompetenzen zu stärken.

In der Erziehung spielen nicht nur Erziehungskonzepte und deren authentische Umsetzung im Alltag eine zentrale Rolle, sondern auch die emotionale Zuwendung und normativen Verhaltenserwartungen der Eltern an die Kinder. Studien zeigen, dass diese beiden Komponenten Erziehungsstile wesentlich mitbestimmen (Schmidtchen 1989; Wieners 1999; Petzold 1999). Erfolgreiche Erziehung ist von einer gelungenen Balance zwischen normativen Erwartungen und emotionaler Fürsorge abhängig. Gelingt diese Balance nicht, dann entstehen Paradoxien. Eine zweite Konfliktlinie zeichnet sich also an der Nahtstelle zwischen normativen Erwartungen und emotionaler Unterstützung ab. Gerhard Schmidtchen (1989) ist diesem Thema in einer Studie über Selbstschädigungstendenzen psychosozial schwer belasteter Jugendlicher nachgegangen. Er zeigt vier unterschiedliche Erziehungsstile auf:

Konfliktlinie: normative Erwartungen und emotionale Unterstützung

- den „paradoxen Erziehungsstil", bei dem die Eltern hohe Forderungen an das Kind stellen, ohne emotionalen Rückhalt zu geben,
- den „gleichgültigen Erziehungsstil", hier sind die normativen Erwartungen der Eltern und die emotionale Zuwendung schwach ausgeprägt,
- den „naiven Erziehungsstil", er zeichnet sich durch hohen emotionalen Rückhalt aus, ohne dass die Eltern viele Forderungen an das Verhalten der Kinder stellen,
- den „reifen Erziehungsstil", hier sind beide Komponenten ausgewogen: Die Eltern geben dem Kind emotionalen Rückhalt und stellen gleichzeitig deutliche Forderungen (Schmidtchen 1989, 68).

Die Schwierigkeiten mit der Balance zwischen emotionaler Zuwendung und normativen Erwartungen und den sich daraus ergebenen Belastungen lassen sich anhand des folgenden Falls, es handelt sich um Frau Ernst, gut verdeutlichen:

Schwierigkeiten mit der Balance von Gefühlen und Erwartungen in Familie Ernst

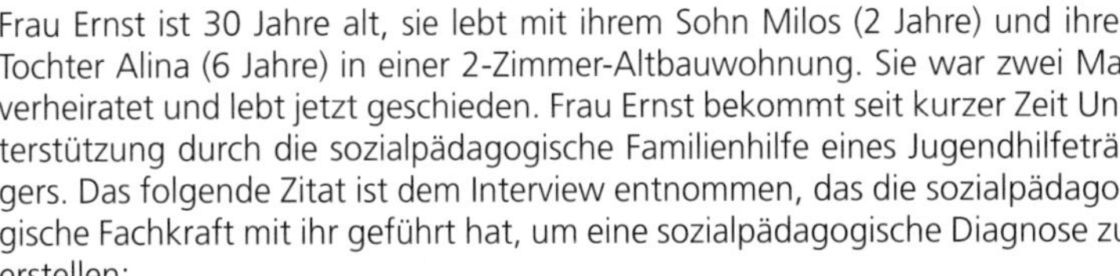

Frau Ernst ist 30 Jahre alt, sie lebt mit ihrem Sohn Milos (2 Jahre) und ihrer Tochter Alina (6 Jahre) in einer 2-Zimmer-Altbauwohnung. Sie war zwei Mal verheiratet und lebt jetzt geschieden. Frau Ernst bekommt seit kurzer Zeit Unterstützung durch die sozialpädagogische Familienhilfe eines Jugendhilfeträgers. Das folgende Zitat ist dem Interview entnommen, das die sozialpädagogische Fachkraft mit ihr geführt hat, um eine sozialpädagogische Diagnose zu erstellen:

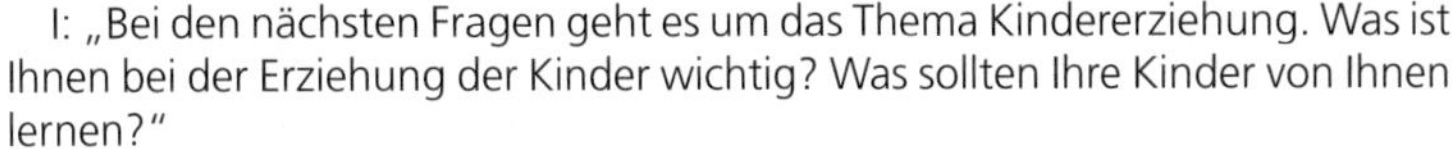

I: „Bei den nächsten Fragen geht es um das Thema Kindererziehung. Was ist Ihnen bei der Erziehung der Kinder wichtig? Was sollten Ihre Kinder von Ihnen lernen?"

E: „Oh, mir ist wichtig, dass die beiden viel spielen und toben können. Alina, die tanzt gern, da wird die ganze Wohnung umgeräumt und auf den Kopf gestellt. Milos ist auch ein Energiebolzen, so wie seine Schwester. Wir gehen dann oft auch raus auf den Spielplatz, wenn es in der Wohnung zu viel wird. Aber im Winter ist das schwierig, dann wirds hier oft eng … und da im letzten Winter ist die Scheibe in der Küchentür zu Bruch gegangen. Da bin ich richtig böse geworden und dann ist mir die Hand ausgerutscht. Hat mir danach auch weh getan und ich hab Alina in den Arm genommen. Ja also, Kinder brauchen viel Bewegung, zum Glück kommt Milos bald in den Kindergarten, da kann er mit den anderen viel toben und hat mehr Platz."

I: „Wie ist das mit dem Verbieten und Strafen, was dürfen Ihre Kinder und was nicht?"

E: „Oh, das ist schwierig, ich verbiete meinen Kindern fast gar nichts, nur wenn sie sich verkloppen, dann gehe ich dazwischen. Die sind ja noch jung … die brauchen noch in erster Linie viel Liebe …"

I: „Und was heißt das?"

E: „… na viel in den Arm nehmen und schmusen, das mögen die beiden sehr."

I: „Wie würden Sie Ihre Erziehung oder Ihren Erziehungsstil beschreiben?"

E: „… einfach machen lassen, die Kinder lernen von selbst, ich mische mich nur ein, wenns zu viel wird."

I: „Wann wird es Ihnen zu viel?"

E: „Oh, bah, also manchmal komme ich den ganzen Tag nicht aus dem Bett, wenn ich meine Depressionen habe. Dann kommt alles aus meiner Kindheit hoch, der Krieg und dass sich meine Eltern haben scheiden lassen. Ich hatte eine ziemlich schwierige Kindheit. Da wird mir dann alles zu viel, ich kann dann nicht kochen und aufräumen, die Kinder müssen selbst klarkommen. Wenn sie dann toben und an mir hochspringen, dann schrei ich rum. Das will ich aber eigentlich nicht."

I: „Was sollten Ihre Kinder zurzeit lernen?"

E: „Schwierige Frage … die sollen gutes Sozialverhalten haben, Pünktlichkeit ist auch wichtig … nein also, ich habe mir wenig Gedanken dazu gemacht."

In dem Interview fällt auf, dass die normativen Erwartungen an die Kinder eher niedrig und unspezifisch sind. Das Erziehungsverhalten kommt dem sehr nahe, was Schmidtchen als „naiven Erziehungsstil" charakterisiert. Das Deutungsmuster kann man

„Kinder brauchen Liebe, mir wächst alles über den Kopf"

folgendermaßen zusammenfassen: „Kinder brauchen Liebe, mir wächst alles über den Kopf" (Uhlendorff et al. 2008, 74f). Die Eltern, die ihre Erziehung derart deuten, wollen ihren Kindern in erster Linie Liebe geben. Sie beschreiben sich selbst als gutmütig und lassen aus ihrer Sicht „vieles durchgehen" und setzen selten Grenzen. Aber gelegentlich oder sogar häufig reißt ihr „Geduldsfaden". Sie machen die Erfahrung, dass die Kinder durch ihr Verhalten Situationen herausfordern, wo sie einen Kontrollverlust erleben und manchmal zu drastischen Strafen greifen. Die Aufgabe, vor der die Eltern stehen, ist die Auseinandersetzung mit und Entwicklung von Erziehungskonzepten, in denen normative Erwartungen, emotionale Fürsorge und Sanktionsformen dem Entwicklungsalter entsprechend ausbalanciert werden.

Paarbeziehung

Bevor wir auf den Bereich der Paarbeziehung eingehen, sind noch einige theoretische Klärungen erforderlich. In Kapitel 1 haben wir versucht, Familie aus sozialpädagogischer Sicht zu definieren. Bei unserer Definition sind wir davon ausgegangen, dass Familien potenziell auf Dauer gestellte Lebensgemeinschaften sind, die durch mehrgenerationale Beziehungen geprägt sind und bei denen die wechselseitige informelle (Für-)Sorge um das körperliche, emotionale und geistige Wohl im Zentrum steht. Dieser Definition kann das Folgende hinzugefügt werden: Im Familienleben lassen sich unterschiedliche Interaktionssysteme unterscheiden, in denen Fürsorge realisiert wird. In der Erziehungswissenschaft und der Familiensoziologie unterscheidet man generell drei Teilsysteme (Mollenhauer et al. 1975, 51–85; Knuth et al. 2009, 182):

- das Eltern-Kind-System, es umfasst die Interaktion zwischen Eltern und Kindern, z. B. die Sorge der Eltern um das leibliche Wohl der Kinder, deren Erziehung sowie emotionale Zuwendung. Es ist gekennzeichnet durch Asymmetrien, d. h., Kinder sind von Eltern abhängig.
- das Eltern- oder Erwachsenensystem: Die Erwachsenen als Teilsystem müssen sich z. B. im Hinblick auf die Aufgabenverteilung im Haushalt und die Kindererziehung (Erziehungsorientierung und -ziele) einigen, Fragen der Erwerbsarbeit klären sowie die familiale Zeit mit den zeitlichen Erwartungen

außerfamiliärer Institutionen (Schule, Jugendhilfe, Erwerbsarbeit) in Einklang bringen. Die Beziehung der Erwachsenen ist ebenso durch gegenseitige Sorge geprägt, in der Partnerschaft werden emotionale, sexuelle und materielle Bedürfnisse befriedigt. Im Unterschied zum ersten System ist dieses potenziell symmetrisch ausgerichtet.

- das Kindersystem, dazu zählen die Geschwister, aber auch die gleichaltrigen Freunde, die teils am Familienleben teilnehmen. Es ist ähnlich wie das Elternsystem relativ eigenständig und bildet eigene Regeln und Interaktionsmuster aus. Neben der Eltern-Kind-Interaktion ist die Gleichaltrigen-Interaktion eine wichtige Sozialisationsinstanz. Es ist ein eigenständiges Lernmilieu. Auch hier werden Gesten gegenseitiger Fürsorge ausgetauscht.

Im Folgenden wollen wir näher auf das Eltern- bzw. das Erwachsenensystem und das Thema Sorge in der Paarbeziehung eingehen. In dem Interview beschreiben Herr und Frau Otto die folgende Situation:

Familie Otto pflegt ein Paarritual

Herr Otto: „Also wir schaffen uns gerne mal eine gemütliche Atmosphäre ne, d. h., wir gehen dann früh ins Bett, wenn die Kinder dann auch alle im Bett sind und gucken dann ne tolle (ehm) DVD oder Fernsehen und machen Teelichter ringsrum an und dann kommt die Süßigkeitenbox." Frau Otto (lacht): „Das ist auch richtig." Herr Otto: „Ja da sitzt das Leckermäulchen aber wie." Frau Otto: „Auch schön mal ein Glas Wein." Herr Otto: „Ja." Frau Otto: „Weißt du noch der erste Abend, da wars nicht ein Glas Wein." Herr Otto: „Zwei Flaschen." Frau Otto: „Aber wir sind nüchtern gewesen." Herr Otto: „Ja." Frau Otto: „Nach fünf Flaschen Wein. Mann: Wir hatten uns so viel zu erzählen." (Aus Uhlendorff et al. 2008, 85)

Herr und Frau Otto beschreiben, wie andere Familien auch, Rituale, bei denen gegenseitige Sorge im Zentrum steht: wie z.B. gemeinsame Mahlzeiten, Einschlafrituale (bei denen Kindern zum Einschlafen vorgelesen oder vorgesungen wird). Das gemeinsame Familienleben wird u.a. durch Rituale hergestellt (Audehm 2007; Audehm et al. 2007; Audehm/Zirfas 2000). Dies gilt auch für die Paarbeziehung als Teil des Familienlebens. Die Ottos beschreiben in der oben zitierten Interviewstelle ein Paarritual, durch das eine Intimität ausschließlich zwischen den Partnern realisiert wird, d.h., sie grenzen sich räumlich von den Kindern ab („... wir gehen dann früh ins Bett, wenn die Kinder dann auch alle im Bett sind …"). Es wird eine Situation inszeniert, die sich deutlich vom übrigen Alltag unterscheidet: „… wir schaffen uns … eine gemütliche Atmosphäre, es werden Teelichter angezündet …". Das hier beschriebene Ritual gehört zum festen Bestandteil des Familienlebens, bei dem zum einen die Sorge um sich selbst realisiert wird (in Form von Entspannung vom anstrengenden Alltag), zum anderen aber auch die Sorge für den Partner und die gemeinsame Beziehung. Das abendliche Ritual der Ottos kann als eine Situation der gegenseitigen Zuwendung in der Paarbeziehung gedeutet werden(„… wir hatten uns so viel zu erzählen …").

Das Thema Intimität in der Paarbeziehung und deren stabilisierende Funktion für die Familie und Familienerziehung wurde in der deutschsprachigen erziehungswissenschaftlichen Forschung bisher nur spärlich behandelt (Mollenhauer et al. 1975, 176ff; Uhlendorff et al. 2008, 84–89). In der Psychologie, insbesondere der Bindungsforschung und Familientherapie, hat das Thema eine große Bedeutung. Z. B. beschreiben Bowlby/Schomburg (1982) und Boscolo/Bertrando (1994) die grundlegende Bedeutung von Vertrauen und gegenseitiger Unterstützung für den Familienzusammenhalt. Der Philosoph Michel Foucault zeigt in seinen Studien zur Geschichte der Sexualität, dass sich innerhalb von Familien allmählich die Ehe als ein separates Subsystem herausgebildet hat, das sich durch ein spezifisches Bindungsverhalten auszeichnet. Die Paarbeziehung ist für ihn eine „Praxis des geteilten Lebens" (Foucault 1986, 214), die u.a. durch gemeinsame Sexualität und Lust, aber auch durch das Verhältnis der Sorge um sich und der Sorge für den anderen gekennzeichnet ist. Dem Ehepaar Otto gelingt es, sich im Familienalltag Raum und Zeit für eine befriedigende Zweisamkeit zu schaffen. Anderen Paaren gelingt das nicht wie z. B. Herrn und Frau Kurt:

Familie Kurt – Partnerschaft und Familie schwer vereinbar

Frau Kurt beschreibt in einem Zweitinterview, das Frau Abel mit ihr durchgeführt hat, um einen Hilfeplan zu erstellen, die Partnerschaft mit Tobias folgendermaßen: Frau Kurt: „Wir beide sind eigentlich total romantische Typen. Es war von Anfang an Liebe auf den ersten Blick. Wir haben unheimlich viel unternommen am Anfang, als der Tobias noch seine eigene Wohnung hatte. Er hat mich bekocht, auf dem Tisch standen immer Blumen. Wir sind ins Kino gegangen oder in ein Restaurant, und wir haben stundenlang Zukunftspläne gemacht. Meine Mutter hat dann auf den Tom aufgepasst. Seitdem Tobias bei uns wohnt, ist das schlagartig anders geworden". Frau Abel: „Was hat sich mit dem Einzug von Tobias verändert?" Frau Kurt: „Na ja erst mal mussten sich Tom und Tobias an die neue Situation gewöhnen. Tobias war ziemlich unsicher, er kannte das ja nicht, plötzlich mit einem Kind zusammenzuleben. Tom hat ihn am Anfang nicht richtig akzeptiert. Ich glaube, ich hab ihm dabei nicht gut geholfen, so da ins Familienleben zu kommen, und auch mehr zu meinem Sohn gehalten. Das hat Tobias gespürt und er hat darunter gelitten, dass ich ihn ein bisschen hab hängen lassen. Frau Abel: „Wie ist das denn jetzt so, wenn Sie Ihre Beziehung zu Tobias beschreiben könnten?" Frau Kurt: „Da ist immer noch eine ganz starke Liebe zwischen uns, ja ... äh, aber in dem ganzen Stress, meiner Ausbildung und der Streiterei haben wir einfach nicht genügend Zeit füreinander. Alles dreht sich zurzeit bei uns um Tom".

Im Unterschied zu der Familie Otto scheinen hier Partnerschaft und Familienalltag nicht so gut vereinbar zu sein. Frau Kurt beschreibt in dem Interview zwar Situationen gelingender und befriedigender Paarintimität, sie liegen aber in der Vergangenheit, vor dem Zusammenleben des Paares in der gemeinsamen Wohnung. Dem Paar scheint es nicht gelungen, die Paarrituale auf die neue Lebensform zu übertragen oder neue herzustellen, obwohl die Voraussetzungen dafür gegeben sind („Da ist immer noch eine ganz starke Liebe zwischen uns"). Die Sorge der Partner füreinander tritt gegenüber der Sorge für das Kind zurück und führt zu Unzufriedenheit und Konflikten in der Paarbeziehung (Uhlendorff et al. 2008, 86ff). Dies ist nicht nur bei Stieffamilien oder reorganisierten Familien wie bei Frau Kurt und Tobias der Fall, sondern auch bei Familien mit kleinen Kindern. Die Aufgabe besteht darin, der Paarbeziehung mehr Raum zu geben. Ziel ist es, das Paar zu ermuntern und zu unterstützen, eine Balance zu schaffen zwischen Zeiten der Intimität in der Partnerschaft und der Fürsorge für die Kinder.

3.2 Herausforderung: Bewältigung von Übergängen

Im letzten Abschnitt haben wir uns mit Mustern der Alltagsbewältigung und den damit einhergehenden Aufgabenstellungen und Konfliktthematiken in verschiedenen Bereichen (Arbeitsteilung, Zeitmanagement, Kindererziehung, Intimität in der Paarbeziehung) beschäftigt. Forschungsstudien zeigen, dass die Modi und Praxen der Alltagsbewältigung nicht auf Dauer gestellt sind oder sich in identifizierbaren ‚Phasen' der Familienentwicklung gesamtgesellschaftlich homogen gestalten (BMFSFJ 2006, 77). Familien müssen sich auf Übergänge (auch Transitionen genannt) einlassen:

Definition:

Übergänge von Familien sind einschneidende Veränderungsphasen nach spezifischen Ereignissen wie der Geburt eines Kindes oder Trennung, Scheidung bzw. Wiederheirat, die durch intensive Lernprozesse charakterisiert sind, bei denen psychologische Veränderungen sowie Veränderungen auf der interaktionalen Ebene des familialen Systems stattfinden, deren Richtung vorerst offenbleibt. (Fthenakis 2004, 154)

Übergänge sind folglich mit Neustrukturierungen personaler wie auch familialer Kompetenzen verbunden. Die Familienmitglieder stehen vor der Aufgabe, neue Fähigkeiten und Verhaltensmuster zu entwickeln sowie Rollen neu auszuhandeln. Darüber hinaus kann es zu einer Veränderung der subjektiven Weltbilder im Allgemeinen wie der Familienbilder im Besonderen kommen. Als einschneidend werden in Übergangsphasen die Reorganisation von Beziehungen und sozialen Rollen erlebt: Es können familiale Beziehungen und Rollen hinzutreten oder wegfallen, es können sich die mit einer Rolle verbundenen Aufgaben und Erwartungen im Familiensystem (drastisch) verändern. Sowohl auf individueller als auch familialer Ebene stehen dabei auch Selbstkonzepte zur Disposition, denn mit der Veränderung der Beziehungsmuster müssen auch neue, veränderte, attraktive Bilder von sich selbst und der Familie gefunden werden.

Typen von Übergängen

Einer der wichtigsten und oft als schwierig erlebten Übergänge ist der von der Partnerschaft in die Elternschaft: die Zeit der Schwangerschaft, Geburt und das erste Lebensjahr des Kindes. Ein weiterer Übergang ist der Wiedereinstieg in den Beruf nach der Elternzeit. Bedeutsam und oft als krisenhaft erlebt ist die Ablösung der erwachsen gewordenen Kinder vom Elternhaus. Auch die Pflegebedürftigkeit der Großeltern erfordert eine Veränderung und Anpassungsleistung der Familienmitglieder, es müssen Pflegearrangements getroffen werden, die z.T. zeitlich sehr aufwendig sind.

Daneben gibt es Übergänge in Familien, die ungeplant und nicht vorhersehbar sind. Die häufigsten sind Scheidung oder Trennung und die Reorganisation von Familien, Arbeitslosigkeit, Tod eines Familienangehörigen und Migration. Die oben genannten Übergänge werden von den Familienmitgliedern oft als Krise und als stressbehaftet erlebt.

In der Regel bewältigen Familien ihre Transitionen ohne die professionelle Unterstützung von Sozialarbeiterinnen und Sozialpädagoginnen oder von Therapeuten. Allerdings gibt es Familienübergänge, deren Begleitung zum Standardrepertoire von Sozialpädagogischen Einrichtungen zählen und die von der Mehrheit der Familien in Anspruch genommen wird. Es handelt sich dabei z.B. um Geburtsvorbereitungskurse für junge Paare und sogenannte Krabbelgruppen von Müttern und Vätern mit kleinen Kindern. Viele Familien sind dennoch mit der Bewältigung von Übergängen überfordert und nehmen sozialpädagogische oder therapeutische Hilfen in Anspruch. An dem Beispiel der Familie von Frau Kurt lässt sich dies gut verdeutlichen.

Gleichzeitige Bewältigung dreier Übergänge
Eine besondere Herausforderung stellt die gleichzeitige Bewältigung von drei Übergängen dar:

1. *Reorganisation der Familie nach der Trennung von Herrn und Frau Kurt*
   Herr und Frau Kurt haben sich vor zwei Jahren getrennt, sie sind noch nicht geschieden. Frau Kurt hat einen neuen Lebenspartner, Tobias, der seit Kurzem eingezogen ist. Die Situation ist für alle mit Konflikten, Neuorientierung und Lernerfahrungen verbunden: Tom ist auf der einen Seite wütend auf seinen Vater, der aus seiner Sicht die Familie verlassen hat. Er trauert um die Trennung der Familie. Auf der anderen Seite muss er sich auf Tobias einstellen. Tom zieht sich in sich zurück; er muss lernen, seine Emotionen gegenüber seinem Vater, aber auch gegenüber Tobias und seiner Mutter, auszudrücken. Kinder haben in der Regel sehr konventionelle Vorstellungen von Familie (Vater – Mutter – Kind). Die Trennung trifft ihn besonders, weil dieses Familienmuster nun infrage gestellt wird. Er steht vor der Aufgabe, ein Familienkonzept zu entwickeln, in dem Tobias aufgenommen wird, das aber auch den leiblichen Vater berücksichtigt. Es geht für ihn darum, sich mit Familienrollen, insbesondere von Vätern, auseinanderzusetzen. Auch Tobias sieht sich mit neuen Aufgabenstellungen konfrontiert: Insbesondere steht dabei die Auseinandersetzung mit seiner Rolle innerhalb der Familie im Zentrum. Er sieht sich in der Rolle des Ersatzvaters und begibt sich damit in Konflikte mit Tom, aber auch mit Frau Kurt. Ein Lernprozess könnte für Tobias darin bestehen, sich mit unterschiedlichen Rollen- und Familienkonzepten auseinanderzusetzen und in Abstimmung mit Frau Kurt und Tom eine andere Rolle zu entwickeln, die eine Alternative zum „Ersatzvater" bildet, beispielsweise der ältere Freund oder der neue Onkel von Tom. Frau Kurt steht vor der Aufgabe, die Scheidung einzuleiten und mit ihrem ehemaligen Mann Sorgerechts- und Unterhaltsfragen zu klären, aber insbesondere auch die Besuchsregelungen für Tom und die Beteiligung des leiblichen Vaters an Toms Erziehung. Auch hier geht es um Lernerfahrungen im Hinblick auf Aushandeln von sozialen Rollen. Zentrale Lernaufgaben dieser Übergangsphase sind die Übernahme der Perspektive der

anderen, das Abstimmen wechselseitiger Erwartungen, das Aushandeln von Rollen und die Entwicklung von neuen Familienkonzepten. Diese Lernaufgaben sind auch für die folgende Übergangssituation von Bedeutung:

2. *Umschulung von Frau Kurt und der berufliche Einstieg von Frau Kurt und Tobias* Frau Kurt macht eine Umschulung zur medizinischen Laborantin. Sie möchte aber nach der Umschulung nur Teilzeit arbeiten. Tobias hat seine Stelle als Handelsvertreter aufgegeben. Er ist arbeitslos, er möchte aber erst in drei Jahren wieder in den Beruf einsteigen. Tobias spricht von einem „Rollentausch". Frau Kurt kann dies nicht akzeptieren. Das Paar steht vor der Aufgabe, sich auf ein gemeinsames Modell von Berufstätigkeit und Arbeitsteilung zu einigen. Denkbar wäre, dass z. B. beide später halbtags arbeiten gehen und sich die Haushaltstätigkeiten aufteilen.
3. *Toms Eintritt in die Schule* Ebenfalls als Übergangssituation kann Toms Eintritt in die Schule gesehen werden, und zwar in mehrfacher Hinsicht: zum einen als Übergang in die mittlere Kindheit, der mit dem Aufbau eines institutionellen und leistungsorientierten Selbstkonzeptes verbunden ist, zum anderen die Integration in eine Gleichaltrigengruppe. Der Übergang ist auch für Frau Kurt mit Herausforderungen verbunden. Sie muss sich zu den normativen Erwartungen der institutionellen Vertreter verhalten, insbesondere zu denen der Lehrerin: Tom soll im Unterricht still sitzen und Konflikte mit Mitschülern ohne Gewalt lösen. Frau Kurt muss Kompetenzen erwerben, ihren Sohn dabei zu unterstützen, sozial verträgliche Verhaltensweisen in der Schule zu entwickeln.

Die Frage ist, ob dieser Übergang sowohl von den Eltern als auch von den Lehrern entsprechend gut begleitet wird. Nach wie vor wird Trennung und Scheidung als soziales Problem gesehen. Ein weitverbreitetes Vorurteil besteht darin, dass Scheidungskinder große Probleme haben. Auf unser Fallbeispiel angewendet, stellt sich die Frage, ob Toms Lehrerin und auch die Mitschüler die Lebensgemeinschaft, in der Tom lebt, moralisch ablehnen. Dann hätten wir es mit einem sozialen Problem zu tun (siehe dazu *Kapitel 4*). All dies müsste in Gesprächen mit Frau Kurt und deren Lebensgefährten, mit Tom, seinem Vater und seiner Lehrerin abgeklärt werden, um zu einer gemeinsamen Problemeinschätzung zu kommen.

Die in diesem Kapitel beschriebene Systematik von Konflikt- und Aufgabenbereichen und Übergängen kann die Analyse der Konfliktthemen und Aufgaben im Rahmen einer sozialpädagogischen Diagnose wesentlich unterstützen (siehe dazu *Kapitel 6*). Die Tab. 3.1 ist der Versuch, die Konfliktthemen und Aufgabenstellungen des Falls Kurt im Überblick darzustellen.

Es wurden dabei nicht alle Kategorien verwendet (wie z. B. familiale Zeitstruktur), sondern nur diejenigen, in denen sich Konflikte und Aufgaben abzeichnen. Grundlage für die Fallanalyse war das Interview, das Frau Abel im Rahmen einer Fortbildung zum Thema „Sozialpädagogische Diagnosen" durchgeführt hat. Die Konfliktthemen und Aufgabenstellungen wurden von den

Tab. 3.1: Konfliktthemen und Aufgabenstellungen im Fall Kurt

Konflikt-/ Aufgabenbereiche	Konfliktthemen	Aufgabenstellungen
Familiäre Arbeitsteilung	Siehe unten: „Wiedereinstieg in den Beruf"	Siehe unten: „Wiedereinstieg in den Beruf"
Kindererziehung	Frau Kurt/Tobias: „Wir streiten uns oft über die Erziehung von Tom", „strenger Vater" Tom: „zu hohe Leistungserwartungen von Tobias"	Tobias: altersentsprechende Leistungserwartungen stellen Frau Kurt/Tobias: Abstimmen gemeinsamer Erziehungsziele und eines einheitlichen Erziehungsstils
Intimität in der Paarbeziehung	„Wir haben einfach nicht genügend Zeit füreinander. Alles dreht sich zurzeit bei uns um Tom"	Frau Kurt/Tobias: gegenseitige Erwartungen, Gefühle und Wünsche mitteilen; Differenzierung zwischen „gemeinsamer Zeit des Paares" und Familienalltag; neue Paarrituale entwickeln
Trennung/ Familienreorganisation	Tom: „Trennung der Eltern und Abwesenheit des Vaters", „Loyalitätsprobleme gegenüber dem leiblichen Vater", „Schwierigkeit, Tobias in der Rolle des Ersatzvaters anzuerkennen" Tobias: „Ich möchte Vater für Tom sein, werde aber darin nicht anerkannt" Frau Kurt: „Unterhalt, Sorgerecht, Besuchszeiten und Verantwortlichkeiten des leiblichen Vaters klären"	Tom: Gefühle der Enttäuschung und Wut ausdrücken; Familienkonzept entwickeln, das Tobias und dessen leiblichen Vater berücksichtigt; Auseinandersetzung mit Väterrollen Tobias: Auseinandersetzung mit seiner Rolle in der Familie; Alternativen zum „Ersatzvater" entwickeln Frau Kurt: zwischen den Wünschen von Tom und dessen Vater vermitteln Erwachsenensystem (Frau Kurt/Tobias/ Herr Kurt): Übernahme der Perspektive der anderen; Abstimmen wechselseitiger Erwartungen; Aushandeln von Rollen und die Entwicklung eines gemeinsamen Familienkonzeptes
Wiedereinstieg in den Beruf	Der „vermeintliche Rollentausch", Unzufriedenheit von Frau Kurt mit der Arbeitslosigkeit von Tobias, konträre Rollenauffassungen	Tobias/Frau Kurt: Abstimmen der unterschiedlichen Erwartungen im Hinblick auf Erwerbstätigkeit; gemeinsames Modell von Berufstätigkeit und Arbeitsteilung entwickeln
Einschulung von Tom	Beschwerde der Lehrerin: „Tom kann nicht still sitzen und schlägt andere Kinder"	Frau Kurt/Tobias/Tom/Lehrerin: soziale Situation in der Schule klären: Perspektivenübernahme (wer hat welche Probleme?); Tom: Affektkontrolle

Teilnehmerinnen der Fortbildung analysiert. Aufgabe war es, diese möglichst in der Sprache der Familienmitglieder (basierend auf den Interviews) zu formulieren. Wie man sieht, wurden die Konfliktthemen und Aufgabenstellungen einzelnen Familienmitgliedern oder mehreren Personen zugeordnet. Dies ist für spätere Entwicklungen von sozialpädagogischen Aufgaben- und Hilfestellungen wichtig.

3.3 Übungsaufgaben zu Kapitel 3

Die Übungsmaterialien zur Lösung der folgenden Aufgaben (Fallbeispiele, Tab. 3.2 und Tab. 3.3) finden Sie auf der Homepage des Ernst Reinhardt Verlags und der UTB GmbH (www.reinhardt-verlag.de, www.utb.de).

Aufgabe 1 Diskutieren Sie die Fallbeispiele Ernst und Werner. Arbeiten Sie anhand der Interviewzitate und der Fallporträts die Konfliktthemen der Familien und die Lernaufgaben der einzelnen Familienmitglieder heraus (möglichst so, wie sie von den Familienmitgliedern gesehen werden). Versuchen Sie die Konfliktthemen und Aufgabenstellungen in einer Tabelle stichwortartig festzuhalten. Orientieren Sie sich dabei an der Systematik und an dem Beispiel Kurt (*siehe Tab. 3.1*).

Aufgabe 2 Versuchen Sie anhand der Lektüre des Kapitels 3 die Tab. 3.2 zur Bewältigung des Familienalltags und die Tab. 3.3 zur Bewältigung von Übergängen mit Beispielen von Konfliktthematiken und Aufgabenstellungen zu ergänzen.

Literaturempfehlungen zur Vertiefung des Themas:

Uhlendorff, Uwe / Cinkl, Stephan / Marthaler, Thomas (2008): Sozialpädagogische Familiendiagnosen. 2., korr. Aufl. Juventa, Weinheim

4 Familien und soziale Probleme

In *Kapitel 1* haben wir ein wesentliches Ziel Sozialer Arbeit mit Familien benannt, sie zielt auf die Wiederherstellung bzw. Stärkung der familiären Erziehungs- und Sorgeleistungen ab, die z.B. angesichts von Konflikten oder sozialen Problemen aus Sicht von Familienmitgliedern und/oder Sozialarbeiterinnen nur ungenügend erbracht werden. In diesem Zusammenhang ist ebenfalls schon behandelt worden, dass solche Lebensbedingungen von Familien oder solche Verhaltensweisen einzelner Familienmitglieder als soziale Probleme betrachtet werden, die aus gesellschaftlicher Sicht als problematisch und als veränderungsbedürftig gesehen werden. Für die Auseinandersetzung der Sozialen Arbeit mit Familien im Sinne einer gesellschaftlichen Beauftragung ist gerade diese kollektive Definition einer Veränderungsbedürftigkeit zentral. Dieses Kapitel beschäftigt sich mit einer Auswahl sozialer Probleme von Familien, die allerdings nicht nur von Sozialpädagogischen Einrichtungen, sondern z.T. auch von anderen Sozialen Diensten bearbeitet werden.

soziale Probleme

Soziale Probleme treten natürlich nicht nur in Familien auf, sie können Einzelpersonen oder größere Gruppen von Personen betreffen. Allerdings sind Familien Orte, an denen soziale Probleme selbst nur eines einzigen Familienmitglieds automatisch tiefgreifende Auswirkungen auf mehrere Mitglieder haben können. Zugleich werden Familien von der Öffentlichkeit besonders aufmerksam beobachtet, besonders dann, wenn aufgrund dieser Problemlagen Familien ihren gesellschaftlichen Aufgaben nicht mehr ausreichend nachkommen können. Damit sind insbesondere die Erziehung und Pflege von Kindern angesprochen, die sich stets im Spannungsfeld zwischen Öffentlichkeit und Privatheit bewegen (Jurczyk/Oechsle 2008).

4.1 Zur Konstruktion sozialer Probleme

Soziale Probleme sind soziale Konstruktionen (Groenemeyer 2011, 1398). Damit ist gemeint, dass sie gesellschaftlich definiert werden, und das von unterschiedlichen Gesellschaften in je unterschiedlicher Weise. Solche Definitionen unterliegen einem historischen Wandel, d.h. etwas, was in der Vergangenheit als problematisch und veränderungsbedürftig galt, muss aktuell in keiner Weise problematisch erscheinen. Der problematische Charakter sozialer Probleme erscheint uns meist selbstverständlich, weil ein breiter gesellschaftlicher Konsens darüber besteht, welche Formen abweichenden Verhaltens toleriert werden und welche die öffentliche Ordnung und den Zusammenhalt der Gesellschaft zu bedrohen scheinen. Wie die folgende Beschreibung einzelner sozialer Probleme zeigen wird, ist es darüber hinaus nicht unerheblich zu betrachten, bei welchen Gruppen von Menschen welche Abweichungen toleriert werden oder eben auch nicht.

Konsens über abweichendes Verhalten

Vieles davon, was fachlich als soziales Problem bezeichnet wird (z.B. Armut, Drogenkonsum, Arbeitslosigkeit), würde im Alltag von der Mehrheit der Mitglieder einer Gesellschaft vielleicht eher als ein privates oder individuelles Problem angesehen werden. Damit verbunden sind häufig entsprechende Aufforderungen, diese Probleme aus eigener Kraft in den Griff zu bekommen. Je nachdem, ob ein Problem als individuelles, soziales oder etwa als psychisches Problem definiert wird, verschieben sich die Aspekte von (individueller) Schuld, (professioneller) Zuständigkeit und (institutioneller) Verantwortlichkeit. Der Begriff der Schuld und die möglicherweise von öffentlicher Seite geforderte Klärung der individuellen Schuldfrage sind für eine sozialpädagogische Betrachtung von familialen Problemlagen kaum hilfreich, weil es neben den individuellen auch die jeweiligen gesellschaftlich-strukturellen Ursachen der Problemlagen in den Blick zu nehmen gilt. Ein gutes Beispiel hierfür sind die öffentlich geführten Debatten über das Phänomen der Arbeitslosigkeit, bei denen in je unterschiedlicher Weise entweder das individuelle Versagen bzw. die verweigernde Haltung Einzelner oder die strukturell schwierigen Bedingungen auf dem Arbeitsmarkt als Ursachen der Arbeitslosigkeit thematisiert werden.

Wer ist schuld, zuständig, verantwortlich?

Für die Betrachtung der folgenden sozialen Probleme kann darüber hinaus festgestellt werden, dass der Faktor Zeit und die vorhandenen familiären Ressourcen maßgeblich darüber entscheiden, inwieweit ein Problem über eine öffentliche Problematisierung hinaus der Anlass für eine vorübergehende oder für eine fortwährende Krise der Familie sein kann (Lutz 2012).

Familien in Krisen

Sehr wahrscheinlich gibt es in jeder Familie Krisen, also Schwierigkeiten und konflikthafte Phasen, die überwunden werden müssen, und sicher gibt es in den meisten Familien Zeiten, in denen sich einzelne oder mehrere Familienmitglieder erschöpft fühlen. Dafür kann es sehr viele verschiedene Ursachen geben. Auch ist zu berücksichtigen, dass ein einzelnes Problem oder das vorübergehende Betroffensein angesichts einzelner Schwierigkeiten allein häufig kein Anlass dafür sind, von einer substanziellen Krise einer Familie zu sprechen oder sozialpädagogische Hilfe in Anspruch zu nehmen. Vielmehr sind es die *Verwobenheit* und Kumulation (Anhäufung) verschiedener sozialer Probleme, die aus einer Einzelkrise eine chronische Krise werden lassen und damit sogar zu einer dauerhaften Bedrohung für das Wohlergehen und den Fortbestand einer Familie führen können.

Kumulation sozialer Probleme

Seit einigen Jahren wird im sozialpädagogischen Fachdiskurs vor dem Hintergrund der Zunahme verschiedener Formen des sozialen Wandels darüber diskutiert, inwieweit sich das quantitative Verhältnis von Familien in Einzelkrisen, von Familien in Strukturkrisen und solchen in chronischen Strukturkrisen verändert hat (Peters 2012, 261). Die folgende Typologie von Familien in Krisen verdeutlicht noch einmal den Einfluss, den einerseits die Dauer eines Problems und das Vorhandensein familiärer Ressourcen andererseits auf den Verlauf einer Krise nehmen können.

Familien in Einzelkrisen

Familien in Einzelkrisen können ihren Lebensalltag weitgehend ohne fremde Hilfe bewältigen, bis sie durch ein unerwartetes Einzelereignis (z.B. durch Krankheit oder durch den Tod eines Familienmitglieds) in eine Krisensituation geraten. Die damit verbundenen Probleme können nicht mehr aus eigener Kraft bewältigt werden, wobei jedoch die grundsätzliche Versorgung in der Familie gewährleistet ist. Es wird von allen angestrebt, diese Krise möglichst bald zu überwinden (Nielsen et al. 1986, 101f).

Familien in Strukturkrisen

Im Unterschied zu Familien in Einzelkrisen herrschen in Familien in Strukturkrisen dauerhaft Belastungen vor, und das auf vielfältigen Ebenen. Neben problematischen Beziehungen zwischen den Mitgliedern und hohen Belastungen einzelner Mitglieder nehmen zudem strukturelle Defizite Einfluss auf die Organisation der Familie. Soziale Arbeit kann aber auch in diesen Familien in gewissen Bereichen auf ihre Problemlösungskompetenzen zurückgreifen und diese fördern (Nielsen/Nielsen/Müller 1986, 101f).

Familien in chronischen Strukturkrisen

In Familien des Typs chronische Strukturkrisen bestehen existenzielle Probleme in nahezu allen Lebensbereichen. Meist setzen die Eltern in solchen Familien Problemkonstellationen aus den eigenen Herkunftsfamilien fort und können teilweise über Generationen hinweg auf die Inanspruchnahme einer ganzen Reihe von sozialpädagogischen Unterstützungsformen zurückblicken. Die Eltern haben wie die übrigen Mitglieder der Familie wenige oder keine erkennbare Problemlösungskompetenzen, die sie dazu nutzen könnten, ihre Lebenssituation grundlegend zu verbessern. In diesen Familien ist es eine besondere Herausforderung für die Fachkräfte der Sozialen Arbeit, gemeinsam mit allen Familienmitgliedern eine realistische Perspektive für den schrittweisen Ausstieg aus der Chronifizierung der Probleme zu entwickeln und umzusetzen.

Wie bereits mehrfach angeklungen ist, gibt es für die fachliche Beschreibung und Beurteilung der komplexen Lebenssituationen von Familien, wie sie etwa für die Hilfeplanung notwendig ist (siehe dazu *Kapitel 7.1 Diagnose und Hilfeplanung*), zahlreiche Faktoren, die – bezogen auf den Einzelfall – sorgfältig berücksichtigt werden müssen. Dies ist keine leichte Aufgabe vor dem Hintergrund einer notwendigen Abwägung von einerseits gesellschaftlichen Interessen, die getragen werden von Tendenzen der Skandalisierung vom Versagen von Familien und der Idealisierung der Leistungsfähigkeit von Familien, und den Bedürfnissen einzelner Familien andererseits.

4.2 Armut, prekäre Lebenslagen und Gesundheit

Auch in einer wohlhabenden Gesellschaft wie die der Europäischen Union im 21. Jahrhundert lebt eine nicht unerhebliche Zahl von Familien unter Bedingungen, die allgemein mit Armut in Verbindung gebracht werden. Sie leben in Verhältnissen, die gekennzeichnet sind durch Entbehrungen von materiellen Gütern oder durch Verschuldung. Z.T. kaum erkennbar sind sie in ihrer gesellschaftlichen Teilhabe eingeschränkt. Gleichzeitig kann eine Familie, die in Europa aktuell als arm gilt, auf einem anderen Kontinent sehr wohl als reich gelten. Damit ist eine Schwierigkeit skizziert: Es ist politisch wie wissenschaftlich nicht einfach, eindeutig zu bestimmen, ab wann wir in Europa von Armut sprechen können und was geeignete Maßnahmen dagegen sind (Huster/Boeckh/Mogge-Grotjahn 2008, 13f). Dabei müssen wir nämlich Familien in *absoluter Armut* oder *relativer Armut* von armutsnahen Familien oder sogenannten Familien in *prekären Lebenslagen* unterscheiden. Letztere sind Familien, die sich im Übergangsbereich in Armut befinden. Gerade die Situation dieser Familien ist noch vergleichsweise wenig erforscht, obwohl eine wachsende Zahl von Bevölkerungsgruppen in Europa sich in diesem Übergangsbereich zur sozialen Benachteiligung befindet.

absolute Armut

Absolute Armut ist in Europa in den Jahrzehnten nach den beiden Weltkriegen kaum mehr vorstellbar. Menschen in absoluter Armut kämpfen aufgrund der Entbehrungen von grundlegenden Lebensmitteln um das Überleben. Um zu verstehen, was es bedeutet, absolut arm zu sein, muss man sich vor Augen führen, dass die Weltbank absolute Armut darüber definiert, dass Menschen umgerechnet höchstens über einen Dollar pro Tag zum Leben verfügen (Weltbank 2007).

relative Armut

Der aktuellen statistischen Bemessung von Armut liegt europaweit ein Verständnis von *relativer Armut* zugrunde, d.h., Armut wird definiert in Bezug zum Wohlstand der jeweiligen Gesellschaft (Hauser 2008). Der zentrale Begriff ist hier die Armutsgefährdungsquote:

Definition:

Nach der **Armutsgefährdungsquote** ist eine Person nach EU-Definition armutsgefährdet, wenn ihr nach Einbeziehung staatlicher Transferleistungen ein Einkommen von weniger als 60% des mittleren Einkommens der Gesamtbevölkerung des Landes, in dem sie lebt, zur Verfügung steht.

In Deutschland belief sich der Schwellenwert für Armutsgefährdung im Jahr 2009 für eine alleinlebende Person auf 11.278 Euro im Jahr, was einer Quote von etwa 15,6% der Gesamtbevölkerung entspricht (Statistisches Bundesamt 2012a). Die Festlegung auf einen bestimmten Prozentsatz (weniger als 60% des mittleren Einkommens) macht deutlich, dass Armut wie die übrigen sozialen Probleme eine Frage von (sozial-) politischen Definitionen sind. Wie schon in der Einleitung zu diesem Kapitel mit Blick auf soziale Probleme allgemein erwähnt, werden auch in den öffentlichen Debatten über die Ursachen von Armut Fragen der Schuld thematisiert, indem zwischen unverschuldeter und verschuldeter Armut unterschieden wird. Diese Unterscheidungspraxis ist relativ alt, sie wurde beispielsweise schon in der städtischen Armenfürsorge in der frühen Neuzeit angewendet (Sachße/Tennstedt 1980, 28):

Man unterschied würdige (unverschuldete) und unwürdige (verschuldete) Not. Entsprechende Vorstellungen prägen nach wie vor die Gesetzgebung zur Gewährung sozialstaatlicher Leistungen bei Erwerbslosigkeit oder geringem Einkommen, auch wenn es gesellschaftlicher Konsens ist, dass der Staat zur Sicherung des Existenzminimums grundsätzlich entsprechende Unterstützungsleistungen gewähren soll (AWO 2010, 11).

Prekäre Lebenslage

Der Begriff *prekäre Lebenslage* ist weiter gefasst und geht über die Beschreibung einer aktuellen ökonomischen Notlage einer Familie hinaus. Im Vergleich zur Gesamtbevölkerung sind auch hier die Teilhabechancen der Familien in prekären Lebenslagen eingeschränkt, obwohl Familien über ein Einkommen verfügen:

Definition:

Familien in prekären Lebenslagen verfügen selbst über ausreichend Mittel, um nicht als arm zu gelten, doch kann bereits eine geringe zusätzliche Belastung für diese Haushalte einen sozialen Abstieg bedeuten (Bien/Weidacher 2004, 233).

In diesem Zusammenhang wird auch von *Einkommensarmut* gesprochen. Zu dieser Gruppe zählt auch die in Europa wachsende Zahl der sogenannten Niedriglohnbeschäftigten, die trotz Vollzeittätigkeit kaum in der Lage sind, für sich und ihre Familien ein Einkommen zu erzielen, das ein Leben oberhalb der Armutsgefährdungsquote ermöglicht (AWO 2010, 16). Neben den Niedriglohnbeschäftigten sind v.a. Ein-Eltern-Haushalte, Familien mit drei oder mehr Kindern sowie Familien mit Migrationshintergrund betroffen (AWO 2010, 16). Allerdings zeigt sich auch hier, dass die Anhäufung von Risikofaktoren sowie die vorhandenen Ressourcen maßgeblich bestimmen, ob eine prekäre Lebenssituation eintritt. So sind nicht alle Ein-Eltern-Haushalte automatisch von Armut bedroht, allerdings können hier die Auswirkungen von krankheitsbedingtem Einkommensausfall sehr viel gravierender sein.

Risikofaktoren

Kinderarmut

Kinder zu haben, erhöht nicht nur das Risiko, von Armut betroffen zu sein, sondern Armut stellt auch ein erhöhtes Risiko für das Aufwachsen von Kindern dar. Die besondere Situation von Kindern und Jugendlichen in sozial benachteiligten Familien wird sozialpolitisch und sozialwissenschaftlich unter dem Begriff der Kinderarmut diskutiert und erforscht

(Zander 2005; Palentien 2004). In der öffentlichen Wahrnehmung und in den fachwissenschaftlichen Armutsdiskursen sind insbesondere das Aufwachsen und die Bildungschancen von sozial benachteiligten Kindern und Jugendlichen ins Zentrum gerückt. Das hat mit der Erkenntnis zu tun, dass junge Menschen nicht nur in der jeweilig aktuellen Situation sozial benachteiligt und diskriminiert werden, sondern dass diese Benachteiligungen langfristig die Entwicklungschancen beeinträchtigen und so dazu beigetragen wird, dass soziale Probleme sich über Generationen fortsetzen können. Besonders betroffen sind Kinder unter fünf Jahren, Kinder in Ein-Eltern-Haushalten, Kinder von Familien mit mehr als drei Kindern sowie Kinder in Familien mit Migrationshintergrund (AWO 2010, 16; Boos-Nünning 2005). Die Folgen von Kinderarmut betreffen v.a. die Gesundheit und die Persönlichkeitsentwicklung der Aufwachsenden sowie deren sozialen Teilhabe- und Bildungschancen (Gintzel et al. 2008). Durch entsprechende Angebote der Kinder- und Jugendhilfe sowie durch die Schule sollen die möglichen Risiken für diese Kinder und Jugendlichen frühzeitig erkannt und die Folgen sozialer Benachteiligung insbesondere durch Bildungsangebote abgemildert werden. Darüber hinaus wird auch hin und wieder eine bessere finanzielle Grundsicherung für Minderjährige gefordert. Auch wenn der Begriff der Kinderarmut die Kinder in den Fokus rückt, darf nicht übersehen werden, dass es sich zumindest im europäischen Raum in erster Linie nicht um elternlose Kinder (Waisen) handelt, sodass die Verhinderung und die Bearbeitung von Problemlagen auch immer die Zusammenarbeit mit den Eltern erfordern.

Wie einleitend gezeigt werden konnte, sind Armut bzw. Wohlstand immer relativ und hängen von der Umgebung ab. Das gilt nicht nur für die statistische Erfassung. Die eigene Einschätzung im Vergleich zur jeweiligen Referenzgruppe einer Person (z.B. in der direkten Nachbarschaft oder Freundinnen und Freunde) ist ebenfalls wichtig. Die Selbsteinschätzung „Ich bin arm“ wird oft als subjektive Armut bezeichnet (Hauser 2008). Daher ist auch die wissenschaftliche Betrachtung immer wieder vor die Aufgabe gestellt, Definitionen von Armut nicht nur normativ oder statistisch, sondern empirisch zu bestimmen (Huster et al. 2008, 35f).

Ressourcen in Familien

Eine lediglich am Familieneinkommen, am Geld- oder Sachvermögen bzw. an den Schulden orientierte Definition von prekären Lebenslagen übersieht die zahlreichen Ressourcen, die Familien für die Alltagsbewältigung benötigen bzw. auf die sie zurückgreifen können. In Anlehnung an die Unterscheidung des Soziologen Pierre Bourdieu (Bourdieu 1984) von vier Kapitalsorten (ökonomisches, soziales, symbolisches und kulturelles Kapital), die Individuen besitzen und zur Bewältigung des Alltags einsetzen, können wir bei Familien neben den ökonomischen Ressourcen ebenfalls weitere Ressourcen unterscheiden. Deren Vorhandensein entscheidet maßgeblich darüber, ob eine Familie in eine prekäre Lebenslage gerät, wie sie damit umgeht und wie groß ihre Chancen sind, diese schwierige Lebenssituation möglichst schnell wieder zu verlassen. Denn durch den Einsatz dieser weiteren zumeist immateriellen Ressourcen -- dazu zählen z.B. soziale Kompetenzen, manuelle Fähigkeiten, Bildungsabschlüsse – kann sich nicht zuletzt die materielle Situation einer Familie stark verbessern. Ebenso wichtig sind *soziale Netzwerke* wie der weitere Familienverband, Freundinnen und Freunde sowie soziale Beziehungen in der Nachbarschaft. Diese Netzwerke können bei der Bewältigung verschiedener Notlagen unterstützend sein, indem die Mitglieder solcher Netzwerke wiederum ihre unterschiedlichen Ressourcen zur Verfügung stellen oder sich gegenseitig ergänzen.

Gehören Studierende zur Gruppe der Armen?

Wie wenig aussagekräftig die Orientierung am Einkommen allein für die Beschreibung einer prekären Lebenslage ist, lässt sich sehr gut an der Situation vieler Studierender während ihres Studiums veranschaulichen. Diese zählen oftmals zu den Geringverdienenden mit befristeten Arbeitsverträgen, beziehen Leistungen des BAföG oder erhalten von ihren Eltern einen Teil des Lebensunterhalts. Betrachtet man lediglich das Einkommen, so könnten viele Studierende als „arm" gelten. Dennoch werden sie in der Regel nicht als arm wahrgenommen und sie würden sich trotz der teils schwierigen finanziellen Lage selbst auch nicht als typisch „arm" oder sozial benachteiligt bezeichnen. Das liegt zum einen an dem Vergleich mit der eigenen Referenzgruppe, deren Mitglieder sich in einer durchaus ähnlichen Situation befinden. Es ist politisch gewollt und gefördert, dass Studierende lange Zeit nach der Schule über das Elternhaus umfangreichen Versicherungsschutz genießen können (z.B. Krankenversicherung, Haftpflichtversicherung). Zum anderen verfügen viele Studierende über hilfreiche Ressourcen, die diese Situation zumindest für die Zeit des Studiums erträglich werden lässt. Sie sind oft in der Lage, sich vorrübergehend mit weniger finanziellen Mitteln zu arrangieren, etwa indem sie den Wohnraum in einer Wohngemeinschaft teilen. Diese kann zugleich ein wertvolles soziales Netzwerk sein, das sich gegenseitig in unterschiedlichen Problemlagen unterstützt. Gleichzeitig kennen sich viele Studierende gut mit speziellen Angeboten und Vergünstigungen für die Zeit des Studiums aus, sodass sie beispielsweise trotz eines geringen Einkommens selbst an Kulturveranstaltungen teilnehmen, in ferne Länder reisen oder das aktuellste Mobiltelefon besitzen können. Sicher trägt zu alledem auch der relativ hohe soziale Status als Student oder Studentin und die zeitliche Begrenzung dieser Statuspassage, die obendrein eine erfolgreiche berufliche Zukunft verspricht, dazu bei, dass Studierende trotz ihrer prekären Lebenslage ein hohes Maß an gesellschaftlicher Teilhabe genießen können. Allerdings kann auch gesehen werden, dass die gesellschaftliche Akzeptanz gegenüber sogenannten Langzeitstudierenden stark abnimmt und die soziale Sicherung wieder mehr an das Individuum delegiert wird.

Soziale Probleme und Gesundheit

Gesundheit und Krankheit stehen in einer engen Verbindung zu sozialen Problemen und spielen daher in der Geschichte Sozialer Arbeit als Referenzpunkte seit jeher eine mehr oder weniger wichtige Rolle (Homfeldt/Sting 2006). Aktuelle Forschungsergebnisse bestätigen die allgemeine Vermutung, dass prekäre Lebenslagen einen hohen Einfluss auf den Gesundheitszustand von Familien haben (Bien/Rathgeber 2004, 237). Auch wenn im deutschsprachigen Raum Europas ein Großteil der Menschen (gesetzlich) krankenversichert ist und ihnen damit zumindest eine medizinische Grundversorgung zugestanden wird, kann festgestellt werden, dass die Unterschiede sowohl bei der Verteilung des Gesundheitsrisikos als auch bei der medizinischen Versorgung teils erheblich sind, was sogar zu einer höheren Sterblichkeitsrate führen kann.

Gesundheitsrisiko

Die Wechselwirkungen zwischen sozialen und gesundheitlichen Ungleichheiten erinnern an einen Teufelskreis. So sind armutsnahe oder von Armut betroffene Familien bereits strukturell in besonders hohem Maß von gesundheitsgefährdenden Faktoren wie unausgewogene Ernährung, hohe psychische und physische Arbeitsbelastungen (auch Belastungen durch Arbeitssuche), Übergewicht, Nikotinsucht, beengtem Wohnraum oder Bewegungsmangel betroffen. Gleichzeitig wissen diese Familien oftmals wenig über die Risiken solchen Verhaltens oder solcher Umstände und nehmen vergleichsweise weniger an Maßnahmen der Gesundheitsförderung teil (Richter 2005, 200). Auch hier nimmt der Faktor Erwerbsarbeit eine wichtige Position ein: Menschen mit geringer Bildung und hohem Gesundheitsrisiko sind stärker von Arbeitslosigkeit bedroht als andere. Je nach Bildungsstand bleiben allerdings häufig nur genau diese Arbeiten, die vergleichsweise gesundheitsgefährdend sind. Ein weiteres Risiko ist die mögliche Übernahme des problematischen Gesundheitsverhaltens durch die Kinder (Richter 2005, 200).

geringes Gesundheitswissen

Soziale Arbeit mit Familien in prekären Lebenslagen

Will Soziale Arbeit Familien bei der Überwindung von Armut oder beim Umgang mit Auswirkungen prekärer Lebenslagen passende und sinnvolle Unterstützung bieten, benötigt sie Erkenntnisse darüber, welche typischen Risikofaktoren in spezifischen Lebenslagen existieren. Offensichtlich unterscheiden sich Familien in ihrer Wahrnehmung der eigenen Lebenslage und wählen unterschiedliche Handlungsoptionen, damit umzugehen. Soziale Arbeit muss die höchst unterschiedlichen Möglichkeiten und Ressourcen der einzelnen Familienglieder in den Blick nehmen. Der Umgang mit Risikofaktoren und mit den Kosten der Lebenshaltung, das Konsumverhalten und die Möglichkeiten, die wirtschaftliche Lage der Familie etwa durch ein höheres bzw. ein weiteres Einkommen zu verbessern, hängen eng mit Fragen der (Aus-)Bildung der einzelnen Familienmitglieder zusammen. Daher können z.B. die zahlreichen Angebot der Familienbildung Väter und Mütter dabei unterstützen, ihre Ressourcen und Konfliktlösungskompetenzen zu erkennen und zum Wohlergehen der Familie einzusetzen (siehe dazu *Kapitel 6.7*). Soziale Arbeit kann hier allein aber keine generelle Lösung der Armutsfrage schaffen, sondern agiert selbst in einem sozial-, arbeitsmarkt- und wirtschaftspolitisch definiertem Feld. Es ist eine gesamtgesellschaftliche Aufgabe, präventiv gegen Armut vorzugehen und deren Folgen für die soziale Teilhabe zu lindern.

Es leuchtet zwar auf den ersten Blick ein, dass der direkte finanzielle Transfer an Familien allein vielfach keine langfristigen Erfolge zeigen kann, insbesondere wenn die Probleme z.B. durch unwirtschaftliches Verhalten einzelner Familienmitglieder „hausgemacht" erscheinen. Kurzfristig muss jedoch eine ausreichende Versorgung der gesamten Familie durch eine angemessene Grundsicherung gewährleistet sein. Unbestritten ist bei alledem, dass die berufliche Situation der Erziehungsberechtigten eine zentrale Rolle spielt. Daraus muss aber auch mit Blick auf die strukturellen Bedingungen von Armut und prekären Lebenslagen geschlussfolgert werden, dass beide so lange ein soziales Problem darstellen werden, wie es einer Gesellschaft nicht gelingt, für ausreichend existenzsichernde Arbeitsbedingungen zu sorgen. Soziale Arbeit ist daher umso mehr herausgefordert, gezielte Unterstützung zur Mobilisierung der Eigenkräfte der Familien zu entwickeln, ohne dabei die Ursachen von Armut und prekären Lebenslagen aus dem Auge zu verlieren. Sie stünde sonst in der Gefahr, soziale Probleme lediglich zu individualisieren und den Druck auf die betroffenen Familien zusätzlich zu erhöhen. Eine Perspektive, die nicht nur auf die relative Benachteiligung, sondern auch auf die subjektive Erschöpfung von Familien eingeht (Lutz 2012), ermöglicht es jenseits einer individualisierenden Sichtweise auf Armut und prekäre Lebenslagen individuelles Verhalten so in den Blick zu nehmen, dass der Zusammenhang von sozialer Lage und Reaktionsmustern verstanden wird.

Literaturempfehlungen zur Vertiefung des Themas:

Bien, Walter/Weidbacher, Alois (Hrsg.) (2004): Leben neben der Wohlstandsgesellschaft. Familien in prekären Lebenslagen. VS Verlag, Wiesbaden

4.3 Familie und Sucht

suchterkrankte Väter und Mütter

Das Themenfeld Familie und Sucht ist ein sehr weites, sodass in diesem Kapitel nur exemplarisch auf einige wenige Suchterkrankungen eingegangen werden kann, die typischerweise in Familien auftreten. Wenn über Sucht und Familie gesprochen wird, denken viele zunächst an Suchtproblematiken von jungen Erwachsenen im Kontext von *illegalen Drogen* und an ihre besorgten und ratsuchenden Eltern. Hier bietet die Kinder- und Jugendhilfe umfangreiche Hilfen im Rahmen von Suchtprävention und Suchtrehabilitation an (Sting/Blum 2003). Natürlich ist bei dieser Arbeit mit Jugendlichen die Familie ein wichtiger Bezugspunkt, gerade bei der Frage nach möglichen Ursachen und bei der Bearbeitung der Probleme. Die folgende Darstellung richtet ihr Hauptaugenmerk abweichend von dieser üblichen Fokussierung auf **suchterkrankte Väter und Mütter** sowie auf deren **Kinder als Angehörige** von Suchterkrankten. Die Erkenntnis, dass es mehr Menschen gibt, die mit einem Suchtkranken zusammenleben, als es Suchtkranke gibt (Klein 2005a, 62), bedeutet nicht automatisch, dass sich die Mehrheit der Hilfeangebote auf die große Zahl der Angehörigen konzentriert. Dabei hat die Suchterkrankung allein eines einzigen Familienmitgliedes weitreichende Folgen für die Dynamik in der gesamten Familie. Die suchterkrankte Person ist aufgrund der Fixierung auf die Sucht bzw. den Suchtstoff oft nicht mehr in der Lage, sich im ausreichenden Maße um sich und um die anderen Familienmitglieder zu kümmern, während die übrigen Familienmitglieder versuchen, diesen Ausfall zu kompensieren, nicht zuletzt, um den Eindruck eines intakten Familienlebens aufrechterhalten zu können. Häufig stellt die Suchterkrankung nicht das einzige Problem einer Familie dar, ebenso wie eine Form der Sucht nicht allein auftreten muss.

Kindeswohlgefährdung

Soziale Arbeit mit suchtbelasteten Familien hat immer eine doppelte Perspektive: Zum einen muss sie die Suchtproblematik der oder des Einzelnen in den Blick nehmen, zum anderen muss sie bei suchterkrankten oder suchtgefährdeten Müttern und Vätern eine mögliche Gefährdung des Kindeswohls ausschließen (siehe dazu *Kapitel* 5). Je nach Art der Sucht, Dauer der Belastungen und je nach individuellem Suchtverhalten ist es für Fachkräfte der Kinder- und Jugendhilfe besonders schwierig festzustellen, ab wann eine dem Kindeswohl entsprechende Erziehung nicht mehr gewährleistet ist: Inwieweit beeinflusst beispielsweise das Trink- oder Spielverhalten eines Vaters oder einer Mutter die Erziehung und das Wohl der Kinder? Suchtproblematiken sind im hohen Maß behaftet von Tabuisierung, von Verheimlichung und von Schuldgefühlen der Betroffenen. Es ist daher nicht ohne Weiteres zu erwarten, dass Betroffene Hilfe aktiv suchen. Dabei gilt hier wie bei vielen anderen sozialen Problemen, dass die

Wahrscheinlichkeit eines tragfähigen und erfolgversprechenden Arbeitsbündnisses zwischen Helfenden und Betroffenen höher ist, wenn seitens der Betroffenen die Notwendigkeit, Hilfe in Anspruch zu nehmen, klar erkannt und mit dem aktiven Suchen danach verbunden wird.

Hilfe und Kontrolle

Einleitend ist ja schon darauf eingegangen worden, dass nicht nur Sozialpädagogische Einrichtungen für die Bearbeitung sozialer Probleme zuständig sind. In diesem Fall ist es neben der Kinder- und Jugendhilfe nämlich auch die Suchthilfe mit ihren unterschiedlichen Therapieangeboten. In der Literatur wird immer wieder die Notwendigkeit der Zusammenarbeit dieser beiden Hilfen betont (Hinze/Jost 2006, 10). Bei dieser sinnvollen Forderung werden aber die Unterschiede in den Zugängen und Logiken der Kinder- und Jugendhilfe und der Suchthilfe schnell übersehen: Während die Freiwilligkeit gerade bei den therapeutischen Angeboten der Suchthilfe eine grundlegende Voraussetzung für die Arbeit mit Klientinnen und Klienten ist, stehen die Fachkräfte der Kinder- und Jugendhilfe mit Blick auf mögliche Kindeswohlgefährdungen aufgrund ihres doppelten Mandates vor schwierigen Abwägungsprozessen. Bis zu welchem Grad ist eine Suchterkrankung tolerierbar und ab wann gefährden die Folgen der Erkrankung nicht nur den oder die Erkrankte selbst, sondern auch die nahestehenden Angehörigen und Kinder? Darüber hinaus ist eine Kooperation zwischen den Sozialen Diensten aufgrund ihrer unterschiedlichen Finanzierung und Planung nicht automatisch gegeben (Hinze/Jost 2006, 10). Die durch die Folgen der Suchterkrankung oftmals schwankende Stabilität und Verlässlichkeit der Zusammenarbeit erfordert von Fachkräften ein hohes Maß an Verständnis und Geduld. Der Umstand, dass dies nicht immer einfach ist, wird sicher auch dadurch erschwert, dass es sowohl gesamtgesellschaftlich wie fachlich hohe Vorbehalte gegenüber suchtkranken Eltern gibt.

Alkoholabhängigkeit

Alkoholabhängigkeit ist eine in Europa sehr verbreitete Form der Sucht, die durch die generell hohe gesellschaftlich-kulturelle Akzeptanz des Alkoholkonsums – etwa der massenhafte Konsum von Bier in der Öffentlichkeit auf Volksfesten – und durch ihren oftmals schleichenden Verlauf vom gelegentlichen zum riskanten Konsum nur schwer zu fassen ist. Ebenso verbreitet wie die öffentliche Akzeptanz des Alkoholkonsums sind hier die Tendenzen der Tabuisierung. Die Folgen dieser Sucht sind nicht nur für die Abhängigen schwerwiegend, sondern auch für die etwa 4

Millionen Angehörigen, die in suchtbelasteten Familien leben (Klein 2005a, 61). So leidet eine Mehrzahl der Partnerinnen und Partner von Alkoholabhängigen vermehrt unter stressbedingten Erkrankungen (z.B. Depressionen, Angst- und Belastungsstörungen) oder unter den Folgen der Alkoholsucht (z.B. Verschuldung, häusliche Gewalt) (Klein 2005a, 62).

Kinder in suchtbelasteten Familien

Wenn allgemein von Kindern in suchtbelasteten Familien die Rede ist, ist meist die größte Gruppe von betroffenen Kindern und Jugendlichen gemeint, nämlich die unter 18-Jährigen in Familien mit *alkoholsüchtigen* Vätern und Müttern (Klein 2005 b, Hinze/Jost 2006). Auch wenn das Aufwachsen in suchbelasteten Familien zunehmend in den Fokus von Fachdiskursen gerückt ist und die unterschiedlichen Einrichtungen der Sozialen Arbeit mit Familien fast täglich Erfahrungen mit alkoholbelasteten Adressatinnen und Adressaten machen, ist der Ausbau und die flächendeckende Verbreitung von spezifischen Unterstützungsangeboten sowohl für betroffene Eltern als auch für die Kinder und Jugendlichen in diesen Familien noch verbesserungsfähig (Hinze/Jost 2006). Die möglichen Auswirkungen auf die Entwicklung der Kinder aus suchtbelasteten Familien hängen von der Dauer und der Art der Belastung durch die Suchterkrankung der Eltern ab. Studien belegen beispielsweise, dass ein großer Teil der Kinder und Jugendlichen mit familiären Suchtbelastungen in besonderem Maße selbst gefährdet sind, eine Suchterkrankung zu entwickeln und in späteren Beziehungen dazu neigen, Partner oder Partnerinnen zu wählen, die selbst biografische Vorerfahrungen mit suchtkranken Menschen gemacht haben (Klein 2005 b, 57). Eine ganze Reihe von möglichen Störungen und Formen auffälligen Verhaltens seitens der Kinder (z.B. Schlaf- oder Konzentrationsstörungen, Aggressivität oder Einnässen) können vielfältige Ursachen haben und lassen daher nicht direkt auf eine Suchterkrankung der Eltern schließen, v.a. dann, wenn die familiäre Situation von einer Vielzahl an Problemen belastet ist. Auch wenn suchtkranke Eltern mögliche Hilfen als Ganzes ablehnen oder nur ein einzelner Elternteil bereit ist, Hilfe in Anspruch zu nehmen, ist die gezielte Arbeit mit den betroffenen Kindern und Jugendlichen in Form von ambulanter Einzel- oder Gruppenarbeit und freizeitpädagogischen Maßnahmen wichtig. Dabei sollte Kindern durch eine altersgemäße Aufklärung vermittelt werden, dass sie für die Suchterkrankung ihres Vaters oder ihrer Mutter keine Schuld tragen (Klein 2005 b, 57).

Medikamentenabhängigkeit

Ähnlich wie die Alkoholsucht ist die Abhängigkeit und der Missbrauch von Medikamenten eine nicht leicht zu erkennende Form der Sucht. Familien verfügen in ihren sogenannten „Hausapotheken" über eine Fülle an Arzneimitteln des täglichen Bedarfs und Kinder und Jugendliche erlernen hier schon früh den Umgang damit (Poser/Poser 1996, 15f). Ebenfalls ähnlich wie beim Konsum von Alkohol sind hier die Grenzen zwischen gelegentlichem Konsum und dem missbräuchlichen Konsum fließend. Besonders stark suchtgefährdet sind Frauen und Mütter. Allein die dominierende Wahl der Arzneimittel (Schlaf- und Beruhigungsmittel) lässt auf die häufig stressbedingten Ursachen einer solchen Sucht schließen (Poser/Poser 1996, 14). Allerdings kann gerade im Zuge der Vergabe von Ritalin (Medikament zur Behandlung von Kindern) an sogenannte ADHS-Kinder eine frühzeitige Gewöhnung an die regelmäßige Einnahme von Medikamenten beobachtet werden, was möglicherweise spätere Medikamentenabhängigkeit fördern kann (Brandau/Kaschitz 2008, 122).

Glücksspielsucht

Glücksspielsucht ist ebenfalls eine Suchtform, deren suchtbedingte Folgen für die gesamte Familie schwerwiegende Konsequenzen haben können (Kellermann 2005). Spielsucht ist eine besonders teure Suchtform: Um an Glücksspielen teilnehmen zu können, benötigen Spielsüchtige hohe Geldsummen, welche die familiären Ressourcen bei Weitem übersteigen. Hier beginnt oftmals ein suchtfördernder Teufelskreis: Um die zunehmende Verschuldung zu stoppen, erhoffen sich Spielsüchtige den „rettenden" Gewinn. Da dieser aufgrund der Logik des Spiels nicht erreicht werden kann, drohen durch die weiter steigende Verschuldung (Bankschulden, Mietschulden) sogar der Verlust des Arbeitsplatzes und der Wohnung. Durch negative Persönlichkeitsveränderungen des oder der Süchtigen wird die Atmosphäre in der Familie zusätzlich so belastet, dass sie zu zerfallen droht (Kellermann 2005, 96).

Essstörungen

Familiäre Einflussfaktoren spielen bei der Entwicklung von *Essstörungen* bei Kindern und Jugendlichen eine große Rolle (Reich 2003, 21f). Kinder und Jugendliche erlernen hier durch Erziehung und Sozialisation Grundlegendes für ihr Essverhalten, für ihre Körperwahrnehmung, ihr Selbstwert- und Autonomiegefühl und für den Umgang mit Konflikten. Bislang eher wenig untersucht scheint die Situation essgestörter Mütter und Väter zu sein. In der Regel wird in der Literatur neben anderen Formen hauptsächlich zwischen Anorexie und unterschiedlichen Ausprägungen der Bulimie unterschieden (Reich 2003, 5). Nicht allein der auch häufig verwendete Begriff der „Magersucht“ erinnert an die vorgenannten Formen der Suchterkrankungen: Auch bei den hier nur skizzierten Essstörungen gibt es Ähnlichkeiten zu Formen des Substanzmissbrauchs. Das betrifft zum einen die hohe gedankliche Fixierung auf den Suchtstoff (Essen bzw. die Verweigerung von Essen, Diät, Gewicht), zum anderen den problematischen Umgang mit bzw. die missbräuchliche Funktion von Nahrung zur Bewältigung von Problemen (Reich 2003, 5). Dass Familie hierbei ein besonderer Ort des Umgangs und der Entwicklung von Essverhalten und Körpergefühl ist, leuchtet ein, wenn man bedenkt, welche zentrale Rolle Essen und Mahlzeiten im Alltag einnehmen. Über gemeinsame Interaktion entwickeln Familienmitglieder ähnliche Einstellungen zu Nahrungsmitteln, Figur, Diäten oder Bewegung (Reich 2003, 22). Aber auch in der Sozialen Arbeit spielen Ernährung und Mahlzeiten sowie die damit verbundenen Normen auf vielfältige Weisen eine Rolle: „Richtiges“ Kochen und „gesundes“ Essen sind Teil einer ernährungsbezogenen Gesundheitsförderung (Armut und Gesundheit), gemeinsame Mahlzeiten gelten als wichtige Interaktionsmuster in Familien (Rose/Sturzenhecker 2009). Hier muss Soziale Arbeit ihre eigene Rolle als Vermittlerin von Normen ebenfalls kritisch in den Blick nehmen. Die einzelne Fachkraft muss hier beispielsweise sensibel mit solchen Bemerkungen umgehen, die das Essverhalten einzelner Familienmitglieder betrifft (z. B.: „Die Kinder sind übergewichtig und sollten mal über eine Diät nachdenken“). Beide Arten der Essstörung werden mit typischen Beziehungsmustern – hier sind v. a. die Beziehungen von Müttern und ihren Töchtern zu nennen –, aber auch mit kindlichen Erfahrungen mit Vernachlässigung und Missbrauch in Verbindung gebracht (Rose/Sturzenhecker 2009, 24). Hier bedarf es einer besonderen professionellen Aufmerksamkeit gegenüber solchen Beziehungsmustern in Familien.

Definition:

Co-Abhängigkeit „bezeichnet im Allgemeinen Haltungen und Verhaltensweisen von Personen, die durch ihr Tun bzw. Unterlassen dazu beitragen, dass der süchtige oder suchtgefährdete Mensch süchtig oder suchtgefährdet bleiben kann" (Klein 2005a, 64).

Das Konzept der Co-Abhängigkeit beschreibt eine spezifische Form der psychischen und emotionalen Abhängigkeit der Partnerinnen und Partner von Suchtkranken.

Solche Haltungen und Verhaltensweisen sind im Grunde nicht besonders außergewöhnlich, weil sie in gewissem Maß als gutgemeinte Schutz- und Entschuldigungsreaktionen in jeder engeren Beziehung vorkommen können. Im Kontext von Sucht kann zu solchen Verhaltensweisen die übermäßige Übernahme von Verantwortung und das Schützen vor Belastungen für den oder die Abhängige gehören, das Entschuldigen und Rechtfertigen seines bzw. ihres Verhaltens oder auch die permanente und exzessive Kontrolle des abhängigen Menschen (Klein 2005a, 64). Natürlich wollen nahestehenden Menschen durch dieses Verhalten den süchtigen Menschen nicht in erster Linie in seiner Sucht bestärken, sondern sein Vertrauen und die Beziehung mit ihm nicht verlieren, auch hoffend auf seine spätere Einsicht. Ein solches Verhalten kann als Ausdruck des Wunsches nach Normalität im Familienalltag, aber auch als Ausdruck von Überforderung der einzelnen Mitglieder gedeutet werden.

co-abhängige Professionelle

Wichtig für die Arbeit mit suchtbelasteten Familien ist zu sehen, dass auch Fachkräfte problemstabilisierend in die Suchtdynamiken von Familien verstrickt sein können, z.B. indem sie durch ihren möglicherweise inkonsequenten Umgang das Signal aussenden, dass die süchtige Person an ihrem Verhalten nichts ändern muss, da die Fachkraft sie von Konsequenzen ja entlastet (Quast 2006, 110). Die Professionellen sind hier in einer misslichen Lage, wenn sie z.B. aus Mitgefühl gegenüber den Kindern Eltern dabei helfen, den Haushalt nicht in das totale Chaos abgleiten zu lassen, nicht eingehaltene Absprachen immer wieder aufs Neue treffen oder etwa akzeptieren, dass Väter oder Mütter zu einem Hilfeplangespräch alkoholisiert erscheinen, weil sie sonst gar nicht in der Lage oder bereit wären, an einem solchen Gespräch teilzunehmen. Ein solches verständnis- oder vielleicht rücksichtsvolles Verhalten der Professionellen gegenüber suchtkranken Eltern ist nicht notwendigerweise auf Unerfahrenheit oder fachliche Inkompetenz zurückzuführen. Vielmehr ist es eine für die sozialpädagogische Arbeit notwendige vertrauensvolle Basis des Arbeitsbündnisses, das durch das wechselhafte Verhalten Suchtkranker immer wieder herausgefordert wird. Quast rät hier für die Arbeit mit alkoholsüchtigen Eltern zu einer dichten (kollegialen) Beratung und Supervision, um immer wieder eine Position „professioneller Abstinenz" (Quast 2006, 111) einnehmen zu können.

Literaturempfehlungen zur Vertiefung des Themas:

Sting, Stephan/Blum, Cornelia (2003): Soziale Arbeit in der Suchtprävention. Reinhardt, München/Basel

Thomasius, Rainer/Küster, Udo J. (Hrsg.) (2005): Familie und Sucht. Schattauer, Stuttgart

4.4 Familie und Gewalt: häusliche Gewalt, Missbrauch und Vernachlässigung

In ihrer gesellschaftlichen Funktionsbestimmung als Ort der Sozialisation und Reproduktion wird Familie oftmals idealisiert, aber vergleichsweise selten mit Formen von Gewalt und Aggression in Verbindung gebracht. Das widerspricht den weitverbreiteten Vorstellungen einer liebevoll fürsorgenden, unterstützenden „heilen Welt". Die besondere Form der Privatheit und Intimität in Familien stellt für die meisten Menschen einen Rückzugsort und Schutz vor einer hektischen und aggressiven Außenwelt dar. Doch besteht in dieser Beobachtung nicht unbedingt ein Widerspruch. Das, was Familie im allgemeinen Verständnis ausmacht, kann auch das sein, was ihre Mitglieder unter Umständen gefährdet. Gerade der stark intime und emotionale Charakter familialer Beziehungen kann als ein wesentlicher Auslöser häuslicher Gewalt betrachtet werden, während er gleichzeitig maßgeblich für die weitläufige Tabuisierung dieser Gewaltform verantwortlich ist. Erst die aufgrund der Kinderschutz- und Frauenbewegung angeregten öffentlichen Debatten der letzten Jahrzehnte haben für eine breitere öffentliche Aufmerksamkeit und Sensibilisierung gegenüber Gewalt in Familien gesorgt. Denn die hohe Wertschätzung der Privatheit von Familien ließ und lässt das nächste soziale Umfeld – nahestehende Verwandte, Nachbarn oder auch Behörden – bei Gewalt in der Familie nur selten oder erst spät eingreifen (Nave-Herz/Onnen-Isemann 2001, 305). Formen sozialer Kontrolle können in diesem Zusammenhang einerseits sozial unerwünschte Gewaltakte verhindern helfen, andererseits aber auch begünstigen, indem einflussreichere gewalttätige Personen allein durch das Schweigen der übrigen Wissenden gedeckt werden. Damit bietet insbesondere die Familie aus unterschiedlichen Gründen Raum für Macht- und Vertrauensmissbrauch. Zunächst geht es also darum, genauer zu betrachten, was als Gewalt in Familien bezeichnet werden kann, um dann zu sehen, wer in welcher Weise davon betroffen ist.

familiale oder häusliche Gewalt

Gewalt in der Familie wird häufig auch als *familiale* oder *häusliche* Gewalt bezeichnet. Mit letzterer ist weniger der konkrete Ort „Haus" gemeint, auch wenn dieser sehr häufig der Tatort ist, sondern vielmehr die besondere Art der Beziehung, in der die Beteiligten zueinander stehen. Ein einheitlicher Gewaltbegriff ist in der Fachliteratur schwer auszumachen, u.a. weil eine Fokussierung auf vorwiegend physische Gewalt den meisten Autorinnen und Forschern zu eng erscheint und viele Facetten von Gewalt und deren Wirkungen ausblendet (DJI 2007, 20; Lamnek et al. 2006, 17f). Der diesem Kapitel zugrunde liegende Gewaltbegriff ist daher sehr breit angelegt und geht weit über das alltägliche Verständnis von Gewalt hinaus. Das erinnert noch einmal daran, dass es bei sozialen Problemen immer um gesellschaftlich getragene Problemwahrnehmungen geht, aus denen dann ebenfalls Formen sozialer Kontrolle und Sanktionen folgen können. Wie in der folgenden Definition von Lamnek/Luedtke/Ottermann (2006) fließen daher die gesellschaftlichen Erwartungshaltungen an Familie ein:

Gewaltbegriff

Definition:

Mit **familialer oder häuslicher Gewalt** „sind *physische, sexuelle, psychische, verbale und auch gegen Sachen* gerichtete Aggressionen gemeint, die nach gesellschaftlichen Vorstellungen jener auf (gegenseitige) Sorge und Unterstützung ausgerichteten Erwartungshaltungen zuwiderlaufen" (Lamnek 2006, 8).

Dieser weite Gewaltbegriff eröffnet den Blick für weitaus subtilere Formen von Gewalt, bei denen für alle Beteiligte (Täterinnen und Täter, Opfer, Zeuginnen und Zeugen, Behörden u.a.) die Einschätzung sowohl der Verletzungs- bzw. Schädigungsabsicht als auch die Einschätzung der Auswirkungen von Gewalt nicht immer offensichtlich ist. Es gibt im Alltag immer wieder Formen von Gewalt, die in bestimmten Kontexten gesellschaftlich toleriert werden. Wie am Beispiel Boxkampf zu sehen ist, kann physische Gewalt im Rahmen von Wettkämpfen sogar anerkannt und mit Preisen belohnt werden, während ein Faustschlag zwischen Familienangehörigen weitreichende Folgen hat. Für Kinder und Jugendliche mag das Raufen mit Gleichaltrigen auf dem Schulhof zum Austesten von Kräfteverhältnissen und zur Herstellung von Statuspositionen dazugehören, während die aufsichtführende Lehrerin Schlägereien in keinem Fall dulden wird. Für einige Eltern mag das ebenfalls als Teil der Jugendphase akzeptabel und normal erscheinen, für andere hingegen ein Anlass für Empörung sein. Auch die Verwendung von beleidigenden Schimpfwörtern oder die Beschädigung von Eigentum der Mitschülerinnen und Mitschüler scheint tolerierbar; wenn jedoch Eltern oder andere Fürsorgeberechtigte sich gegenüber Kindern und Jugendlichen in ähnlicher Weise verhalten, ist dies mehr als bedenklich.

Wie für ein soziales Problem typisch, liegen bei häuslicher Gewalt die gesellschaftlichen Realitäten und die Normvorstellungen weit auseinander (Lamnek/Luedtke/Ottermann 2006): Während zunächst unabhängig von der konkreten Definition ein gesellschaftlicher Konsens darüber herrscht, dass jegliche familiale Gewalt abzulehnen ist und dass die Folgen für alle Mitglieder der Familie und der Gesellschaft schwerwiegend sind, zeigen Prävalenzstudien immer wieder, dass ein Großteil der Menschen, die über Gewalterfahrungen verfügen, diese v.a. in Familien und im sozialen Nahraum erleben oder erlebt haben (Kapella et al. 2011).

Macht- und Abhängigkeitsverhältnisse

Wie die skizzierten Beispiele alltäglicher Gewalthandlungen bereits zeigen konnten, ist es auch immer wieder eine Frage, wer wen durch Formen häuslicher Gewalt zu schädigen, zu unterdrücken oder einzuschüchtern versucht. Ohne an dieser Stelle auf die möglichen Ursachen und Motive familialer Gewalt einzugehen, ist es offensichtlich, dass Gewalthandlungen und Aggressionen zwischen Familienmitgliedern nicht einfach eine „persönliche Angelegenheit" oder eine vorübergehende Meinungsverschiedenheit zweier Konfliktparteien sind, sondern dass diese eingebunden sind in weitere soziale und kulturelle Kontexte. Dabei ist es besonders wichtig zu beachten, dass sich in Familien zwei hierarchische Macht- und Abhängigkeitsverhältnisse kreuzen: Sowohl die in Familien wirkmächtigen *Geschlechterverhältnisse* (zwischen Männern und Frauen) als auch die *Generationenverhältnisse* (zwischen Eltern und ihren Kindern) zeichnen sich durch ein Ungleichgewicht an Macht, Kontrolle, Stärke und Abhängigkeit aus. Dieses Ungleichgewicht bietet den Nährboden für den Missbrauch dieser ungleichen Kräfteverhältnisse, die auch im Kleinen häufig ein Spiegelbild des gesellschaftlichen Umgangs mit Ungleichheit sind (Tschöpe-Scheffler 2009, 78). Die Weltgesundheitsorganisation (WHO) unterscheidet die Gewalt in der Familie weltweit nach drei Personengruppen:

1. Gewalt gegen Intimpartner,
2. Misshandlung alter Menschen,
3. Kindesmissbrauch und Vernachlässigung durch die Eltern oder andere Fürsorgeberechtigte (Gugel 2006, 148).

Die Gewalt gegen Intimpartner bezieht sich auf alle in der Definition genannten Gewaltformen – physische, sexuelle, psychische, verbale Gewalt – zwischen Partnerinnen und Partnern in Beziehungen. Hierbei ist es unerheblich, ob es sich um Gewalt zwischen Mann und Frau, Mann und Mann oder Frau und Frau handelt.

„Häusliche Gewalt als empirisch erfassbares Verhalten ist weder ein geschlechts- noch milieuspezifisches Phänomen, wenn auch bestimmte Ausdrucksformen geschlechts-, milieu- und auch alterstypisch variieren mögen. Physische, psychische und selbst sexuelle Gewalt (auch wenn diese überwiegend männlich zu sein scheint) kann sowohl von männlichen als auch weiblichen, von erwachsenen als auch minderjährigen Mitgliedern einer Lebensgemeinschaft ausgehen und in allen gesellschaftlichen Schichten vorkommen" (Lamnek/Luedtke/Ottermann 2006, 178, Hervorhebungen im Original).

Die Misshandlung alter, insbesondere pflegebedürftiger Menschen ist ebenfalls in den letzten Jahren zunehmend in das öffentliche Interesse gerückt. Sie umfasst in ähnlicher Weise die zuvor genannten Formen von familialer Gewalt, beispielsweise an betagten Eltern durch ihre erwachsenen Kinder. Im Zuge des demografischen Wandels und durch die Zunahme an häuslicher Pflege könnte das Risiko der Misshandlung für ältere Angehörige sogar noch steigen. Hier zeichnet sich ab, dass häufig die mit der häuslichen Pflege verbundene Überforderung und Verzweiflung Auslöser für die Gewalt ist (Gugel 2006, 151).

Kindesmisshandlung und sexueller Missbrauch

Ähnlich wie bei Versuchen, häusliche Gewalt allgemein und umfassend zu definieren, fallen Versuche, Kindesmisshandlung und sexuellen Missbrauch zu definieren, uneinheitlich aus. Im Fall von Kindesmisshandlung hängt dies v.a. damit zusammen, dass die Grenzziehung etwa zwischen absichtlichen Handlungen und schädigenden Auswirkungen schwierig sein kann (DJI 2007, 32; Richter-Appelt/Moldzio 2005, 28). Sexuelle Gewalt gegenüber Kindern enthält Formen sowohl körperlicher als auch psychischer Gewalt, die meist von Erwachsenen, aber auch z.B. von älteren Geschwistern, ausgehen kann. Sie ist geprägt von einer Bedürfnisbefriedigung des oder der Mächtigeren gegenüber dem schwächeren Kind und dem damit verbundenen Gebot der Geheimhaltung, das den psychischen Druck auf das Opfer zusätzlich erhöht (Richter-Appelt/Moldzio 2005, 29). Die Kindesmisshandlung durch Eltern oder andere Fürsorgeberechtigte, also alle Anwendungen von psychischem und physischem Zwang oder Gewalt (z.B. Schläge, Verbrennungen, Einschüchterung, Erniedrigung) sowie der sexuelle Missbrauch von Kindern und Jugendlichen gelten als besonders schwere Formen häuslicher Gewalt, weil hier der Missbrauch eines Abhängigkeits- und Sorgeverhältnisses so offenkundig ist und weil die Auswirkungen des Missbrauchs für die Heranwachsenden kurzfristig wie langfristig massiv sind.

sexueller Missbrauch

Kindesmisshandlung

Untersuchungen haben gezeigt, dass allein das Miterleben häuslicher Gewalt sowohl akut als auch längerfristig erhebliche Auswirkungen auf Kinder haben kann. Sie leiden unter ähnlichen Belastungen wie Kinder, die von ihren Eltern selbst misshandelt werden, oder wie Kinder, die bei einem suchtkranken oder psychisch kranken Elternteil aufwachsen (Kindler 2007). Es leuchtet ein, dass die sogenannte Partnergewalt für alle Familienangehörigen eine schwer auszuhaltende Atmosphäre erzeugt. Darüber hinaus zeigt sich, dass häusliche Gewalt im Sinne von Gewalt zwischen Partnerinnen und Partnern das Risiko erhöht, dass die im Haushalt lebenden Kinder und Jugendlichen selbst Opfer tätlicher Gewalt oder von Vernachlässigung werden (Hartwig 2007, 170). Bei den genannten Formen von Gewalthandlungen von Stärkeren (meist Erwachsenen/Personensorgeberechtigten) gegenüber Schwächeren (v.a. gegenüber Kindern oder älteren Menschen) ist gemein, dass aktiv Handlungen vollzogen werden, die häufig sogar sichtbare Folgen (Stichwort „blaue Flecke") haben können.

Vernachlässigung

Die Unterlassung einer Handlung, z.B. der Sorge für das Wohlergehen der Kinder, hingegen ist eine weitaus subtilere Form von Gewalt. Wir sprechen hierbei von Vernachlässigung, deren Auswirkungen zwar weniger offensichtlich, aber nicht minder gefährdend sein können.

Die Gründe für ein vernachlässigendes Verhalten können sehr unterschiedlich sein. Wie die Definition zeigt, muss es nicht unbedingt aktive, bewusste Unterlassung („böse Absicht") sein, sondern kann Ausdruck mangelnden Wissens oder von Überforderung sein. Gerade im Zusammenhang mit Suchtproblematiken und psychischer Erkrankung (siehe dazu *Kapitel 4.2*) zeigt sich, dass Väter und Mütter zu sehr mit sich beschäftigt sein können, um die Sicherstellung der physischen und psychischen Versorgung des Kindes zu gewährleisten.

Definition:

Vernachlässigung meint „die andauernde oder wiederholte Unterlassung fürsorglichen Handelns sorgeverantwortlicher Personen (Eltern oder andere von ihnen autorisierte Betreuungspersonen), welches zur Sicherstellung der physischen und psychischen Versorgung des Kindes notwendig wäre. Die Unterlassung kann aktiv oder passiv (unbewusst) aufgrund unzureichender Einsicht oder unzureichenden Wissens erfolgen. Die durch Vernachlässigung bewirkte chronische Unterversorgung des Kindes durch die nachhaltige Nichtberücksichtigung, Missachtung oder Versagung seiner Lebensbedürfnisse hemmt, beeinträchtigt oder schädigt seine körperliche, geistige und seelische Entwicklung und kann zu gravierenden bleibenden Schäden oder gar zum Tode des Kindes führen" (Schone et al. 1997, 21).

Wie die im Laufe des Kapitels skizzierten Beispiele alltäglicher

Gewalt und Erziehungshandlungen

Gewalt ebenfalls zeigen können, ist den beteiligten Personen – etwa den an einer Schlägerei beteiligten Schülerinnen und Schülern in der Schule – nicht immer bewusst, dass sie gerade gewalttätig sind. Das eigene Verhalten wird ignoriert, umgedeutet oder verharmlost. Auch einigen Eltern fällt es schwer, ihr eigenes Erziehungsverhalten mit Aspekten von Gewalt in Verbindung zu bringen, obwohl viele Erziehungsmethoden etwa in die Nähe von Vernachlässigung rücken (Tschöpe-Scheffler 2009, 83). So kann beispielsweise der bekannte „Stubenarrest" (Freiheitsentzug als Strafe, z.B. durch das Einsperren in das eigene Zimmer) oder die fortwährende Nichtbeachtung von Kindern eine Form psychischer Gewalt sein, die umgedeutet und ggf. verharmlost wird als sinnvolle Erziehungsmaßnahme. Selbst Eltern, die sich für eine gewaltfreie Erziehung aussprechen würden, üben im Erziehungsalltag unbewusst unterschiedliche Formen psychischer Gewalt aus (Tschöpe-Scheffler 2009, 83). Das scheint den allgemeinen Normen zu widersprechen, kann aber auch ein Hinweis darauf sein, dass eigene Erziehungs- und Gewalterfahrungen in der Herkunftsfamilie nach wie vor prägend sind für das elterliche Erziehungsverhalten (Sabla 2009, 150). In Familien zählen v.a. Stress und Konflikte – auch und v.a. über Erziehungsthemen – zu den möglichen Ursachen für häusliche Gewalt. Der gewalttätige Umgang kann daher als unzureichende Konfliktlösestrategie im Umgang miteinander verstanden werden (Tschöpe-Scheffler 2009, 89). Gleichzeitig spielen die hohen Erwartungshaltungen an Familie und Elternschaft eine bedeutende Rolle. Während soziale, äußere und persönliche Anforderungen an die Institution Familie zunehmen, steigen ebenfalls die Erwartungshaltungen, mit denen sich Familienmitglieder untereinander konfrontieren. Werden diese über einen längeren Zeitraum nicht erfüllt, kann es zu Frustration und gegenseitigen Schuldzuweisungen führen, die sich nicht selten in Formen häuslicher Gewalt entladen (Tschöpe-Scheffler 2009, 78).

Handlungsauftrag der Sozialen Arbeit

Der komplexe Themenbereich Familie und Gewalt fordert unterschiedliche Institutionen zur Bearbeitung sozialer Probleme heraus, insbesondere vor dem Hintergrund der skizzierten Privatheit von Familie, aber auch vor dem Hintergrund des komplexen Ursache-Wirkungs-Geflechts, das eine eindeutige Zuschreibung in Täterin, Täter und Opfer erschwert. Gefragt sind hier für unterschiedliche Zielgruppen (von Täterinnen, Tätern und Opfern) möglichst hilfreiche Präventions- und Interventionsmaßnahmen und Beratungsangeboten, die allerdings aufgrund der gesellschaftlichen Tabuisierung des Themas einige Gruppen nur schwer erreicht.

Kindeswohl Das Aufwachsen von Mädchen und Jungen in Kontexten von häuslicher Gewalt stellt eine schwerwiegende Beeinträchtigung ihrer Entwicklungschancen dar. Hier ist die öffentliche Kinder- und Jugendhilfe im Sinne des staatlichen Wächteramtes verpflichtet zu prüfen, inwieweit hier eine Kindeswohlgefährdung droht, auf die mit familienrechtlichen und sozialpädagogischen Hilfen zu reagieren ist (DJI 2007, 31f; Hartwig 2007, 168). Vor dem Hintergrund der Gesamtverantwortung für das Wohl des Kindes ist diese Prüfung auch dann notwendig, wenn sich betroffene Familienmitglieder – sehr häufig ist es die Mutter – aus Scham oder aufgrund von Schuldgefühlen entschuldigend oder verharmlosend vor den Täter oder die Täterin stellen. Mit Blick auf die jüngeren Opfer ist es notwendig, Mädchen und Jungen frühzeitig Begleitung und Unterstützung anzubieten, wenn sie Zeugin, Zeuge oder direkte Opfer häuslicher Gewalt geworden sind. Sie brauchen einfühlsame und kompetente Erwachsene, die ihnen bei der Bewältigung der schwierigen häuslichen Situation helfen. Hierbei brauchen sie Vertrauenspersonen außerhalb der Familie sowie Informationen über Schutzmöglichkeiten. Insgesamt muss aber auch festgestellt werden, dass eine abnehmende Tabuisierung von häuslicher Gewalt und eine damit verbundene erhöhte Sensibilisierung einen wirksamen Anteil am Schutz vor Gewalt haben kann.

4.5 Trennung und Scheidung

Wir sind in *Kapitel 2* bereits auf den Bedeutungswandel von Ehe und das Ansteigen der Scheidungsraten eingegangen. Für Deutschland wird geschätzt, dass etwa 40% der gegenwärtig geschlossenen Ehen geschieden werden (Peuckert 2007, 38). Für das Jahr 2010 traf das auf rund 187.000 Ehen zu (Statistisches Bundesamt 2012 c, 8). Dies bedeutet jedoch keineswegs, dass Ehe und anderen Formen der Paarbeziehung gesellschaftlich eine geringere Bedeutung als etwa vor 100 Jahren zugemessen wird. Vielmehr geht die Familienforschung davon aus, dass die emotionalen Ansprüche in einer Ehe im Vergleich gestiegen sind. Nicht zuletzt durch die ebenfalls gestiegene Lebenserwartung muss eine Ehe – sofern sie nicht geschieden wird – mit ca. 40 bis 50 Jahren im Vergleich doppelt so lange halten und ggf. entsprechend mehr Konflikte bewältigen (Peuckert 2008, 167). Eine *einverständliche* Scheidung – die über drei Viertel aller Scheidungsfälle ausmacht – ist schlicht zu einer legitimen Form ehelicher Konfliktlösung geworden (Peuckert 2007, 39; Fthenakis 2008, 12f). Als *einverständlich* gelten Scheidungen, bei denen beide Ehepartner die Scheidung wünschen. Was also könnte der Grund sein, Trennung und Scheidung als soziales Problem zu betrachten? Hierfür ist notwendig, das Phänomen Scheidung oder Trennung nicht isoliert zu betrachten, sondern als kritisches Lebensereignis in seinem zeitlichen Kontext. Auch Paare, die sich einvernehmlich trennen, durchlaufen konflikthafte Phasen. Menschen trennen sich nicht ohne Grund oder lassen sich nicht grundlos scheiden. Vielmehr muss eine Reihe von Konflikten auftreten und die Wahrnehmung, dass diese Konflikte unüberwindbar sind, zunehmen, bevor sich Paare – insbesondere Paare mit Kindern – zur Trennung entschließen. Bereits in der Phase vor der Trennung können Schwierigkeiten auftreten, die ihren Ausdruck auch in einem teils problematischen Erziehungsverhalten seitens der Eltern finden (Sabla 2009, 158). In aller Regel handelt es sich bei einer Trennung von Paaren mit minderjährigen Kindern um einen langfristigen Prozess familiärer Umbrüche: Das Sorgerecht muss juristisch geregelt werden, finanzielle Ressourcen werden neu verteilt, die faktische Ausgestaltung des weiteren Umgangs miteinander (Besuchsregeln, Wohnarrangements) sowie die familialen Rollen (Walper/Schwarz 2002, 12) werden abgestimmt. Diese Umbrüche, die die Reorganisation der Scheidungsfamilie teils über Jahre begleiten, verlangen von allen Familienmitgliedern entsprechende Anpassungsleistungen (Eiber/Träg 2004, 202). Dies trifft in besonderem Maße auf die von Scheidung und Trennung betroffenen Kinder zu. In etwa der Hälfte der Scheidungsfamilien leben minderjährige Kinder.

Einverständliche Scheidung

In der BRD waren es 2010 rund 145.000 minderjährige Kinder, deren Eltern sich scheiden ließen (Statistisches Bundesamt 2012c, 12). Die Gesamtzahl der in Scheidungs- bzw. Trennungsfamilien lebenden Kinder kann nur geschätzt werden. Eiber/Träg gehen von ca. 1,4 bis 1,5 Millionen Kindern aus (Eiber/Träg 2004, 201). Zu beachten ist dabei, dass für die nichtehelichen Lebensgemeinschaften keine verlässlichen Zahlen über Trennungen vorliegen, sodass es auch hier nur Schätzungen darüber gibt, wie viele Kin-

Scheidungskinder

der von durchaus vergleichbaren Prozessen betroffen sind. Studien der Scheidungsforschung zeigen, dass die vielfältigen Veränderungen im Alltagsleben – der Umzug in ein neues Zuhause, neue Herausforderungen bei der Vereinbarkeit von Familie und Beruf bei den nun getrennt erziehenden Elternteilen, anhaltende Konflikte der getrennten Eltern, Reaktionen von Nachbarn und Mitschülern – relevante Stressoren sind, die die Trennung bzw. Scheidung der Eltern zu einem kritischen Lebensereignis für die Kinder werden lassen können (Walper/Schwarz 2002, 12). Wie aus dem eingangs erwähnten Befund zu folgern ist, sind fast ein Viertel der Ehescheidungen nicht einverständlich, d.h., es kann bei einigen Scheidungsfamilien davon ausgegangen werden, dass das skizzierte Konfliktniveau über Jahre konstant hoch bleibt, sodass in stärkerem Maß auf die Inanspruchnahme von Richterinnen, Rechtsanwälten, Verfahrenspflegern, Therapeutinnen und Mediatorinnen zurückgegriffen werden muss (Eiber/Träg 2004, 206). Wenn diese Unterstützungsangebote wie in etwa 5% der Scheidungsfälle absehbar keine Erfolge zeigen, wird von *hoch strittigen Trennungen* gesprochen (Dietrich/Paul 2006, 14). Schwerwiegende Störungen der elterlichen Kommunikation, ein hohes Maß an Feindseligkeit, oftmals verbunden mit schweren Anschuldigungen oder verbalen/physischen Angriffen des geschiedenen Partners erschweren sowohl gerichtliche als auch außergerichtliche Vermittlungs- und Schlichtungsversuche, was neben den bereits skizzierten weitere schwere Belastungen für die Kinder nach sich ziehen kann (vgl. Bundeskonferenz für Erziehungsberatung e.V. 2012, 278). In der Arbeit mit hoch strittigen Eltern – etwa in der Erziehungsberatung – fällt es den Professionellen unter Umständen schwer, die Distanz zu wahren und nicht selbst in den Streit verwickelt zu werden (Bundeskonferenz für Erziehungsberatung e.V. 2012, 277). Darüber hinaus ist die Einbeziehung der Kinder in die Arbeit mit hoch strittigen Eltern eine Herausforderung. Das Kindeswohl muss hier als „Richtschnur der Fachlichkeit" gelten (Bundeskonferenz für Erziehungsberatung e.V. 2012, 289).

Hoch strittige Trennungen

Literaturempfehlungen zur Vertiefung des Themas:

Walper, Sabine/Schwarz, Beate (Hrsg.) (2002): Was wird aus den Kindern? Chancen und Risiken für die Entwicklung von Kindern aus Trennungs- und Scheidungsfamilien. 2. Aufl. Juventa, Weinheim/München

4.6 Migration, Transkulturalität und Familie

Etwa 19% der Bevölkerung der BRD sind aus anderen Staaten zugewandert. Damit haben aktuell etwa 15,6 Millionen Menschen einen Migrationshintergrund (Statistisches Bundesamt 2010). Anders als viele der vorgenannten Phänomene ist ein Migrationshintergrund nicht per se ein soziales Problem bzw. der problematische Charakter leuchtet nicht ohne Weiteres ein. Der Begriff Migrationshintergrund wird für sehr unterschiedliche *Migrationserfahrungen* verwendet. Nicht alle Menschen, die einen Migrations*hintergrund* haben, blicken selbst auf Migrations*erfahrungen* zurück, so z.B. die Kinder von zugewanderten Menschen. Gleichzeitig sind die Erfahrungen von sogenannten Arbeitsmigrantinnen und Arbeitsmigranten in weiten Teilen anders als die der in Europa lebenden Flüchtlinge (Hamburger 2009, 41f). Dem Thema Familien und Migration wird in der aktuellen sozialpädagogischen Fachdebatte noch wenig systematisch Aufmerksamkeit geschenkt, obwohl „Migration als Familienprojekt" (Pries 2011, 23) Auswirkungen auf alle Bereiche des Lebens haben kann. Für einige Gruppen von Familien ist die gleichzeitige Zugehörigkeit zu mehreren Kulturen eine allgemein geschätzte Ressource, für andere wiederum ein Dilemma. Wer hier nur auf den Aspekt der Ressourcen blickt – etwa im Sinne von „internationalen familialen Netzwerken" –, läuft Gefahr, die mit Migration für einige Familien verbundenen sozialen Benachteiligungen und stereotype Zuschreibungen zu übersehen (Leiprecht/Vogel 2008, 42). In den öffentlichen, medial geprägten Debatten über Zuwanderung von Familien in die EU insbesondere aus islamisch geprägten Ländern können wir vielmehr eine fast synonyme Verwendung des Begriffs Migration für eine Anhäufung verschiedener sozialer Probleme oder kriminellen Verhaltens feststellen. Dies wird der großen, aber gleichzeitig sehr heterogenen Gruppe von Menschen mit Migrationshintergrund in vielfacher Hinsicht nicht gerecht. Beispielsweise hilft eine differenziertere Analyse der statistischen Befunde zur Gewaltbereitschaft einerseits und andererseits zu Gewalt- und Diskriminierungserfahrungen, um zu sehen, dass Letztere bei Menschen mit Migrationshintergrund nicht selten eigenes Gewaltverhalten verstärken können (Baier 2011, 160).

Migrationshintergrund

Mit dem Konzept der *Transnationalität* sind insbesondere Kultur- und Warenströme über nationalstaatliche Grenzen hinaus ge-

Transnationalität

meint. So lässt sich in den letzten zwei Jahrzehnten eine Zunahme an transnationalen Sorge-, Pflege- und Betreuungsbeziehungen in Familien beobachten (Homfeldt/Schröer/Schweppe 2008, 12). Ein bekanntes Beispiel hierfür ist die steigende Zahl der Haushalts- und Pflegekräfte mit Migrationshintergrund in der EU, die den in den reicheren Mitgliedsstaaten steigenden Bedarf an privater Care-Arbeit abdecken sollen. Gleichzeitig verändert die geforderte Arbeitsmobilität der Haushalts- und Pflegekräfte die Familiendynamiken in ihren eigenen Familien dramatisch.

Transkulturalität und Soziale Dienste

In den gängigen Fachdebatten zur Gestaltung Sozialer Dienste gewinnt in Abgrenzung zur sogenannten *Interkulturellen Pädagogik* das Konzept der *Transkulturalität* an Bedeutung. Während die Interkulturelle Pädagogik von einem gleichberechtigten Dialog mehr oder weniger statischer Kulturen ausgeht, sollen transkulturell ausgerichtete Soziale Dienste diese Beschränkung auf kulturelle Einheiten – oftmals als nationalstaatliche Einheiten missverstanden – versuchen zu überwinden (Leiprecht/Vogel 2008, 28; Hamburger 2009, 145). Eine transkulturelle Soziale Arbeit mit Familien wird versuchen Zugangsbarrieren auf unterschiedlichen Ebenen abzubauen. Solche Barrieren können seitens der Sozialen Dienste in ihren Strukturen begründet sein (Öffnungszeiten oder Beratungsansätze), auf Seiten der Mitarbeiter (z.B. die Furcht vor Mehrbelastungen durch transkulturelle Arbeit) oder aber auf Seiten der Menschen mit Migrationshintergrund (generelle Skepsis gegenüber Behörden/Sorge vor der Weitergabe von Daten an Ausländerbehörden) vorhanden sein (Gaitanides 2006, 225f). Beispielsweise ist es hier wichtig, dass das Jugendamt und die freien Träger die betroffenen Familien gut über das gesamte Hilfesystem, ihren Auftrag und den Datenschutz informieren. Bei Sprachbarrieren sollten professionelle Dolmetscherinnen und Dolmetscher einbezogen werden, um die Kinder der betroffenen Eltern nicht zusätzlich in Rollenkonflikte zu bringen (Süzen 2011, 394).

Gefahr der Ethnisierung

Viele Merkmale professioneller Sozialer Arbeit mit Familien müssen in der Arbeit mit Familien mit Migrationshintergrund nicht neu erfunden werden (z.B. der respektvolle Umgang, das Bemühen um Verständigung, gutes Zuhören, weitreichende Beteiligung), müssen aber hier besonders sensibel eingesetzt werden. Um der Gefahr der ethnisierenden Zuschreibung von Differenzen vorzubeugen, ist der Wert von „Basiswissen über (…) Kultur, Werte, Normen, Religion, Geschlechterrollen“ (Süzen 2011, 395) zu diskutieren.

Literaturempfehlungen zur Vertiefung des Themas:

Fischer, Veronika/Springer, Monika (Hrsg.) (2011): Handbuch Migration und Familie: Grundlagen für die soziale Arbeit mit Familien. Wochenschau-Verl., Schwalbach/Ts.

Gaitanides, Stefan (2006): Interkulturelle Öffnung der sozialen Dienste. In: Otto, Hans-Uwe/Schrödter, Mark (Hrsg.): Soziale Arbeit in der Migrationsgesellschaft. Neue Praxis, Lahnstein, 222–234

Familie Werner: Wenn eine Familie in Problemen zu ertrinken scheint

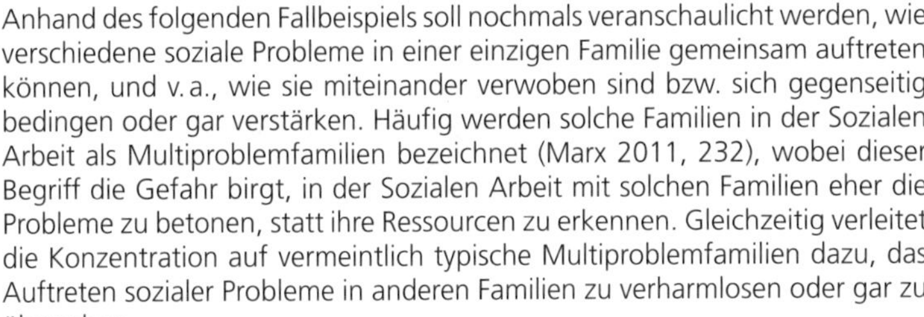

Anhand des folgenden Fallbeispiels soll nochmals veranschaulicht werden, wie verschiedene soziale Probleme in einer einzigen Familie gemeinsam auftreten können, und v. a., wie sie miteinander verwoben sind bzw. sich gegenseitig bedingen oder gar verstärken. Häufig werden solche Familien in der Sozialen Arbeit als Multiproblemfamilien bezeichnet (Marx 2011, 232), wobei dieser Begriff die Gefahr birgt, in der Sozialen Arbeit mit solchen Familien eher die Probleme zu betonen, statt ihre Ressourcen zu erkennen. Gleichzeitig verleitet die Konzentration auf vermeintlich typische Multiproblemfamilien dazu, das Auftreten sozialer Probleme in anderen Familien zu verharmlosen oder gar zu übersehen.

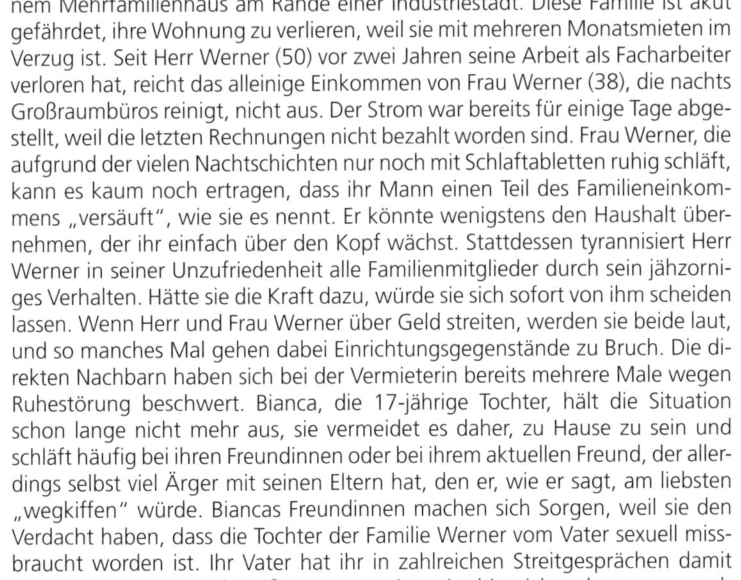

Die vierköpfige Familie Werner wohnt in einer Dreizimmerwohnung in einem Mehrfamilienhaus am Rande einer Industriestadt. Diese Familie ist akut gefährdet, ihre Wohnung zu verlieren, weil sie mit mehreren Monatsmieten im Verzug ist. Seit Herr Werner (50) vor zwei Jahren seine Arbeit als Facharbeiter verloren hat, reicht das alleinige Einkommen von Frau Werner (38), die nachts Großraumbüros reinigt, nicht aus. Der Strom war bereits für einige Tage abgestellt, weil die letzten Rechnungen nicht bezahlt worden sind. Frau Werner, die aufgrund der vielen Nachtschichten nur noch mit Schlaftabletten ruhig schläft, kann es kaum noch ertragen, dass ihr Mann einen Teil des Familieneinkommens „versäuft", wie sie es nennt. Er könnte wenigstens den Haushalt übernehmen, der ihr einfach über den Kopf wächst. Stattdessen tyrannisiert Herr Werner in seiner Unzufriedenheit alle Familienmitglieder durch sein jähzorniges Verhalten. Hätte sie die Kraft dazu, würde sie sich sofort von ihm scheiden lassen. Wenn Herr und Frau Werner über Geld streiten, werden sie beide laut, und so manches Mal gehen dabei Einrichtungsgegenstände zu Bruch. Die direkten Nachbarn haben sich bei der Vermieterin bereits mehrere Male wegen Ruhestörung beschwert. Bianca, die 17-jährige Tochter, hält die Situation schon lange nicht mehr aus, sie vermeidet es daher, zu Hause zu sein und schläft häufig bei ihren Freundinnen oder bei ihrem aktuellen Freund, der allerdings selbst viel Ärger mit seinen Eltern hat, den er, wie er sagt, am liebsten „wegkiffen" würde. Biancas Freundinnen machen sich Sorgen, weil sie den Verdacht haben, dass die Tochter der Familie Werner vom Vater sexuell missbraucht worden ist. Ihr Vater hat ihr in zahlreichen Streitgesprächen damit gedroht, sie „rauszuschmeißen", wenn sie weiterhin nicht oder nur unregelmäßig nach Hause kommt und ihre Ausbildung nicht erfolgreich abschließt. Er verdächtigt sie, mit ihrem Freund Haschisch zu rauchen. Der Ausbilder der Tochter hat schon mehrfach bei ihren Eltern angerufen, weil sie zu spät zur Arbeit oder gar nicht erschienen ist. Der 8-jährige Sohn der Familie Werner, Sebastian, scheint die Situation ganz gut wegzustecken. Allerdings nässt er nachts immer noch ein, wofür er sich sehr schämt. Ein Beratungsgespräch mit seiner Lehrerin wegen der nachlassenden Leistungen in der Schule ist mehrfach ausgefallen, weil Frau Werner kurzfristig für eine Kollegin die Tagschicht übernehmen musste. Gern hätte die Lehrerin Frau Werner auch auf die blauen Flecke an Sebastians Arm angesprochen; der Junge sagt, dass er von den Mitschülern verprügelt worden ist. Die Lehrerin überlegt, ob sie sich nicht an das zuständige Jugendamt wenden muss, wenn Frau Werner nicht bald zu einem vereinbarten Termin erscheint.

4.7 Übungsaufgaben zu Kapitel 4

Aufgabe 1 Versuchen Sie zunächst eine Art Prioritätenliste zu erstellen, welche von Ihnen als Fachkraft identifizierten Probleme bzw. Problemkonstellationen aus fachlicher Sicht als Erstes bearbeitet werden müssen. Welche Ressourcen der einzelnen Familienmitglieder können hierbei hilfreich sein?

Aufgabe 2 Versuchen Sie anhand der Ihnen bekannten und der in Kapitel 6 dargestellten Sozialpädagogischen Einrichtungen eine Übersicht der möglicherweise beteiligten Einrichtungen zu erstellen, die im Fall Werner aktiv sind. Wenn Sie in einer Gruppe arbeiten, vereinbaren Sie eine Art Konferenz aller beteiligten Einrichtungen, in der Sie sich über die notwendigen Schritte verständigen. Denken Sie dann auch darüber nach, wie Sie gemeinsam die unterschiedlichen Interventionen koordinieren!

Aufgabe 3 Diskutieren Sie, welche gesellschaftlichen Ursachen zur Verschärfung der Lage bei Familie Werner beitragen und was von öffentlicher Seite dabei getan werden kann, um Familien wie Familie Werner gar nicht erst in eine solche Lage kommen zu lassen.

5 Rechtliche Grundlagen der Sozialen Arbeit mit Familien

Recht in modernen Gesellschaften

„Positives Recht" – also von Menschen festgesetzte, abstrakte Vorschriften – legt in modernen Gesellschaften grundlegende Verhaltensnormen und Verbindlichkeiten für das soziale Zusammenleben fest: Rechtliche Regelungen durchdringen z.B. Politik, Arbeitswelt und Wirtschaft, aber auch private Bereiche wie Familie. Rechtsvorschriften dienen dabei der Herstellung von gesellschaftlicher Ordnung. Sie garantieren z.B. grundlegende Sicherheiten, die für die Erhaltung des gesellschaftlichen Zusammenhalts notwendig sind – das kann der Schutz der körperlichen und geistigen Unversehrtheit sein oder der Schutz des Privateigentums. Diese Sicherheiten werden nicht zuletzt dadurch garantiert, dass Rechtsnormen staatlich überwacht, Rechtsbrüche geahndet und Rechtsansprüche letztendlich auch mit Zwangsmitteln durchgesetzt werden. Dabei sind die Besonderheiten des Einzelfalls nur von sehr begrenzter Bedeutung: Rechtlich gilt es nur zu prüfen, ob ein Einzelfall bestimmte Kriterien (die „Tatbestandsmerkmale") eines rechtlich definierten „Tatbestands" (z.B. Vaterschaft) erfüllt und ob deshalb bestimmte Rechtsfolgen eintreten bzw. durchzusetzen sind (z.B. Unterhaltspflichten). Was nicht in die vorgefertigten Kategorien des Rechts passt, mag Richter, Anwälte oder Polizisten persönlich berühren – für ihre Arbeit muss es aber folgenlos bleiben. Nicht umsonst trägt Justitia als Allegorie des Rechts eine Augenbinde – urteilt sie doch ohne „Ansehen der Person", d.h. aller Merkmale, die für die Tatbestandsfeststellung irrelevant sind.

Recht und Soziale Arbeit

Sozialer Arbeit geht es demgegenüber um die Verbesserung der Lebenssituation einzelner Menschen in ihren besonderen Lebensumständen. Sozialpädagogen befassen sich mit dem Verstehen des Einzelfalls und identifizieren sich folglich mit „weichen" hermeneutischen Methoden der Fallarbeit. Recht mit seinen „harten", abstrakten, generalisierenden Normen und den ihm verfügbaren Zwangsmitteln wird deshalb oft als „Fremdkörper" in der Sozialen Arbeit wahrgenommen (Falterbaum 2003; Burghardt 2001). Doch es gibt auch erstaunliche Ähnlichkeiten sowie enge Zusammenhänge zwischen Recht und Sozialer Arbeit: Wie das Recht mittels der Festlegung von Rechtsnormen versucht, soziale Ordnung und Integration der Individuen in modernen, komplexen und durch Vielfalt geprägten Gesellschaften zu garantieren, so agiert auch die Soziale Arbeit an der Grenze zwischen Gesellschaft und Individuum und versucht ebenso, gesellschaftlichen Zusammenhalt und Integration zu gewährleisten – nur eben mit sozialpädagogischen Mitteln (ähnlich Burghardt 2001). Umgekehrt hat der Gedanke der Erziehung und Besserung seit Beginn des 19. Jahrhunderts Eingang ins Strafrecht gefunden und den Gedanken des Strafens um der Strafe willen verdrängt, wie beispielsweise Michel Foucault (1995) in seiner Studie über die „Geburt des Gefängnisses" zeigt. Schließlich ist es aber auch so, dass Soziale Arbeit als Berufsfeld überhaupt erst im Zuge der Vergesellschaftung von Erziehung entstanden ist – d.h. durch die „Auslagerung" von Erziehungsaufgaben aus der Familie bzw. lokalen Gemeinschaften in staatliche Obhut und gesellschaftliche Institutionen. Diese Vergesellschaftung ist nur mithilfe rechtlicher Regelungen denkbar: Denn immer dann, wenn informelle Sorge in der Familie oder einer lokalen Gemeinschaft durch öffentliche formelle Sorge (siehe dazu *Kapitel 2.3*) ergänzt oder ersetzt wird, müssen Regelungen für die Leistungserbringung sowie die Inanspruchnahme von Leistungen entwickelt werden, damit diese zuverlässig, gleich und gerecht erbracht werden können.

Verrechtlichung des Sozialen

Man spricht in diesem Zusammenhang auch von einer *Verrechtlichung des Sozialen,* ohne die Soziale Arbeit in ihrer heutigen Form und ihrem heutigen Umfang nicht möglich wäre. Denn Rechtsvorschriften ermöglichen Soziale Arbeit, indem sie

1 die Aufbringung und Verteilung der Finanzmittel regeln, welche für die Erbringung öffentlicher Sorge-, Bildungs- und Erziehungsleistungen nötig sind,
2 die Gründung von Organisationen erlauben und deren Handlungsweisen regeln, die diese Leistungen verlässlich und dauerhaft erbringen,
3 Anforderungen und Qualitätsstandards festlegen und
4 Konflikte um die Leistungserbringung und Leistungsansprüche verbindlich regeln (Falterbaum 2003, 12f).

Durch die Verrechtlichung werden Sorge-, Erziehungs- und Bildungsleistungen immer zuverlässiger erbracht, sie sind aber auch immer weniger eine „rein private" Angelegenheit der Familie. Kritisiert wird an der Verrechtlichung des Sozialen deshalb zweierlei: Erstens wird die Gefahr gesehen, dass sich die Gesellschaft bzw. der Staat zu sehr in private Angelegenheiten einmischt und Menschen der Freiheit beraubt, ihr Privatleben so zu gestalten, wie es ihnen gefällt. Zweitens wird manchmal befürchtet, dass eine zu umfassende Übernahme von Sorge-, Bildungs- und Erziehungsarbeit durch den Staat dazu führen könnte, dass Familien und lokale Gemeinschaften sich der Verantwortung für diese Aufgaben entziehen.

5.1 Normative Grundlagen

elterliches Erziehungsrecht und elterliche Erziehungspflicht

staatliches Wächteramt

Die wichtigsten normativen (wertsetzenden) Rechtsgrundlagen für die Soziale Arbeit mit Familien regeln deswegen auch das Verhältnis von Staat und Familie. In Deutschland wird dieses Verhältnis durchs Grundgesetz (Art. 6 Abs. 2 GG) grundlegend geregelt. Hierin wird in Satz 1 festgelegt, dass es in erster Line („zuvörderst") das Recht *und* die Pflicht der Eltern ist, für die Pflege und Erziehung ihrer Kinder zu sorgen. Satz 2 dieses Artikels macht dagegen die Rolle des Staates deutlich: Es heißt nämlich im Weiteren, dass der Staat über „deren Betätigung" (also die Wahrnehmung der Elternrechte und -pflichten) wacht. Wenn die Eltern also ihre Elternrechte und -pflichten nicht „ordnungsgemäß" wahrnehmen – und *nur* dann –, ist staatliches Eingreifen in die Elternrechte möglich bzw. geboten. Art. 6 Abs. 1 GG legt zudem fest, dass Ehe und Familie unter besonderem staatlichen Schutz stehen. Daraus wird in der Rechtsprechung zum einen das Gebot abgeleitet, dass der Staat Familie und Ehe fördern soll, und zum anderen das Verbot, Familie und Ehe durch staatliche Maßnahmen zu schädigen oder gegenüber anderen Lebensformen zu benachteiligen (Wabnitz 2012 a, 19).

Schutz und Förderung der Familie durch den Staat

Normative Grundlagen für die Soziale Arbeit mit Familien I: Grundgesetz

Art. 6 Abs. 1 GG: „Ehe und Familie stehen unter dem besonderen Schutze der staatlichen Ordnung."

Art. 6 Abs. 2 GG: „Pflege und Erziehung der Kinder sind das natürliche Recht der Eltern und die zuvörderst ihnen obliegende Pflicht. Über ihre Betätigung wacht die staatliche Gemeinschaft."

Art. 6 Abs. 3 GG: „Gegen den Willen der Erziehungsberechtigten dürfen Kinder nur auf Grund eines Gesetzes von der Familie getrennt werden, wenn die Erziehungsberechtigten versagen oder wenn die Kinder aus anderen Gründen zu verwahrlosen drohen."

Dies mag zunächst alles recht abstrakt klingen, ist jedoch von grundlegender Bedeutung für Soziale Arbeit mit Familien: Denn zum einen begründet das Gebot, Familien zu fördern, vielfältige u.a. auch sozialpädagogische Leistungen zur Förderung der Familie, die freiwillig in Anspruch genommen werden können. Zum anderen ist jedoch auch deutlich festgelegt, dass Familien zur Inanspruchnahme von familienunterstützenden, familienergänzenden oder familienersetzenden Maßnahmen nur dann verpflichtet werden können und auch andere staatliche Eingriffe in das Familienleben nur zulässig sind, wenn (gerichtlich) festgestellt wird, dass die Eltern ihren elterlichen Pflichten nicht nachkommen. Sowohl die Elternrechte und -pflichten als auch die Eingriffsrechte des Staates werden im Familienrecht (Bürgerliches Gesetzbuch (BGB) 4. Buch) sowie im Kinder- und Jugendhilferecht (Sozialgesetzbuch 8. Buch (SGB VIII)) genauer bestimmt – ein Teil dieser Reglungen wird im Weiteren dargestellt.

Recht des Kindes auf Förderung und Erziehung

§ 1 SGB VIII legt (neben der – wortgleichen – Wiederholung des Art. 6 Abs. 2 GG) komplementär zu den Erziehungs- und Fürsorgerechten und -pflichten der Eltern das Recht eines jeden Kindes und Jugendlichen auf „Förderung seiner Entwicklung und auf Erziehung zu einer eigenverantwortlichen und gemeinschaftsfähigen Persönlichkeit" fest. Mit dem Begriff der „eigenverantwortlichen und gemeinschaftsfähigen Persönlichkeit" wird die doppelte – individuelle sowie soziale – Zielsetzung der Kinder- und Jugendhilfe rechtlich fixiert, die typisch für sozialpädagogische Maßnahmen insgesamt ist. Diese Norm legitimiert die vielfältigen Förderangebote für Kinder und Jugendliche, gibt aber auch erste Hinweise, wann ein Eingriff des Staates gerechtfertigt ist: wenn die Entwicklung von Kindern und Jugendlichen deutlich gefährdet ist. Im BGB wird dies genauer geregelt: § 1666 BGB legitimiert Eingriffe des Staates (darunter auch die Verpflichtung, sozialpädagogische Leistungen in Anspruch zu nehmen), wenn „das körperliche, geistige oder seelische Wohl des Kindes oder sein Vermögen gefährdet [ist] und die Eltern nicht gewillt oder nicht in der Lage [sind], die Gefahr abzuwenden".

Kindeswohlgefährdung

Nur eine *Kindeswohlgefährdung* rechtfertigt also Eingriffe des

Staates – eine ausschließliche Benachteiligung eines z.B. in Armut aufwachsenden Kindes gegenüber anderen Kindern reicht nicht aus. Schließlich werden in Abs. 3 SGB VIII die Aufgaben der Jugendhilfe nochmals detaillierter beschrieben: Neben der Gefahrenabwehr soll die Entwicklung von jungen Menschen direkt sowie indirekt – über die Unterstützung der Eltern bei der Erziehung und die Herstellung kinder- und familienfreundlicher Lebensumwelten – gefördert werden.

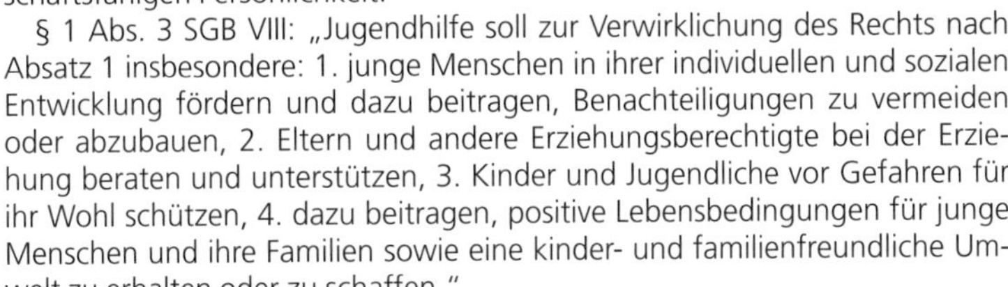

Normative Grundlagen für die Soziale Arbeit mit Familien II: SGB VIII

§ 1 Abs. 1 SGB VIII: „Jeder junge Mensch hat ein Recht auf Förderung seiner Entwicklung und auf Erziehung zu einer eigenverantwortlichen und gemeinschaftsfähigen Persönlichkeit."

§ 1 Abs. 3 SGB VIII: „Jugendhilfe soll zur Verwirklichung des Rechts nach Absatz 1 insbesondere: 1. junge Menschen in ihrer individuellen und sozialen Entwicklung fördern und dazu beitragen, Benachteiligungen zu vermeiden oder abzubauen, 2. Eltern und andere Erziehungsberechtigte bei der Erziehung beraten und unterstützen, 3. Kinder und Jugendliche vor Gefahren für ihr Wohl schützen, 4. dazu beitragen, positive Lebensbedingungen für junge Menschen und ihre Familien sowie eine kinder- und familienfreundliche Umwelt zu erhalten oder zu schaffen."

Spannungsfelder in der sozialen Arbeit mit Familien

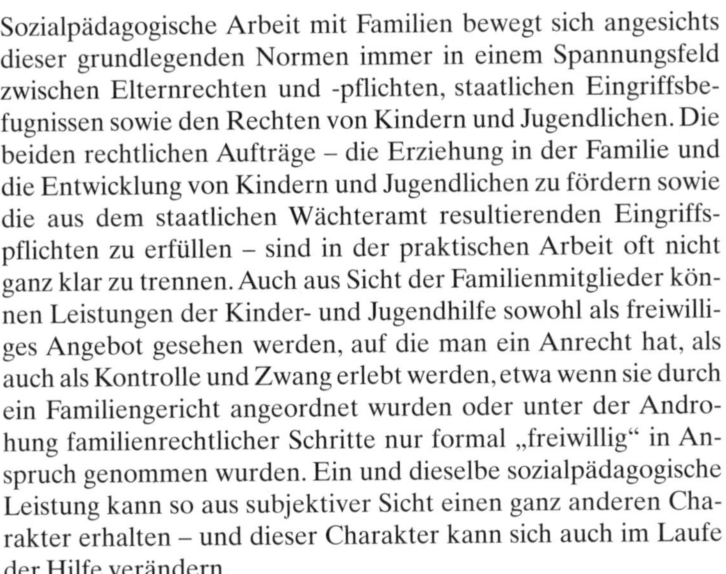

Sozialpädagogische Arbeit mit Familien bewegt sich angesichts dieser grundlegenden Normen immer in einem Spannungsfeld zwischen Elternrechten und -pflichten, staatlichen Eingriffsbefugnissen sowie den Rechten von Kindern und Jugendlichen. Die beiden rechtlichen Aufträge – die Erziehung in der Familie und die Entwicklung von Kindern und Jugendlichen zu fördern sowie die aus dem staatlichen Wächteramt resultierenden Eingriffspflichten zu erfüllen – sind in der praktischen Arbeit oft nicht ganz klar zu trennen. Auch aus Sicht der Familienmitglieder können Leistungen der Kinder- und Jugendhilfe sowohl als freiwilliges Angebot gesehen werden, auf die man ein Anrecht hat, als auch als Kontrolle und Zwang erlebt werden, etwa wenn sie durch ein Familiengericht angeordnet wurden oder unter der Androhung familienrechtlicher Schritte nur formal „freiwillig" in Anspruch genommen wurden. Ein und dieselbe sozialpädagogische Leistung kann so aus subjektiver Sicht einen ganz anderen Charakter erhalten – und dieser Charakter kann sich auch im Laufe der Hilfe verändern.

Leistungen der Kinder- und Jugendhilfe

Obwohl auch die Leistungen der Kinder- und Jugendhilfe oft im Spannungsfeld zwischen Hilfe und Kontrolle erbracht werden, lassen sich im SGB VIII recht klar *Leistungsvorschriften* identifizieren, welche Leistungsansprüche sowie mögliche Leistungsformen festlegen. Diese Leistungen werden auf der Basis des Subsidiaritätsprinzips (freie Träger vor öffentlichen Trägern, § 4 Abs. 2 SGB VIII) vom öffentlichen Träger als Kostenträger genehmigt und finanziert, aber häufig von freien Trägern erbracht.

„andere Aufgaben" der Kinder- und Jugendhilfe

Gegenüber den Leistungsvorschriften umfassen die unter „anderen Aufgaben“ versammelten Vorschriften der Kinder- und Jugendhilfe als eine „Restekategorie“ recht unterschiedliche Aspekte. Neben Verwaltungsaufgaben und den Pflichten zur Mitwirkung in Gerichtsverfahren werden hier auch die Aufgaben zum staatlichen Schutz von Kindern und Jugendlichen im Rahmen des *staatlichen Wächteramtes* beschrieben. Für diese Aufgaben werden die freien Träger natürlich auch in die Pflicht genommen – insbesondere müssen sie Informationspflichten gegenüber dem Jugendamt nachkommen. Letztendlich muss im Rahmen des Schutzauftrags jedoch das Jugendamt als staatliche Behörde (hoheitliche Aufgabe) tätig werden und den Schutz von Kindern und Jugendlichen (ggf. in Zusammenarbeit mit Familiengerichten) garantieren.

5.2 Familienbezogene Leistungen der Kinder- und Jugendhilfe

Die Leistungen der Kinder- und Jugendhilfe werden in § 2 Abs. 2 SGB VIII benannt und im 2. Kapitel des SGB VIII in den §§ 11–41 genauer dargestellt. Diese Paragrafen stellen als „Leistungskatalog“ ein Kernstück des Gesetzes dar und bilden die rechtliche Grundlage für die vielfältigen von sozialpädagogischen Organisationen erbrachten Leistungen.

Objektive Rechtsverpflichtungen und subjektive Rechtsansprüche

Innerhalb dieses Leistungskatalogs gilt es, rechtlich zwei verschiedene Arten der Leistungsfestlegung zu unterscheiden: Zum einen werden in sogenannten *objektiven Rechtsverpflichtungen* Leistungen bestimmt, welche die Träger der öffentlichen Jugendhilfe anbieten bzw. vorhalten müssen, sofern diese nicht von freien Trägern erbracht werden. Dabei kann man noch weiter unterscheiden, ob diese laut Gesetzestext angeboten werden „müssen“ (gesetzliche Verpflichtung), „sollen“ (also nur in begründungspflichtigen Ausnahmen darauf verzichtet werden darf) oder „können“ (freiwillige Angebote). Aus diesen objektiven Rechtsverpflichtungen ergibt sich noch kein subjektives Recht, diese Leistungen zu beziehen. Im SBG VIII werden aber auch explizit *subjektive Rechtsansprüche* auf bestimmte Leistungen formuliert. Diese aus der Perspektive der Adressaten formulierten Rechte sind im Einzelfall einklagbar. Auch bei den subjektiven Rechtsansprüchen gibt es allerdings neben unbedingten Rechtsansprüchen (muss) auch Regelrechtsansprüche (soll), von denen begründet abgewichen werden kann.

Jugendhilfeleistungen unterstützen, ergänzen, ersetzen Familie

Alle Leistungen der Kinder- und Jugendhilfe sind *im Prinzip* familienbezogen, da sie ihrem Sinn nach Familien bei der Erfüllung ihrer Erziehungs- und Fürsorgepflichten *unterstützen*, sie bei der Erfüllung dieser Aufgaben auf verschiedene Art und Weise *ergänzen* und schließlich im äußersten Fall auch *ersetzen*. Doch handelt es sich deshalb bei allen Kinder- und Jugendhilfeleistungen um Soziale Arbeit mit Familien im engeren Sinne? Offenbar stimmt dies nur begrenzt, denn es geht in der Kinder- und Jugendhilfe nicht immer um die Unterstützung des gesamten Familiensystems bei der Bewältigung familienbezogener Aufgaben, Konflikte und sozialer Probleme. Insbesondere bei familienersetzenden Maßnahmen (wie etwa in der Heimerziehung) sowie bei einigen der familienergänzenden Maßnahmen (etwa der Kinder- und Jugendarbeit oder der Kindertageseinrichtungen) steht die Arbeit mit Kindern und Jugendlichen im Zentrum. Soziale Arbeit mit Familien wird in Kindertageseinrichtungen oder in Heimen nur in begrenztem Umfang in Form expliziter Familien- oder Elternarbeit geleistet. Dagegen ist Soziale Arbeit mit Familien im Sinne unserer Definition das Kerngeschäft familienunterstützender Leistungen, da hier im wortwörtlichen Sinne mit Familien gearbeitet wird.

Leistungen der Sozialen Arbeit mit Familien

Schaut man mit diesem Blick auf den Leistungskatalog der Kinder- und Jugendhilfe, dann ergibt sich das in Tab. 5.1 dargestellte Bild: Soziale Arbeit mit Familien im engeren Sinne wird v.a. im Bereich der präventiven familienunterstützenden Leistungen, die unter dem Titel *Förderung der Erziehung in der Familie* (§§ 16–21) zusammengefasst sind, geleistet sowie in den ambulanten Formen der *Hilfen zur Erziehung* (§§ 27–35), welche einen Verbleib des Kindes in der Familie trotz drohender Kindeswohlgefährdung ermöglichen sollen. Die Leistungen aus den Gesetzesabschnitten zur *Förderung von Kindern in Tageseinrichtungen und in Kindertagespflege* sowie zu *Jugendarbeit, Jugendsozialarbeit und erzieherischem Kinder- und Jugendschutz* dagegen werden im Folgenden nicht beschrieben, da es sich hierbei nicht

Tab. 5.1: Übersicht über Leistungsbereiche und Leistungen der Jugendhilfe sowie ihren Familienbezug

Leistungsbereich im KJHG / Familienbezug	Hilfen zur Erziehung	Förderung der Erziehung in der Familie	Jugendarbeit, Jugendsozialarbeit, erzieherischer Kinder- und Jugendschutz	Förderung von Kindern in Tageseinrichtungen und in Kindertagespflege
unterstützend	§ 28 Erziehungsberatung § 30 Erziehungsbeistand § 31 Sozialpädagogische Familienhilfe	§ 17 Beratung in Fragen der Partnerschaft, Trennung und Scheidung § 18 Beratung und Unterstützung bei der Ausübung der Personensorge und des Umgangsrechts § 19 Gemeinsame Wohnformen für Mütter/Väter und Kinder	§ 14 Erzieherischer Kinder- und Jugendschutz (Abs. 2, Nr. 2: Eltern zum Schutz der Kinder befähigen)	
ergänzend	§ 32 Erziehung in einer Tagesgruppe § 29 Soziale Gruppenarbeit	§ 20 Betreuung und Versorgung des Kindes in Notsituationen § 21 Unterstützung bei notwendiger Unterbringung zur Erfüllung der Schulpflicht	§ 11 Jugendarbeit § 12 Förderung der Jugendverbände § 13 Jugendsozialarbeit § 14 Erzieherischer Kinder- und Jugendschutz (Abs. 2, Nr. 1: Junge Menschen zum Selbstschutz befähigen)	§§ 22–26 Kindergärten und Tagespflege bei Tagesmüttern
ersetzend	§ 33 Vollzeitpflege § 34 Heimerziehung, sonstige betreute Wohnform § 35 Intensive sozialpädagogische Einzelbetreuung			

[grau schattiert] = Soziale Arbeit mit Familien im engeren Sinne

um Soziale Arbeit mit Familien im engeren Sinne handelt. Es sei hier nur angemerkt, dass diese Maßnahmen einen nicht unerheblichen Beitrag zur Unterstützung der Familien bei der Erziehung, Bildung und Pflege von Kindern und Jugendlichen leisten. Die Einbeziehung der Eltern wird bei diesen Leistungen zwar meist gefordert und in Form von Elternarbeit auch realisiert, spielt aber insgesamt eine eher untergeordnete Rolle. Ähnlich steht auch bei der *Sozialen Gruppenarbeit* – einer Hilfe zur Erziehung nach § 29, die älteren Kindern und Jugendlichen mit „Entwicklungsschwierigkeiten und Verhaltensproblemen" durch „soziales Lernen in der Gruppe" fördern soll – die Arbeit mit dem Kind oder Jugendlichen im Vordergrund.

Familienunterstützende Leistungen

Das SGB VIII (bzw. das Kinder- und Jugendhilfegesetz (KJHG)) ist von den Prinzipien „Prävention vor Intervention“ und „Hilfe vor Eingriff“ geprägt. Gegenüber dem Jugendwohlfahrtsgesetz, das von 1961 bis 1991 in Deutschland die Familien- und Jugendhilfe regelte und Reichsjugendwohlfahrtsgesetz von 1922 zurückreicht, etablierte das SGB VIII eine breite Palette präventiver, fördernder und unterstützender Maßnahmen für Familien. Diese Angebote sind Ausdruck der Forderung nach präventiven sozialpädagogischen Leistungen seit den 1960er Jahren und ihre rechtlichen Festschreibung kann durchaus als Erfolg der Kritik an den historisch weitaus älteren institutionalisierten Hilfeformen in Heimen und ähnlichen Einrichtungen jenseits der Familie verstanden werden.

Präventions- und Hilfegedanke des SGB VIII

Die breite Palette der familienunterstützenden Angebote und Maßnahmen finden sich, wie bereits dargestellt, in zwei Abschnitten des SGB VIII: in den Maßnahmen zur *Förderung der Erziehung in der Familie* sowie in Teilen der *Hilfen zur Erziehung*.

Förderung der Erziehung in der Familie

Unter dem Titel *Förderung der Erziehung in der Familie* werden in den §§ 16–21 explizit familienunterstützende Beratungs- und Förderungsangebote von recht unterschiedlichem Charakter und für recht unterschiedliche Zielgruppen aufgeführt, die auf eine Unterstützung und Verbesserung der vorhandenen Familienstrukturen und Erziehungsleistungen abzielen.

Familienbildung und Familienerholung

Das umfassendste Arbeitsfeld in diesem Bereich wird von § 16 geregelt, der auf die Bereitstellung von Angeboten zur *allgemeinen Förderung der Erziehung in der Familie* abzielt. Hierbei handelt es sich um eine typische *objektive Rechtsverpflichtung* mit *Sollcharakter*: „Müttern, Vätern, anderen Erziehungsberechtigten und jungen Menschen“, so § 16 Abs. 1, „sollen Leistungen der allgemeinen Förderung der Erziehung in der Familie angeboten werden.“ Diese Angebote sollen laut Gesetz insbesondere „dazu beitragen, dass Mütter, Väter und andere Erziehungsberechtigte ihre Erziehungsverantwortung besser wahrnehmen können“ und Wege zur gewaltfreien Lösung von Konflikten in der Familie aufzeigen. Dazu zählen insbesondere Angebote der Familienbildung und -beratung sowie Freizeit- und Erholungsangebote für Familien. Familienbildungsstätten, Beratungsstellen, Familienfreizeit- und Erholungsstätten sind die wohl wichtigsten Organisationen in den lokalen Angebotsstrukturen (siehe dazu *Kapitel 6.3* und

Kapitel 6.6). Art und Umfang der Angebote fallen jedoch lokal recht unterschiedlich aus, da kein subjektiver Rechtsanspruch auf Leistungen aus diesem Bereich vorliegt, der Adressatenkreis der präventiven Bildungs- und Freizeitangebote nicht besonders differenziert beschrieben wird und Näheres durch bislang weitgehend fehlende Landesgesetze geregelt werden soll.

Beratungsleistungen und Recht auf Beratung

Ganz anders sieht dies bei *Beratungsleistungen* aus, die in den §§ 17 und 18 geregelt werden. So haben nach § 17 „Mütter und Väter […] im Rahmen der Jugendhilfe Anspruch auf Beratung in Fragen der Partnerschaft, wenn sie für ein Kind oder einen Jugendlichen zu sorgen haben oder tatsächlich sorgen." Hier liegt sowohl ein *subjektives* einklagbares *Recht* als auch eine *Mussbestimmung* vor. Sofern Väter und Mütter über das Sorgerecht für Kinder verfügen oder alltäglich für ein Kind sorgen, muss ihnen eine Kommune auf Anfrage Beratungsangebote zur Verfügung stellen. Die Beratung nach § 17 richtet sich dabei vornehmlich an Eltern und soll dazu beitragen, (1) ein partnerschaftliches Zusammenleben in der Familie zu fördern, (2) Konflikte und Krisen zu bewältigen und (3) bei Trennung und Scheidung bei der Erarbeitung eines „einvernehmlichen Konzepts für die Wahrnehmung der elterlichen Sorge" zu unterstützen (§ 17 Abs. 2). § 18 benennt neben dem allgemeinen Anspruch auf Beratung von Eltern fünf weitere recht spezifische Beratungsrechte: So haben ein Recht auf Beratung und Unterstützung (1) alleinerziehende Mütter und Väter in Sorgerechts- und Unterhaltsangelegenheiten, (2) Mütter und Väter bei der Übertragung von Sorgerechten (Sorgerechtserklärung nach § 1626 BGB), (3) Kinder und Jugendliche sowie (4) Eltern und andere Umgangsberechtigte (enge Bezugspersonen) bei Fragen des Umgangsrechts nach § 1684, 1685 BGB (z.B. Ermöglichung des Umgangs mit dem nicht sorgeberechtigten Vater) und (5) junge Volljährige bei der Geltendmachung von Unterhalt.

Familienrecht: enge Verzahnung von BGB und SGB VIII

Deutlich wird an dieser Stelle die enge Verzahnung von SGB VIII und familienrechtlichen Regelungen im BGB, der eine enge Zusammenarbeit von Jugendamt und Familiengerichten entspricht.

Z.B. betonen die Vorschriften zur elterlichen Sorge im

BGB (§§ 1626ff) im Scheidungsfall das Ziel, möglichst „einvernehmliche“ Sorgerechtsregelungen zu treffen, was sich wiederum mit den in § 17 Abs. 2 SGB VIII verankerten Zielen deckt (s.o.). Damit einvernehmliche Sorgerechtsregelungen frühzeitig gefunden werden können, müssen Familiengerichte nach § 17 Abs. 3 beim Eingang eines Antrags auf Scheidung das Jugendamt informieren, damit dieses die Eltern über Beratungsangebote nach § 17 informieren kann. Noch weitreichender sind die Verknüpfungen des § 18 zum BGB. Hier geht es nicht nur um Beratung und Unterstützung in Sorgerechtsangelegenheiten, sondern auch um Umgangsrechte, Unterhaltsansprüche und Unterhaltspflichten.

Das **Sorgerecht** (§§ 1626ff, 1671ff BGB) regelt Fragen der Personensorge (wer darf und muss ein Kind/einen Jugendlichen erziehen und pflegen, beaufsichtigen, dessen Aufenthaltsort bestimmen, dessen Umgang mit anderen Personen in bestimmten Grenzen regeln, Entscheidungen bezüglich der Ausbildung und der Gesundheitspflege treffen?) sowie der Vermögenssorge (wer verwaltet das Vermögen des Kindes zu dessen Wohl?). **Umgangsrechte** sind Teil des Sorgerechtes, stehen aber auch Personen zu, die kein Sorgerecht haben. So haben z.B. Eltern und Kinder in der Regel wechselseitiges Umgangsrecht (§ 1626 Abs. 3 BGB) und Eltern sogar Umgangspflicht (§ 1684 Abs. 1 BGB) – auch wenn Eltern(-teile) kein Sorgerecht besitzen. Auch Großeltern und Geschwister sowie sonstige „enge Bezugspersonen“ haben ein Recht auf Umgang mit ihren Enkeln, sofern dies dem Kindeswohl dient (§ 1685 BGB). Schließlich geht es bei der Regelung von **Unterhaltsansprüchen** um die Frage, wer finanzielle Verpflichtungen für wen übernehmen muss. Eltern sind prinzipiell unterhaltspflichtig für ihre Kinder, ggf. kann dies auch umgekehrt der Fall sein (§§ 1601ff BGB). Ehepartner haben wechselseitige Unterhaltspflichten (§§ 1360ff), die auch nach einer Scheidung fortbestehen können (§§ 1569ff) und rund um die Geburt haben Frauen gegenüber dem Vater ihres Kindes auch dann Ansprüche, wenn sie nicht mit diesem verheiratet sind (§§ 1615 l–n).

Wie man sich vorstellen kann, wird um alle diese Rechte und damit korrespondierenden Pflichten in Scheidungs- und

Trennungsfällen gestritten. Ebenso werden sie Gegenstand der Sozialen Arbeit, wenn Eltern z.B. Sorgerechte ganz oder teilweise entzogen werden, um das Wohl des Kindes garantieren zu können oder wenn das Jugendamt zum Wohle des Kindes und/oder eines Elternteils Unterhaltsrechte oder Umgangsrechte einfordert.Die recht umfangreichen Regelungen zum Ehe- und Scheidungsrecht, Sorgerecht und Unterhaltsrecht können aber hier nicht umfassend dargestellt werden.

betreute Wohnformen

Betreute Wohnformen für Mütter und Väter, „die allein für ein Kind unter sechs Jahren zu sorgen haben oder tatsächlich sorgen", stellen nach § 19 SGB VIII eine recht spezifische objektivrechtliche Sollleistung der Jugendhilfe für einen relativ kleinen Adressatenkreis dar. Angesprochen sind Alleinerziehende, die „aufgrund ihrer Persönlichkeitsentwicklung dieser Form der Unterstützung bei der Pflege und Erziehung des Kindes bedürfen". Zumeist handelt es sich hierbei um junge Mütter in besonders belasteten Lebenssituationen. Ziel dieser Hilfe, die auch Schwangeren gewährt werden kann, ist es, den familialen Lebensraum des Kindes zu erhalten, obwohl der alleinerziehende Elternteil emotional, intellektuell und/oder materiell noch nicht in der Lage ist, sein Leben zu meistern und Erziehungsverantwortung zu übernehmen (siehe dazu *Kapitel 6.4*).

Notfallsituationen, Unterbringung wegen Schulpflicht

Von eher untergeordneter Bedeutung sind schließlich die §§ 20 und 21. Nach § 20 soll in Notfallsituationen zeitweise eine Betreuungsunterstützung gewährt werden: Wenn ein Elternteil, der überwiegend die Betreuung des Kindes übernommen hat, aus gesundheitlichen oder anderen zwingenden Gründen ausfällt (Krankheit, Tod, Drogenabhängigkeit, Haft), dann soll der andere Elternteil bei der Betreuung und Erziehung des Kindes unterstützt werden, wenn er diese Aufgabe aufgrund von Erwerbstätigkeit nicht gewährleisten kann und dies für das Wohl des Kindes nötig ist. § 21 schließlich betrifft v.a. Artisten, Schausteller oder Binnenschiffer, die durch beruflich bedingten ständigen Ortswechsel Unterstützung bei der Erfüllung der Schulpflicht ihrer Kinder benötigen.

Hilfen zur Erziehung

Während Maßnahmen zur Förderung der Erziehung Unterstützungsangebote für alle Familien (§§ 16–17) bzw. für Familien in bestimmten (belasteten) Lebenssituationen (§§ 18–21) darstellen, knüpfen die Hilfen zur Erziehung (§§ 27–35) explizit an *Erziehungsdefiziten* an. Ein subjektiver Anspruch auf Hilfe zur Erziehung besteht nach § 27 Abs. 1 nur dann, „wenn eine dem Wohl des Kindes oder des Jugendlichen entsprechende Erziehung nicht gewährleistet ist", also ohne Hilfe eine Kindeswohlgefährdung droht. Eine solche Gefährdung ist anzunehmen, wenn zentrale Bedürfnisse des Kindes oder Jugendlichen nicht erfüllt werden oder nicht erfüllt werden können wie z.B. Liebe, Zuwendung, Akzeptanz, Schutz und Fürsorge, Ernährung, Kleidung, Wohnung, Körper- und Gesundheitspflege, Erziehung und Bildung (Wabnitz 2012b, 78). Außerdem muss die angestrebte Hilfeart für die Entwicklung des Kindes oder des Jugendlichen „geeignet und notwendig" sein, damit ein subjektiver Rechtsanspruch besteht. Die Hilfe muss also ausreichend sein, um die Gefährdung des Kindes oder Jugendlichen abzuwenden (geeignete Hilfe) und es dürfen keine Möglichkeiten bestehen, das Defizit ohne diese Leistung zu beseitigen (notwendige Hilfe) – etwa durch Einbeziehung von Verwandten, Schule oder Nachbarn. Weiterhin heißt „notwendig" auch, dass mit Blick auf Elternrechte die am wenigsten einschneidende Maßnahme gewählt werden muss. Die Auswahl der jeweiligen Hilfe muss nach § 27 an den Bedarf des Einzelfalls orientiert sein und das soziale Umfeld berücksichtigen, also insbesondere vorhandene Ressourcen sowie sonstige Einflüsse. Wichtig ist dabei, dass die in den §§ 28–35 genannten Hilfeformen nicht eine abschließende Aufzählung darstellen. Es ist deshalb „rechtlich möglich und praktisch üblich" (Wabnitz 2012b, 79), nicht ausdrücklich aufgeführte ähnliche Hilfen zu gewähren (oft ist von „flexiblen Hilfen" die Rede), soweit dies im Einzelfall notwendig erscheint. Folgt man Fieseler/Herborth (2010, 132), so wird allzu oft allerdings noch eine schlichte Zuordnung auftretender Problemlagen zu lokal vorhandenen Angeboten vorgenommen, die genau den §§ 28–35 entsprechen. Man spricht hier auch davon, dass die ausdifferenzierte Rechtslage zu einer „Versäulung" der Hilfen geführt habe (Fieseler/Herborth 2010, 392).

Verfahrensvorschriften bei Hilfen zur Erziehung – Beteiligung und Hilfeplan

Aufgrund der weitreichenderen Voraussetzungen und Konsequenzen der Hilfen zur Erziehung in Bezug auf Elternrechte und Rechte der Kinder und Jugendlichen bedarf es zur Auswahl und Gewährleistung der geeigneten Hilfen ein formelles Verfahren, an dem neben den betroffenen Eltern und Kindern/Jugendlichen Vertreter des Jugendamtes, Sozialpädagogen und andere Sachverständige (z.B. Psychologen) beteiligt sind. Dies ist schon allein notwendig, um grundlegende Beteiligungsrechte zu gewährleisten: So existiert nach § 5 SGB VIII ein prinzipielles Recht der Leistungsempfänger, zwischen verschiedenen Einrichtungen, Diensten und Trägern zu wählen, soweit dies nicht mit erheblichen Mehrkosten verbunden ist, sowie Wünsche bezüglich der Hilfeleistung zu äußern. Da die meisten Maßnahmen der Kinder- und Jugendhilfe die grundgesetzlich geschützten Elternrechte beeinflussen, sind die Eltern in den meisten Fällen formell die Antragsteller und Empfänger der Leistungen. Nichtsdestotrotz sind Kinder und Jugendliche nach § 8 Abs. 1 SGB VIII prinzipiell „entsprechend ihrem Entwicklungsstand an allen sie betreffenden Entscheidungen der öffentlichen Jugendhilfe zu beteiligen".

Zentrale Vorschrift zum Verfahren der Gewährleistung von Hilfen zur Erziehung ist § 36 SGB VIII, Ergänzungen finden sich in §§ 36a–40. Gewöhnlich wird vom Jugendamt folgendes Verfahren gewählt, um diesen Normen zu entsprechen (ähnlich: Wabnitz 2012b, 104; Fieseler/Herborth 2010, 130): Nach der (1) ersten Kontaktaufnahme und der Erhebung grundlegender Daten und formeller Prüfung der sachlichen und örtlichen Zuständigkeit des Jugendamts (§§ 85–86) findet (2) eine Beratung des Personensorgeberechtigten und des Kindes/Jugendlichen statt, wie in § 36 Abs. 1 Satz 1 analog zu den generellen Beteiligungsrechten vorgeschrieben. (3) Dann erfolgt eine Beratung im Team über die geeignete Hilfe unter Hinzuziehung aller bisher bekannten Berichte und Gutachten über die Familie, um wie in Abs. 2 vorgeschrieben „im Zusammenwirken mehrerer Fachkräfte" eine Entscheidung zu treffen. Eine wichtige Frage ist hier u.a., ob das Kind oder der Jugendliche in seinem aktuellen sozialen Umfeld verbleiben kann, also ambulante Hilfen angezeigt sind, oder ob eine Herausnahme aus seinem Umfeld und damit stationäre Hilfe unabdinglich ist. (4) Wie in Abs. 2 Satz 2 vorgeschrieben, wird sodann mit den Sorgeberechtigten, den Kindern/Jugendlichen sowie den Mitarbeitern, welche die Hilfe ausführen werden, ein Hilfeplan erarbeitet, der zentrale Hilfebedarfe und Maßnahmen festhält und im Weiteren regelmäßig überprüft und ggf. verändert werden muss. Dann muss (5) der Personensorgeberechtigte formell einen Antrag stellen, über den (6) das Jugendamt sodann entscheidet und diese Entscheidung dem Antragsteller mitteilt. Schließlich gilt es (7) Fragen der Kostenübernahme (§§ 77f, 91ff) zu regeln. Weitere Konsequenzen ergeben sich bei einer absehbaren längerfristigen stationären Unterbringung des Kindes. Hier ist die Möglichkeit einer Adoption im Verfahren als Alternative zu prüfen. Sofern außerdem keine Einigung über eine Hilfe erreicht werden kann und deshalb auf dem hier dargestellten Weg, bei dem die Sorgeberechtigten einen Antrag auf Hilfen stellen müssen, keine Behebung des Erziegungsdefizits erreicht werden kann, muss das Jugendamt prüfen, ob zur Abwendung einer Kindeswohlgefährdung rechtliche Schritte eingeleitet werden müssen (dieses Verfahren wird später erläutert). Die einzelnen Schritte müssen dabei schriftlich dokumentiert werden.

Insgesamt ist es in der Fachliteratur eine umstrittene Frage, wie die Betroffenen bei der Erstellung des Hilfeplans beteiligt werden können und sollen. Die Vorstellungen reichen hier von einer partnerschaftlichen Aushandlung, an deren Ende eine konsensuelle Sicht der Problemlage und der zu ergreifenden Maßnahmen im Hilfeplan festgehalten wird, bis hin zur Meinung, dass nur eine standardisierte, fachlich begründete Diagnose objektiv nachprüfbare und damit rechtlich haltbare Entscheidungen begründen kann (Fieseler/Herborth 2010, 130ff). Im letzteren Falle liegt es – trotz Anhörung der Beteiligten – weitgehend in der Hand von Experten, den Hilfeplan festzulegen.

Erziehungsberatung

Das eingriffsärmste Instrument im Rahmen der Hilfen zur Erziehung ist die Erziehungsberatung nach § 28. Diese soll „Kinder, Jugendliche, Eltern und andere Erziehungsberechtigte bei der Klärung und Bewältigung individueller und familienbezogener Probleme und der zugrunde liegenden Faktoren, bei der Lösung von Erziehungsfragen sowie bei Trennung und Scheidung" unterstützen. Eine solche Hilfe erscheint insbesondere bei akuten und spezifischen Problemlagen in ansonsten relativ „intakten" Familienverhältnissen geeignet.

Erziehungsbeistand

Eine Erziehungsbeistandschaft oder Betreuungshilfe nach § 30 SGB VIII zielt vornehmlich auf eine intensive, auf Dauer angelegte Unterstützung eines Kindes oder eines Jugendlichen bei der „Bewältigung von Entwicklungsproblemen", wobei das soziale Umfeld einbezogen werden soll und unter Erhaltung des Lebensbezugs zur Familie die Verselbstständigung gefördert werden soll. Erziehungsbeistand wird als Hilfe zur Erziehung auf Antrag der Sorgeberechtigten gewährt, sie wird jedoch auch oft in Jugendgerichtsverfahren angeordnet, und zwar als „Erziehungsmaßregel" (§ 12 Nr. 1 Jugendgerichtsgesetz (JGG)) oder als Weisung, sich der Aufsicht und Betreuung eines Betreuungshelfers zu unterstellen (§ 10 Abs. 1 Nr. 5 JGG).

Sozialpädagogische Familienhilfe

Gegenüber dem Erziehungsbeistand ist die Sozialpädagogische Familienhilfe (SPFH) ganz explizit auf eine intensive Betreuung und Begleitung von Familien gerichtet, um diese in ihren Erziehungsaufgaben, bei der Bewältigung von Alltagsproblemen, der Lösung von Konflikten und Krisen sowie im Kontakt mit Ämtern und Institutionen zu unterstützen und Hilfe zur Selbsthilfe zu geben (§ 31 SGB VIII). Die SPFH stellt die wohl intensivste und meist auf längere Dauer angelegte ambulante Hilfeform dar, bei der die sozialpädagogischen Fachkräfte – dem Auftrag entsprechend – in den Haushalt der Familien gehen und diese bei der Bewältigung der dort anfallenden Probleme begleiten. Die SPFH soll den Verbleib der Kinder in der Familie trotz umfassender Problemlagen ermöglichen. Dies ist jedoch nur durch aktive „Mitarbeit der Familie" erfolgversprechend.

Familienergänzende Leistungen

Neben der direkten Arbeit mit Familien existieren vielfältige familienunterstützende Leistungen, in denen aber – wie bereits erwähnt – vornehmlich mit den Kindern und Jugendlichen und nicht im engeren Sinne mit den Familien gearbeitet wird.

Erziehung in der Tagesgruppe

Die in § 32 geregelte *Erziehung in der Tagesgruppe* hat den expliziten Auftrag, durch Elternarbeit auch die Situation in der Herkunftsfamilie der Kinder zu verbessern. Sie ist als *teilstationäre* Maßnahme eine Möglichkeit, den Verbleib von Kindern oder

Jugendlichen in der Familie trotz erheblicher Defizite in der Familienerziehung zu gewährleisten. Im Rahmen einer solchen Maßnahme verbringt das Kind oder der Jugendliche den Nachmittag in einer Einrichtung und soll hier durch soziales Lernen in der Gruppe, aber auch durch Begleitung der schulischen Förderung (z.B. Hausaufgabenhilfe, Nachhilfe) gefördert werden. Die Einbeziehung der Eltern (z.B. durch Beratungsgespräche, Gespräche in der Familie, Hausbesuche, Elternfrühstücke, Eltern-Kind-Nachmittage, Elternabende, Eltern-Kind-Freizeiten) soll die innerfamiliäre Situation verbessern und dauerhaft den Verbleib des Kindes in der Familie ermöglichen.

Familienersetzende Leistungen

Trotz der Vielfalt an ambulanten und teilstationären Unterstützungsformen für Familien und Familienmitglieder kann es zu Situationen kommen, in denen aufgrund besonders schwieriger Lebensverhältnisse eine zumindest zeitweise Herausnahme des Kindes oder Jugendlichen aus der Familie notwendig erscheint. Hier kennt das SGB VIII drei unterschiedliche Maßnahmenbereiche:

Vollzeitpflege

Kinder und Jugendliche können nach § 33 dauerhaft oder vorübergehend in einer Pflegefamilie untergebracht werden. Dem Jugendamt kommen in diesem Bereich weitreichende Aufgaben der Pflegekindervermittlung, der Suche und Qualifizierung von geeigneten Pflegeeltern, der Erteilung von Pflegeerlaubnissen und des Schutzes der Pflegekinder zu (§§ 44, 37 SGB VIII). Besonderes Merkmal der Unterbringung in Pflegefamilien ist dabei, dass Kinder und Jugendliche in eine Umgebung mit hoher Kommunikationsdichte, stabilen Beziehungen und einem überschaubaren Kreis an Bezugspersonen kommen. Allerdings wird kontrovers diskutiert, ob die Erziehung in einer Familie gerade für bereits durch Familienerziehung „geschädigte“ Kinder und Jugendliche angemessen ist oder ob eine Unterbringung in einem Heim oder einer Wohngruppe vorzuziehen ist (Fieseler/Herborth 2010, 375f).

Heimerziehung/ betreute Wohnformen

Heimerziehung bzw. „sonstige betreute Wohnformen“ nach § 34 SGB VIII (z.B. Wohngruppen, Jugendwohngemeinschaften und stadtteilorientierte Heime) bieten die Chance, die Integration in einen Gemeinschaftskontext zu gewähren, ohne unbedingt die Strukturen einer Kleinfamilie zu reproduzieren. Die

Heimerziehung steht allerdings seit mindestens 30 Jahren im Zentrum kritischer Debatten. Insbesondere in ihrer Ausprägung als „geschlossene Unterbringung", in der sie mit Freiheitsentzug verbunden ist und grundsätzlich familiengerichtlich genehmigt werden muss, ist sie im Fachdiskurs umstritten. Die Heimerziehung hat sich seit den 1970er Jahren allerdings auch deutlich weiterentwickelt und bietet eine breite Palette unterschiedlicher Wohnformen an, sodass eine pauschale Kritik sicherlich nicht angemessen ist.

sozialpädagogische Einzelbetreuung

Schließlich gibt es noch die Möglichkeit, eine intensive sozialpädagogische Einzelbetreuung nach § 35 zu gewähren. Diese richtet sich allerdings vornehmlich an ältere Jugendliche und zielt explizit auf die Entwicklung einer „eigenverantwortlichen Lebensführung" (§ 35 SGB VIII) ab.

Zusammenarbeit mit der Herkunftsfamilie

Die Hinführung zu einer eigenverantwortlichen Lebensweise ist ein wichtiges Ziel der familienersetzenden Hilfeformen. Sie können, wie in § 34 für die Heimerziehung formuliert,

1. die Rückkehr zur Familie unterstützen,
2. (im Falle der Heimerziehung) die Erziehung in einer anderen Familie als der Herkunftsfamilie vorbereiten,
3. eine auf längere Zeit angelegte Lebensform darstellen
4. oder auf ein selbstständiges Leben vorbereiten.

Die gemäß § 37 bei Hilfen außerhalb der Familie verpflichtende Zusammenarbeit mit den Eltern soll eine Verbesserung der Erziehungsbedingungen in der Herkunftsfamilie erwirken, um eine Rückführung der Kinder zu ermöglichen. Scheint dies nicht möglich, so soll in Zusammenarbeit mit der Herkunftsfamilie eine alternative, dem Wohl des Kindes oder Jugendlichen entsprechende dauerhafte Perspektive erarbeitet werden.

5.3 Erfüllung des Wächteramts durch die öffentliche Jugendhilfe

Neben den bisher aufgeführten Leistungen muss die öffentliche Jugendhilfe, vertreten durch das Jugendamt, vielfältige „andere Aufgaben" übernehmen. Dazu zählen auch Pflichten im Rahmen der Wahrnehmung des staatlichen Wächteramts – insbesondere Eingriffspflichten bei Kindeswohlgefährdung – sowie Mitwirkungspflichten in Familiengerichtsverfahren, Vormundschaftsverfahren oder Jugendgerichtsverfahren.

Kindeswohlbegriff

Der Begriff „Kindeswohl" ist nicht nur im SGB VIII, sondern auch an vielen Stellen des BGB und sogar in internationalen Rechtsvereinbarungen wie z.B. der UN-Kinderechtskonvention ein wichtiger Terminus. Der Kinder- und Jugendschutz wurde in Deutschland durch das am 01.01.2012 in Kraft getretene Bundeskinderschutzgesetz BKiSchG (Gesetz zur Stärkung eines aktiven Schutzes von Kindern und Jugendlichen) neu geregelt, dabei wurden einige Paragrafen des SGB VIII geändert. Was Kindeswohl bzw. Kindeswohlgefährdung ist, wird aber nicht genau definiert. Im BKiSchG bzw. SGB VIII handelt es sich um einen sogenannten unbestimmten Rechtsbegriff, d.h., ob eine Kindeswohlgefährdung vorliegt, muss für jeden Einzelfall geklärt und benannt werden. Dem Kindeswohlbegriff kommen zwei Funktionen zu: Zum einen zwingt er dazu, bei Entscheidungen (z.B. über zu gewährende Hilfen zur Erziehung oder Sorgerechtsentscheidungen) die Perspektive des Kindes einzunehmen und dessen Wohl vorrangig zu schützen. Zum anderen ermöglicht er durch seine Unbestimmtheit eine dem Einzelfall angepasste Rechtsprechung, die u.a. auch auf sozialpädagogischer oder psychologischer Expertise beruht. Der Begriff des Kindeswohls erlaubt es praktisch, die sozialpädagogische Logik des Einzelfallverstehens in Gerichtsentscheidungen zu integrieren. Eine „harte" juristische Festlegung mittels Tatbestandsmerkmalen, z.B. wie Sorgerechtsregelungen nach einer Scheidung aussehen müssen, würde im Einzelfall oft unangemessen oder ungerecht wirken. Die Festlegung, dass dem Kindeswohl entsprechend entschieden werden soll, erlaubt einzelfallorientierte Abwägungs- und Entscheidungsprozesse vorzunehmen. Hilfestellungen bieten dabei inzwischen vielfältige „Checklisten" zu zentralen Grundbedürfnissen von Kindern und möglichen Gefährdungsfaktoren (z.B. Fieseler/Herborth 2010, 114); sie erleichtern eine Einzelfallentscheidung, können aber sozialpädagogische Abwägungen und Beratung im Fachteam nicht ersetzen.

Mitwirkungspflicht in Verfahren

Die Fachkräfte des Jugendamts, die mit den entsprechenden Personen gearbeitet haben, sind u.a. aus dem oben beschriebenen Grund zur Mitarbeit in Familiengerichts-, Vormundschafts-, Adoptions- und Jugendgerichtsverfahren verpflichtet. Sie müssen nach den §§ 50–52 SGB VIII innerhalb dieser Verfahren aus der Arbeit mit den Familien möglicherweise bereits bekannte Informationen einbringen sowie sowohl die Verfahrensbeteiligten als auch das Gericht über erzieherische und soziale Gesichtspunkte des Verfahrens beraten und die Folgen von Entscheidungen für das Kindeswohl abschätzen.

Kindeswohlgefährdung

Im vorigen Abschnitt wurde das Verfahren und die Vorgehensweise zur Gewährung von Hilfen zur Erziehung geschildert, wenn die Sorgeberechtigten des Kindes oder Jugendlichen das Jugendamt um Hilfe ersuchen. Es kann aber auch der Fall vorliegen, dass dem Jugendamt von Dritten (Schule, Nachbarn, Kindergarten, Verwandte, Fachkräfte von freien Trägern) Informationen zugetragen werden, die gewichtige Hinweise auf eine vorliegende Kindeswohlgefährdung liefern. Das Jugendamt muss nach § 8a SGB VIII in solchen Fällen selbst tätig werden, den Hinweisen nachgehen, Kontakt mit der Familien aufnehmen, Hausbesuche durchführen und – je nach Einschätzung der Gefährdungslage – ein Hilfeplanverfahren einleiten. In beiden Fällen kann es weiterhin sein, dass es im Hilfeplanverfahren zu keiner Einigung zwischen Jugendamt und Sorgeberechtigten über die erforderlichen Hilfen kommt, und/oder dass sich die Sorgeberechtigten weigern, mit dem Jugendamt zusammenzuarbeiten. Besteht eine Kindeswohlgefährdung, so muss das Jugendamt in diesem Falle das Familiengericht anrufen. Es kann dann einen Eingriff in die elterlichen Sorgerechte verfügen und z.B. einem Vertreter des Jugendamts ermöglichen, Hilfen zur Erziehung anstelle der Eltern

Inobhutnahme

zu beantragen. Besteht darüber hinaus eine akute dringende Gefahr, so ist das Jugendamt nach § 8a Abs. 3 Satz 2 SGB VIII verpflichtet, das Kind oder den Jugendlichen nach den Regeln des § 42 „in Obhut" zu nehmen, also zeitweise in einer stationären Hilfe zur Erziehung unterzubringen, bis eine Entscheidung des Familiengerichtes erreicht ist.

Eine Inobhutnahme in einem Heim, einer Pflegefamilie oder in einer Jugendschutzstelle kann auch auf Bitten eines Kindes oder Jugendlichen erfolgen; sie soll aber nur von kurzer Dauer sein, bis eine Klärung des weiteren Vorgehens im Einvernehmen mit den Sorgeberechtigten oder eine Entscheidung des Familiengerichtes erreicht ist.

Vorgehen bei Verdacht auf Kindeswohlgefährdung

Nach mehreren mediale Aufmerksamkeit erregenden Fällen, in denen das Jugendamt Kindeswohlgefährdungen mit Todesfolge nicht verhindern konnte, sind vermehrt Konzepte für das richtige Vorgehen bei Verdacht auf Kindeswohlgefährdung entworfen worden (vgl. z.B. Münder et al. 2009, 124). Ohne Anspruch auf Vollständigkeit seien die wichtigsten Schritte hier kurz skizziert: Nach Eingang der Informationen über eine mögliche Kindeswohlgefährdung durch Nachbarn, Verwandte, Polizei oder Fachkräfte freier Träger – Letztere müssen solche Informationen übrigens nach den gewöhnlichen Vereinbarungen zwischen Jugendamt und Träger unverzüglich melden! – ist „im Zusammenwirken mehrerer Fachkräfte" (§ 8a Abs. 1) eine erste Risikoeinschätzung vorzunehmen, bei der alle verfügbaren Informationen über einen Fall gebündelt werden. Es müssen die Vorgesetzten (z.B. Jugendamtsleiter) informiert und eine Entscheidung über die bestmögliche Kontaktaufnahme zur Familie getroffen werden (angemeldeter oder unangemeldeter Hausbesuch, Anruf). Da nach § 62 Abs. 2 Daten grundsätzlich direkt bei Betroffenen zu erheben sind, ist nur beim Scheitern der Kontaktaufnahme oder besonderer Gefährdungslage eine Einholung von Informationen über Dritte (Kindergarten, Schule, Nachbarschaft) zulässig. Gelingt die Kontaktaufnahme, so gilt es bestenfalls mit der Familie die Situation zu klären und angemessene Jugendhilfeleistungen anzubieten. Ggf. muss auch auf die Inanspruchnahme anderer Sozialleistungen, ärztlicher oder polizeilicher Hilfe hingewirkt werden. Nach der Informationsgewinnung bedarf es einer erneuten Abschätzung der Gefährdungslage durch das Team des Jugendamts. Die Anrufung des Familiengerichtes muss ebenso geprüft werden wie das Vorliegen eines akuten Handlungsbedarfs, der eine Inobhutnahme notwendig machen würde. Auch im Rahmen der Gewährleistung von Hilfen ist durch das Jugendamt, aber auch durch die möglicherweise tätig gewordene Fachkraft eines freien Trägers, immer wieder im Auge zu behalten, ob die gewährte Hilfe das Kindeswohl noch gewährleistet. Im Zweifelsfall muss erneut das Jugendamt über eine Kindeswohlgefährdung informiert werden.

Eingriffe in das Sorgerecht

Eine Erzwingung von Hilfen zur Erziehung gegen den Willen der Sorgeberechtigten erfordert immer einen gerichtlichen Eingriff in das Sorgerecht der Eltern. Dabei steht in diesem Falle häufig eine stationäre Unterbringung des Kindes oder Jugendlichen an. Typischerweise trifft das Familiengericht dann folgende Entscheidungen (Wabnitz 2012 b, 107):

- Es entzieht den Eltern basierend auf § 1666 BGB Teile des Sorgerechts, nämlich das Aufenthaltsbestimmungsrecht sowie das Recht, Anträge auf Hilfen zur Erziehung zu stellen.
- Es bestellt einen Pfleger nach § 1909 BGB, der die den Eltern entzogenen Rechte wahrnimmt und Hilfen zur Erziehung beantragt und in die Wege leitet, etwa durch Suche nach einem Heim oder einer Pflegefamilie.

Vormundschaft, Pflegschaft, Beistandschaft
In den §§ 53–58 SGB VIII sind Aufgaben des Jugendamtes in Bezug auf Vormundschaft, Pflegschaft und Beistandschaft geregelt, wobei diese Begriffe wiederum dem Familienrecht entspringen, also dem BGB. **Vormundschaft** ist in den §§ 1773–1895 BGB geregelt und meint die vollständige Ersetzung der elterlichen Sorge. Sind Eltern aufgrund von Minderjährigkeit, Krankheit oder Tod nicht in der Lage, die Sorge zu übernehmen oder lässt sich nur durch einen vollständigen Sorgeentzug das Kindeswohl sichern, so ist eine Vormundschaft notwendig und wird durch das Familiengericht angeordnet. Das Jugendamt muss dabei behilflich sein, geeignete Vormünder zu finden oder sogenannte Amtsvormundschaften zu ernennen – hier ist das Jugendamt Vormund und ein Mitarbeiter des Amtes muss die Angelegenheiten des Mündels regeln. Häufig sind in der Vergangenheit dabei Mitarbeiter für sehr viele Mündel zuständig gewesen (oft bis zu 120 Personen, selten sogar bis zu 200!), sodass eine genaue Kenntnis des Einzelfalls für die Vormünder unmöglich war und in der Praxis Probleme auftraten. 2011 hat der Gesetzgeber deshalb u.a. eine Obergrenze von 50 Mündeln pro hauptamtlich Angestellten in § 55 SGB VIII eingefügt und in § 1793 BGB einen Absatz 1a eingefügt, der vorschreibt, das Mündel mindestens einmal monatlich persönlich in dessen „übliche[r]

Umgebung“ aufzusuchen. **Pflegschaften** nach §§ 1909, 1915–1919 BGB ersetzen dagegen nur Teile der elterlichen Sorge, die ansonsten bestehen bleibt. Im obigen Fall betraf dies etwa das Aufenthaltsbestimmungsrecht und das Recht, Hilfen zur Erziehung zu beantragen – wenn nötig, können aber auch weitere Rechte gezielt entzogen und einem Pfleger übertragen werden. **Beistandschaften** nach §§ 1712–1717 dienen nur der Unterstützung allein sorgeberechtigter Elternteile bei der Vaterschaftsfeststellung oder bei Unterhaltsansprüchen des Kindes. Auf Antrag der Eltern kann das Jugendamt dann in Bezug auf diese Vorgänge das Kind gesetzlich vertreten, ohne dass dies jedoch die Sorgerechte der Eltern irgendwie beeinträchtigt.

Insgesamt dürfte deutlich geworden sein, wie eng Recht und Soziale Arbeit mit Familien verwoben sind. Insbesondere für eine Auseinandersetzung mit den Regelungen des Familienrechts muss hier auf weiterführende Literatur verwiesen werden.

5.4 Übungsaufgaben zu Kapitel 5

Aufgabe 1

Arbeiten Sie für die Familien Kurt, Otto, Ernst, Werner und Greiner jeweils heraus, welche expliziten Ansprüche auf familienbezogene Leistungen der Kinder- und Jugendhilfe diese Familien jeweils schon haben.

Aufgabe 2

Diskutieren Sie in Kleingruppen, welche Leistungen jeweils am besten geeignet sind, um diesen Familien bei der Klärung und Lösung ihrer familienbezogene Konfliktthemen, Aufgabenstellungen und sozialen Probleme zu unterstützen.

Aufgabe 3

Welche Entwicklungen müssten bei den Familien z.B. eintreten, damit das Jugendamt a) in seiner Wächterfunktion tätig werden muss bzw. b) familienunterstützende Leistungen nicht mehr ausreichen und familienersetzende Maßnahmen in Betracht gezogen werden müssen. Welche rechtlichen Schritte müssten das Jugendamt bzw. ASD-Mitarbeiterinnen jeweils einleiten?

Literaturempfehlungen zur Vertiefung des Themas:

Fieseler, Gerhard/Herborth, Reinhard (2010): Recht der Familie und Jugendhilfe. Arbeitsplatz Jugendamt/Soziale Dienste. 7., überarb. Aufl. Luchterhand, Neuwied

Wabnitz, Reinhard Joachim (2012 a): Grundkurs Familienrecht für die Soziale Arbeit. Ernst Reinhardt, München/Basel

Wabnitz, Reinhard Joachim (2012 b): Grundkurs Kinder- und Jugendhilferecht für die soziale Arbeit. 2. Aufl. Ernst Reinhardt, München/Basel

6 Sozialpädagogische Einrichtungen für Familien

6.1 Was sind Sozialpädagogische Einrichtungen?

Wie in **Kapitel 1** kurz erläutert, sind für die Erbringung von Hilfe und sozialer Unterstützung Soziale Dienste zuständig. Sozialpädagogische Einrichtungen entstanden in nennenswertem Umfang und beträchtlicher Anzahl im ausgehenden 19. Jahrhundert und waren eine Reaktion auf Erziehungsnotstände, die im Zuge der Industrialisierung und Modernisierung (z. B. Verstädterung) in der Öffentlichkeit skandalisiert wurden (Uhlendorff 2003). Sie rechtfertigten ihren Auftrag mit der Annahme, dass Schule und Familie strukturell mit wesentlichen Erziehungsaufgaben überfordert waren und dass spezifische pädagogische Maßnahmen für die Lösung dieses Erziehungsnotstands – auch als Sozialpädagogisches Problem (Winkler 1988; Uhlendorff 2011a, 11ff) bezeichnet – erforderlich seien (Uhlendorff 2003; Uhlendorff 2011a; Winkler 1988). Als Beispiele seien hier die Fürsorgeerziehungsheime für „verwahrloste Jugendliche“, Horte, Kinderbewahranstalten, Einrichtungen zur Überwachung der Pflegekinder, aber auch die Jugendfürsorgezentralen (Vorläufer des Jugendamtes) genannt.

das Sozialpädagogische Problem

Definition:

Soziale Dienste, die im engeren Sinne Hilfen für Familien anbieten und auf Konfliktthemen, Aufgabenstellungen oder soziale Probleme von Kindern, Jugendlichen und Eltern mit spezialisierten Angeboten reagieren, können Sozialpädagogische Einrichtungen genannt werden. Sozialpädagogische Einrichtungen sind Organisationen, d. h. planmäßig geschaffene soziale Strukturen, die mittels formaler Regeln und Richtlinien das zielgerichtete Zusammenhandeln ihrer Mitglieder zu erreichen suchen, um die Erfüllung eines bestimmten Zwecks – die Bearbeitung von sozialpädagogischen Problemen – zu garantieren (Hillmann 2007, 651f; Tacke 2008).

Konstruktion des Problems in drei Schritten

Sozialpädagogische Einrichtungen sind folglich nicht für alle sozialen Probleme zuständig, sondern nur für solche, die als *Sozialpädagogisches* Problem reklamiert wurden und nicht von anderen Berufsgruppen wie etwa Ärzten, Polizisten, Juristen oder Pflegekräften als ausschließlich medizinisches, kriminologischpolizeiliches, juristisches oder pflegerisches Problem in Anspruch genommen werden. Das *Sozialpädagogische Problem* ist ein wissenschaftlicher Begriff für eine pädagogisch und sozialpolitisch motivierte gesellschaftliche Diagnose, bei der Aneignungsprobleme von Kindern, Jugendlichen und Erwachsenen bzw. Vermittlungs- oder Erziehungsschwierigkeiten in Familien beschrieben werden, die durch gesellschaftliche Modernisierungsprozesse strukturell bedingt sind (Uhlendorff 2011a, 11). Es handelt sich um eine Sichtweise auf pädagogische und soziale Prozesse, die aus einer gesellschaftlichen Perspektive als problematisch und bedrohlich gesehen und für deren Lösung pädagogische und sozialpolitische Maßnahmen ins Auge gefasst werden. Das Sozialpädagogische Problem ist durch eine dreischrittige Analyse- bzw. Argumentationsstruktur geprägt, mit deren Hilfe soziale Probleme als Sozialpädagogische Probleme reklamiert und der Aufbau Sozialpädagogischer Einrichtungen sowie die Durchführung sozialpädagogischer Maßnahmen legitimiert werden: Im ersten Schritt steht die Diagnose von gesellschaftlichen Veränderungen im Vordergrund, die sich durch gesellschaftliche Modernisierung bzw. sozialen Wandel erklären lassen. Diese Veränderungen werden jedoch nicht nur an sich beschrieben oder benannt, sondern in einem zweiten Schritt als Ursache von Aneignungsproblemen bzw. Vermittlungs- und Erziehungsschwierigkeiten gedeutet und analysiert, die bei Kindern, Jugendlichen, Erwachsenen oder eben in Familien auftreten. Unter Aneignung versteht man dabei – stark vereinfacht – die Entwicklung des Menschen zu einer handlungsfähigen Persönlichkeit in der Gesellschaft sowie seine stetige Weiterentwicklung durch die tätige Auseinandersetzung mit der Welt und seinem sozialen Nahraum. Kommt es nun aufgrund gesellschaftlicher Umbrüche zu „massenhaften" systematischen Erziehungsnotständen, sodass diese gesellschaftlich als bedrohlich angesehen werden können, ist es schließlich der letzte Schritt der Konstruktion des Sozialpädagogischen Problems, Konzepte zu entwickeln. Diese Konzepte legen dar, unter welchen Bedingungen und mit welchen pädagogischen Mitteln diese systematisch entstehenden Aneignungsprobleme überwunden oder gemildert werden können. Außerdem wird die Umsetzung dieser Maßnahmen gefordert.

Diagnose, Analyse, Lösungskonzept

Vor diesem Hintergrund ist es nicht verwunderlich, dass es eine relativ begrenzte Anzahl von Typen Sozialpädagogischer Einrichtungen gibt, die sich historisch um eine bestimmte als Sozialpädagogisches Problem reklamierte Sachlage herausbilden und ihre Form angesichts gewandelter Problemlagen oder neuer Deutungsweisen immer wieder verändern.

Im Folgenden werden wir eine Auswahl von Sozialpädagogischen Einrichtungen vorstellen. Es handelt sich dabei um solche, die im engeren Sinne familienunterstützende oder -ergänzende Leistungen anbieten und deren rechtliche Verankerung in *Kapitel 5* erläutert wurde.

Literaturempfehlungen zur Vertiefung des Themas:

Uhlendorff, Uwe (2011a): Das Sozialpädagogische Problem. In: Meder, Norbert/Allemann-Ghionda, Christina/Uhlendorff, Uwe/Mertens, Gerhard (Hrsg.): Handbuch der Erziehungswissenschaft. Bd. 6: Erziehungswissenschaft und Gesellschaft. Schöningh, Paderborn/München, 11–29

Uhlendorff, Uwe (2011b): Sozialpädagogische Einrichtungen. In: Meder, Norbert/Allemann-Ghionda, Christina/Uhlendorff, Uwe/Mertens, Gerhard (Hrsg.): Handbuch der Erziehungswissenschaft. Bd. 6: Erziehungswissenschaft und Gesellschaft. Studienausg. Schöningh, Paderborn/München, 98–123

Schröer, Wolfgang/Struck, Wolfgang/Wolff, Mechthild/Mertens, Gerhard (Hrsg.) (2002): Handbuch Kinder- und Jugendhilfe, Juventa, Weinheim/München, 611–832

6.2 Allgemeiner Sozialer Dienst (ASD)

Eine erste Anlaufstelle für Familien mit Unterstützungsbedarf ist der Allgemeine Soziale Dienst (ASD). Er ist eine Organisationseinheit der Kommunalverwaltung und umfasst eine Vielzahl von behördlichen Angeboten zur Unterstützung und Entlastung von Familien, Kindern, Jugendlichen und Erwachsenen in schwierigen Lebenssituationen. Dem ASD wird der Status eines „Basisdienstes“ der Sozialen Arbeit zugesprochen (Merchel 2012, 1). Es handelt sich um einen der umfassendsten Sozialen Dienste für Familien, der eine ganzheitliche und einheitliche Hilfe leisten und sicherstellen soll. Seine Hauptfunktion besteht darin, Hilfebedarfe zu klären, entsprechende Hilfen einzuleiten, je nach Bedarfslage an andere Dienste weiterzuleiten und/oder selbst zu organisieren. Der ASD wird folgendermaßen definiert:

„Basisdienst“ der Sozialen Arbeit

Definition:

Der **Allgemeine Soziale Dienst** „ist ein bezirklich organisierter Dienst innerhalb der Kommunalverwaltung, der als eine erste Anlaufstelle bei schwierigen Lebenssituationen von Bürgern einen Hilfebedarf analysiert und den Betroffenen einen zielgerichteten Zugang zu sozialen Hilfen verschafft. In seinem Aufgabenschwerpunkt der Kinder- und Jugendhilfe nimmt der ASD die dem staatlichen Wächteramt entsprechenden Aufgaben der Kontrolle/des Eingriffs und der Unterstützung zur Abwendung einer Gefährdung des Wohls von Kindern/Jugendlichen wahr. Seine Aufgaben bestehen vor allem in der einzelfallbezogenen Steuerung von Hilfen, die ergänzt werden von Aktivitäten, die eine angemessene Infrastruktur von Hilfemöglichkeiten bewirken sollen." (Merchel 2012, 4)

Die Traditionslinien des ASD reichen historisch weit zurück (vgl. hierzu und im Folgenden: Hammerschmidt/Uhlendorff 2012): Die Ursprünge finden sich in der kommunalen, nach Stadtbezirken organisierten Armenpflege des ausgehenden 19. und beginnenden 20. Jahrhunderts, die als „Elberfelder System" und „Straßburger System" bezeichnet wurde. Weitere Traditionslinien sind die kommunale Gesundheitsfürsorge und die Außendienste zur Beaufsichtigung der Pflegekinder der Jugendämter, die schon zu Beginn des 20. Jahrhunderts aufgebaut wurden. Die Konstituierung des ASD geht auf ein Organisationsproblem zurück, das schon während der Weimarer Zeit in der Fachöffentlichkeit diskutiert wurde: Das unkoordinierte Nebeneinander von verschiedenen kommunalen Fürsorgediensten (Jugendamt, Wohlfahrtsamt, Gesundheitsamt) führte dazu, dass Familien von verschiedenen Fürsorgediensten betreut wurden und Doppelungen entstanden. Ziel war es, die Dienste organisatorisch unter einem Dach im Sinne einer „Einheitsfürsorge" zusammenzufassen. Ab Mitte der 1920er Jahre gingen viele Kommunen im Deutschen Reich dazu über, ihre verschiedenen kommunalen Dienste im Bereich der Armen-, Gesundheits- und Jugendfürsorge zu einer kommunalen Organisationseinheit zusammenzuführen und einen gemeinsamen Außendienst einzurichten, den man „Familienfürsorge" (FaFü) nannte. Dies war die Geburtsstunde des ASD. Allerdings lag die Entscheidungskompetenz damals nicht bei den Wohlfahrtspflegerinnen der Außendienste, sondern bei den Fachkräften (meistens männliche Beamte) des Innendienstes. Dies führte zu Konflikten und Verzögerungen bei der Durchführung der Hilfe. Dieses Problem wurde erst in den 1970er Jahren im Rahmen einer umfassenden Reform („Neuorganisation sozialer Ämter") gelöst. Ein wesentliches Reformprinzip war dabei die Dezentralisation, d.h., den Fachkräften in den Bezirkseinheiten wurde die eigenverantwortliche Wahrnehmung der Aufgaben übertragen. Sie verfügen seitdem über Entscheidungskompetenz und unter-

Familienfürsorge

Dezentralisation

liegen dabei lediglich der Rechtsaufsicht und nicht der Fachaufsicht der vorgeordneten Behörde. Der Name Familienfürsorge wurde durch die Bezeichnung Allgemeiner Sozialer Dienst abgelöst. Daneben bürgerten sich andere Bezeichnungen ein wie „KSD" (Kommunaler Sozialdienst), „Sozialdienst", „Kinder- und Jugendhilfedienst", „Bürgerbüro" oder „Sozialbürgerhaus" (Merchel 2012, 2).

Organisationsmerkmale

Die Organisation des ASD und dessen Zu- und Einordnung in der Verwaltung wird von den Kommunen ganz unterschiedlich gehandhabt: Überwiegend wird der ASD dem Jugendamt zugeordnet; bei anderen Kommunen ist er Teil des Sozialamtes oder sogar als eine relativ selbstständige Organisationseinheit (analog einem „Amt") organisiert (Merchel 2012, 3). Der ASD ist durch folgende Organisationsmerkmale gekennzeichnet (Merchel 2012, 3):

- Er ist in der Regel *bezirklich organisiert*, d.h., ein Team von Fachkräften ist für einen bestimmten Sozialraum oder administrativ festgelegte Regionen zuständig.
- Die Fachkräfte sind *„generalistisch"* ausgerichtet. Sie sind nicht spezialisiert, sondern nehmen, da es sich um eine erste Anlaufstelle bei vielfältigen und noch nicht genau strukturierten Problemsituationen von Bürgern handelt, eine Vielzahl von Tätigkeiten wahr. Eine wesentliche Aufgabe besteht darin, gemeinsam mit den Eltern, Jugendlichen und Kindern die Probleme zu klären und unter Berücksichtigung der regional vorhandenen Hilfeangebote zielgerichtete Hilfen einzuleiten und ggf. zu begleiten.

Aufgaben, Angebote, Arbeitsweisen

Der Hauptanteil der Aufgaben des ASD konzentriert sich auf die Kinder- und Jugendhilfe. Folgende Aufgabenbereiche (rechtliche Rahmenbedingungen siehe *Kapitel 5*) lassen sich hier nennen (Gissel-Palkovich 2011, 127ff):

Beratung und Vermittlung von Hilfen

Im Rahmen der Erziehungs- und Familienberatung beraten die Fachkräfte Eltern im Hinblick auf die Wahrnehmung der Erziehungsaufgaben, zu Fragen des Familienzusammenlebens und bei der Bewältigung familiärer Konflikte. Zur Beratung gehört ggf. auch die Vermittlung von speziellen Leistungsangeboten zur Förderung der Erziehung in der Familie (§ 16 SGB VII) wie z.B. Erziehungs- und Familienberatungsstellen, Familienbildungsstätten oder Angebote der Familienerholung und Familienfreizeit. Ein wichtiges Aufgabengebiet des ASD ist die Beratung in Fragen der Partnerschaft, Trennung und Scheidung (§ 17 SGB VIII). Hier geht es insbesondere um die Erarbeitung eines einvernehmlichen Konzeptes der elterlichen Sorge (Sorgerechts- und Besuchsregelungen sowie die Wahrnehmung gemeinsamer elterlicher Verantwortung) bei Trennung und Scheidung. Bei der Erstellung des Konzeptes sollen auch die betroffenen Kinder und Jugendlichen beteiligt werden. Ein solches Konzept bildet oft die Grundlage bei der richterlichen Entscheidung über die elterliche Sorge nach der Trennung und Scheidung. Darüber hinaus bietet der ASD Beratung für Mütter und Väter an (§ 18), die allein für ein Kind oder einen Jugendlichen zu sorgen haben. Hier geht es oft auch um die Geltendmachung von Unterhaltsansprüchen. Mütter und Väter, die ein Kind unter sechs Jahren versorgen und die aufgrund ihres jungen Alters oder ihrer Persönlichkeitsentwicklung mit ihrer Lebenssituation überfordert sind, haben einen Anspruch auf Beratung und Hilfe, die von den Fachkräften des ASD wahrgenommen wird. Bei entsprechendem Hilfebedarf können sie die Unterbringung in einer Mutter-Vater-Kind-Einrichtung (siehe dazu *Kapitel 6.5* Gemeinsame Wohnformen für Mütter/Väter und Kinder § 19 SGB VIII) einleiten.

Erziehungshilfen einleiten, koordinieren, begleiten

Das Kinder- und Jugendhilfesystem bietet Familien, bei denen eine dem Wohl des Kindes oder Jugendlichen entsprechende Erziehung nicht gewährleistet ist, ein breites Spektrum von Hilfen an (siehe dazu *Kapitel 5*). Eine Hauptaufgabe der Fachkräfte des ASD besteht darin, Hilfen zur Erziehung einzuleiten und zu begleiten. Dies umfasst die Beratung der Eltern, Kinder und Jugendlichen hinsichtlich angemessener Hilfen, die Feststellung des Hilfebedarfs im Zusammenwirken mit weiteren Fachkräften, die Entscheidung über die geeignete Hilfeart und die Ausgestaltung eines Hilfeplans unter Mitwirkung der Klienten. Die fallzuständige Fachkraft begleitet die Hilfe, d.h., sie koordiniert die Fortschreibung der Hilfe und des Hilfeplans und leitet deren Beendigung ein (siehe dazu *Kapitel 7.2*).

Krisenintervention bei Kindeswohlgefährdung

Die Fachkräfte des ASD sind nicht nur für die Unterstützung der Eltern, Kinder und Jugendlichen zuständig, sondern nehmen auch das staatliche Wächteramt zur Abwendung von Gefahren für das Wohl von Kindern und Jugendlichen wahr. Sie müssen neben der Hilfe von Familien auch kontrollierend und eingreifend handeln (siehe dazu *Kapitel 5*). Die Sicherung des Kindeswohls bei Kindeswohlgefährdung gehört sicherlich zu den schwierigsten Aufgaben des ASD, da die unterschiedlichen Formen der Kindeswohlgefährdung (Vernachlässigung, körperliche Misshandlung, psychische Misshandlung, sexueller Missbrauch) nur schwer zu diagnostizieren sind. Viele Jugendämter haben in den letzten Jahren Standards, Verfahren und Instrumente wie z. B. Erhebungsbögen entwickelt, die eine Risikoeinschätzung ermöglichen sollen (Gissel-Palkovich 2011, 180ff; Goldberg/Schorn 2011). Allerdings sind die entwickelten Indikatoren zur Risikoeinschätzung und die Validität der „diagnostischen Verfahren" fachlich umstritten (Gissel-Palkovich 2011, 181f). Grundsätzlich soll die Herausnahme des Kindes oder eines Elternteils aus der Familie vermieden werden und die Erziehungs- und Fürsorgekompetenzen der Eltern (wieder-)hergestellt werden. Dazu bieten sich intensive Kriseninterventionsprogramme an, die in enger Zusammenarbeit des ASD mit anderen Jugendhilfeträgern durchgeführt werden (Thole et al. 2012, siehe dazu *Kapitel 7.6*).

Risikoeinschätzung

Hiermit sind die Aufgaben und Tätigkeiten der Mitarbeiter des ASD noch nicht vollständig beschrieben. Die Fachkräfte wirken je nach fachlicher Ausrichtung des ASD in den einzelnen Kommunen auch bei Jugendgerichtsverfahren (Jugendgerichtshilfe) und bei der Inobhutnahme mit (siehe dazu *Kapitel 5*). Auch die beratenden und koordinierenden Aufgaben im Bereich der Hilfen zum Lebensunterhalt, der Obdachlosenhilfe, Altenhilfe, Behindertenhilfe und sozialpsychiatrischer Versorgung werden von ASD wahrgenommen (Gissel-Palkovich 138ff).

Literaturempfehlungen zur Vertiefung des Themas:

Merchel, Joachim (Hrsg.) (2012): Handbuch Allgemeiner Sozialer Dienst (ASD). Reinhardt, München/Basel

Gissel-Palkovich, Ingrid (2011): Lehrbuch Allgemeiner Sozialer Dienst – ASD. Juventa, Weinheim/München

Goldberg, Britta/Schorn, Ariane (Hrsg.) (2011): Kindeswohlgefährdung: Wahrnehmen – Bewerten – Intervenieren. Barbara Budrich, Leverkusen

6.3 Erziehungs- und Familienberatungsstellen: Beratungsstellen für Eltern, Kinder und Jugendliche

Im Kapitel über den Allgemeinen Sozialen Dienst (siehe dazu *Kapitel 6.2*) haben wir die Beratung von Eltern im Hinblick auf die Wahrnehmung der Erziehungsaufgaben und bei der Bewältigung familiärer Konflikte als eine der Aufgaben des ASD gekennzeichnet. Über dieses Beratungsangebot von öffentlichen Trägern hinaus gibt es in allen Städten auch ein mittlerweile recht gut ausgebautes Netz an Erziehungs- und Familienberatungsstellen in freier Trägerschaft. Diese sind im Idealfall Beratungsstellen, die Kinder, Jugendliche und deren Eltern spontan und bestenfalls ohne Voranmeldung aufsuchen können, wenn sie meinen, sich in einer beratungsbedürftigen Situation zu befinden. Alle diese Angebote zählen zu der Form institutioneller Beratung der Kinder- und Jugendhilfe, „die sich durch ein methodisch strukturiertes Vorgehen auszeichnet und sich somit von allen Formen informeller Beratung unterscheidet“ (Bünder 2011, 398; vgl. Weber et al. 2003; siehe dazu *Kapitel 7*).

Beratung bei freien Trägern

Von den übrigen Hilfen zur Erziehung unterscheidet sich die Erziehungsberatung v.a. dadurch, dass für die Inanspruchnahme einer Beratung kein vorheriges **Hilfeplangespräch** (siehe dazu *Kapitel 5.2*) notwendig ist; dadurch soll die erwähnte Niedrigschwelligkeit der Angebote gewährleistet werden, die insbesondere auch ältere Kinder und Jugendliche dazu ermutigen soll, die Hilfe der Erziehungsberatungsstellen in Anspruch zu nehmen. Trotz regionaler Unterschiede in der konkreten Ausgestaltung sollen die Regelungen des SGB VIII gewährleisten, dass Erziehungsberatung von Fachteams mit unterschiedlichen methodischen Ansätzen durchgeführt wird (Zusammenwirken von Fachkräften verschiedener Fachrichtungen); daher arbeiten hier Kinder- und Jugendpsychotherapeutinnen, Psychologen und Sozialarbeiterinnen und Sozialarbeiter in Fachteams der Beratungsstellen zusammen.

niedrigschwellige Erziehungsberatung

Ebenso vielfältig wie die individuellen Beratungsanlässe sind die gesellschaftlichen Veränderungsprozesse, die dazu beitragen, dass sich die Angebote der Erziehungs- und Familienberatungsstellen seit ihrer Einführung zunehmender Beliebtheit erfreuen und zu den wichtigen Säulen der Hilfen zur Erziehung zählen (Hundsalz 2006, 61; siehe dazu *Kapitel 4*). Zusätzlich lässt sich

Gesellschaft verändert und wandelt sich

eine Zunahme des gesellschaftlichen Interesses an Erziehungsfragen generell feststellen, während die Komplexität von Erziehungsanforderungen sowie die allgemeine Unsicherheit in Familien ebenfalls steigt und nicht selten „erschöpfte Eltern“ (Lutz 2012) und erschöpfte Kinder mit einer fast unüberschaubaren Palette an Ratgeberliteratur zurücklässt. Hier sollen die Angebote der Erziehungs- und Familienberatung möglichst früh Fehlentwicklungen erkennen und die Eltern in ihrer Erziehungsverantwortung unterstützen.

Konzepte, Methoden/ Arbeitsweisen, Angebote

Mit der Einführung des Kinder- und Jugendhilfegesetzes hat sich Erziehungsberatung in Abgrenzung zu anderen Hilfen zur Erziehung ein beachtliches Profil erarbeitet, indem sie daran arbeitet, durch eine stärkere Lebensweltorientierung auch diejenigen Adressatinnen und Adressaten zu erreichen, die von sich aus nicht unbedingt ein entsprechendes Hilfeangebot in Anspruch nehmen würden, auch wenn Erziehungs- und Familienberatungsstellen längst nicht so mittelschichtorientiert sind wie allgemein angenommen (Hundsalz 2006, 65). Bünder teilt die Leistungen der Erziehungsberatung in drei Gruppen ein: Zur ersten Gruppe zählen fallbezogene Angebote der *Beratung und therapeutischen Unterstützung* für Kinder, Jugendliche und deren Eltern; zur zweiten Gruppe zählen einzelfallübergreifende *präventive Angebote*, mit denen Menschen beispielsweise über Familienzentren oder Schulen erreicht werden sollen, die selbst keine Beratungsstelle aufsuchen würden. Hierfür ist die dritte Gruppe der Leistungen – die *Vernetzungsaktivitäten* mit anderen sozialen Einrichtungen (Schule, Gesundheitswesen) – ebenfalls unerlässlich (Bünder 2011, 399).

Erziehungs- und Familienberatung ist eine vergleichsweise kurze und weniger kostenintensive Hilfe zur Erziehung, die sich für die Adressatinnen ferner durch die Grundsätze von Freiwilligkeit, Wahlfreiheit und Kostenfreiheit auszeichnet. Sie findet oftmals auch parallel zu weiteren Hilfeformen statt.

Hilfen zur Erziehung und Therapie

Die Methodik der Erziehungs- und Familienberatung beschreibt Hundsalz „als Ganzes ‚therapeutisch‘“ (Hundsalz 2006, 64), was sich nicht nur in der Zusammenstellung der multidisziplinären, therapeutisch ausgebildeten Fachteams ausdrückt. Vielmehr ist damit ein weiteres Alleinstellungsmerkmal der Erziehungsberatung benannt. Abweichend von der strengen Grenzziehung zwischen Beratung und Therapie aufgrund des sogenannten Psychotherapiegesetzes ist hier eine Art Sonderform der Therapie als spezielle pädagogisch-therapeutische Leistung im Kontext der Hilfen zur Erziehung zulässig und Grundprinzip der Erziehungsberatungsstellen (Hundsalz 2006, 64).

empirische Schlaglichter

Mit dem gestiegenen Interesse an Erziehungsfragen geht eine kontinuierliche Zunahme des Bedarfs an Erziehungsberatung einher, die den Einrichtungen ein hohes Maß an Flexibilität und Reformfähigkeit abverlangt (Hundsalz 2006, 62). Die amtliche Kinder- und Jugendhilfestatistik der BRD (Statistisches Bundesamt 2011a) weist für das Jahr 2010 insgesamt rund 314.000 Erziehungsberatungen nach § 28 SGB VIII aus (zum Vergleich: 1993 waren es 200.000); davon werden rund 116.000 von öffentlichen Trägern (z.B. der Allgemeine Soziale Dienst) durchgeführt, die übrigen Erziehungsberatungen durch die großen Wohlfahrtsverbände und deren Mitgliedsorganisationen (Statistisches Bundesamt 2011a, 9). Mit 125.000 Beratungsprozessen wurde ein großer Teil der Erziehungsberatungen vorrangig mit der gesamten Familie durchgeführt, der größte Teil mit 150.000 Beratungen vorrangig mit den Eltern; nur etwa 40.000 Beratungen wurden vorrangig mit den Kindern und Jugendlichen durchgeführt (Statistisches Bundesamt 2011a, 9). Da es ja bei der Erziehungsberatung in erster Linie um die Stärkung der elterlichen Erziehungskompetenz geht, verwundert dieser Befund zunächst wenig. Hierin könnte sich allerdings auch zeigen, dass das eingangs erwähnte Ziel – auch ältere Kinder und Jugendliche suchen in familialen Konfliktphasen die Erziehungsberatungsstellen auf – nicht leicht zu erreichen ist.

Anlässe für Erziehungsberatung

Zu den Hauptgründen, die Anlass sind für die Inanspruchnahme der Hilfe, zählt v.a. eine eingeschränkte Erziehungskompetenz der Personensorgeberechtigten, mit großem Abstand gefolgt von einer Gefährdung des Kindeswohls etwa durch Vernachlässigung, körperliche, psychische oder sexuelle Gewalt in der Familie.

Literaturempfehlungen zur Vertiefung des Themas:

Zimmer, Andreas/Schrapper, Christian (Hrsg.) (2006): Zukunft der Erziehungsberatung. Herausforderungen und Handlungsfelder. Juventa, Weinheim/München

6.4 Stationäre und ambulante Jugendhilfeeinrichtungen

Ein Unterkapitel unter dem Titel *Stationäre und ambulante Jugendhilfeeinrichtungen* kann angesichts der breiten Palette an Einrichtungen allenfalls einen Übersichtscharakter besitzen. Nicht zuletzt aus diesem Grund konzentriert sich die folgende Darstellung auf diejenigen Einrichtungen der Kinder- und Jugendhilfe, die – wie in *Kapitel 1* definiert – im engeren Sinne einen spezifischen Familienbezug aufweisen; d.h., es geht um diejenigen Hilfeformen, bei denen Familie explizit im Fokus steht und nicht nur deshalb thematisiert werden, weil die jeweiligen Adressaten eine Familie haben oder weil Familie hier als Institution Vorbildcharakter für die Ausgestaltung der Hilfeformen besitzt. Ein Großteil der *ambulanten Hilfen* zur Erziehung wird in den weiteren Unterkapiteln der *Kapitel 6* und *Kapitel 7* ausführlicher behandelt (z.B. Erziehungsberatung nach § 28 SGB VIII sowie die Hilfen zur Förderung der Erziehung in der Familie).

Nach unserer engeren Definition vom *Familienbezug der Hilfen* bleiben für die folgende Betrachtung die *Sozialpädagogische Familienhilfe* als eine sehr prominente Form der ambulanten Hilfen sowie die *Erziehung in Tagesgruppen* als eine Mischform. Am Beispiel der Heimerziehung soll die vorgenommene Unterscheidung nochmals kurz diskutiert werden.

Verhältnis von ambulanter und stationärer Hilfe

Auch wenn die Dialektik der Begrifflichkeiten *ambulant* und *stationär* ein wenig dazu einlädt, merkt Hans Thiersch zurecht kritisch an, dass in der sozialpädagogischen Diskussion ambulante Hilfen v.a. darüber definiert werden, dass sie *nicht stationär* sind (Thiersch 2004, 121). In dieser Perspektive würden die ambulanten Hilfen trotz ihres massiven Ausbaus in den letzten zwei Jahrzehnten ihre Erfolge gegenüber den stationären Einrichtungen verstecken, welche traditionellerweise für das Feld der Hilfen zur Erziehung zentral sind.

Ambulante Hilfen zeichnen sich grundsätzlich durch ihren tendenziell niedrigschwelligen Charakter aus. Das Verhältnis von ambulanten und stationären Hilfen wird in den sozialpädagogischen Fachdiskursen mit unterschiedlichen Konjunkturen diskutiert (Hansbauer 2001), wobei die Motive hierfür nicht immer fachlicher Natur sein müssen, besonders wenn stationäre Hilfen auf den ersten Blick teurer erscheinen als ambulante Hilfen. Mittlerweile gilt hier wie beispielsweise im Gesundheitswesen das Motto „Ambulant vor stationär" als eine Art Faustregel. Das hat damit zu tun, dass Fachkräfte der Kinder- und Jugendhilfe der Familie eine hohe Bedeutung zuschreiben, sofern erkennbar ist, dass die familiären Ressourcen und elterlichen Kompetenzen ausreichen und die familiären Krisen durch ambulante Hilfen bewältigt werden können (Günder 1997, 16). Dahinter verbirgt sich allerdings auch eine Wahrnehmung eines Ansteigens der Paragrafen innerhalb der Paragrafenlogik der Hilfen zur Erziehung (§§ 27–35) im Verhältnis zur Schwere der Fälle. So gesehen bleiben die stationären Hilfen als Ultima Ratio. In dieser Logik müsste die Heimeinweisung einer Jugendlichen, die bereits mit ihrer Familie ambulant betreut worden ist, als Misserfolg der ambulanten Hilfen gelten. Dies wäre eine sehr verkürzte Sicht auf Erfolge im Alltag der Hilfen zur Erziehung.

aktuelle Entwicklungen

Die Praxisentwicklungen zeigen bei der Diskussion um das Verhältnis von stationären und ambulanten Hilfen allerdings ein ganz anderes Bild: Die Ausdifferenzierung der Hilfen zur Erziehung allgemein hat dazu geführt, dass sowohl ambulante als auch stationäre Hilfen in sehr ähnlichen Settings arbeiten und die Übergänge fließend geworden sind (Wolf 2003, 24). Nicht zuletzt hat die Hoffnung auf sinkende Zahlen in der Heimerziehung eine Entwicklung „vom Heim zur Hilfen-zur-Erziehungs-Einrichtung" (Wolf 2003, 24) begünstigt, sodass eine sinnvolle engere Verzahnung ambulanter und stationärer Hilfen betroffenen Kindern und Jugendlichen die Übergänge in die Heimerziehung und nach der Beendigung der Heimerziehung in andere Hilfeformen erleichtern kann.

Finanzierung der Kosten

Die Kosten der Hilfen zur Erziehung (HzE) werden vom Träger der öffentlichen Jugendhilfe übernommen, für die Familien als Leistungsempfänger sind sie somit grundsätzlich kostenfrei. Bei den teilstationären Angeboten und Angeboten der Intensiven Sozialpädagogischen Einzelbetreuung werden die Personensorgeberechtigten im Rahmen ihrer finanziellen Möglichkeiten an den Kosten der Maßnahme beteiligt (Günder 1997, 23).

Erziehung in einer Tagesgruppe

Als sogenanntes *teilstationäres* Angebot zwischen den ambulanten und den stationären Hilfen zur Erziehung angesiedelt, soll die Erziehung in Tagesgruppen als flexibles und bedarfsgerechtes Angebot die sozialpädagogischen und therapeutischen Möglichkeiten einer *stationären* Einrichtung mit den Vorteilen einer *ambulanten* Hilfe – die Orientierung an der Lebenswelt des Kindes und der Verbleib in seiner Familie – verbinden (Krüger 1994, 5).

Zielgruppen sind in der Regel Kinder und Jugendliche ab dem Schulalter mit Entwicklungsverzögerungen oder Verhaltensauffälligkeiten, zu deren Behebung gezielte sozial- und heilpädagogische Maßnahmen erforderlich sind. Bedarfsbezogen sollen die Erziehungsbedingungen durch soziales Lernen in der Gruppe, Förderung der schulischen Entwicklung sowie gleichzeitiger Arbeit mit den Erziehungsberechtigten – etwa durch begleitende Beratung und Unterstützung – verbessert werden. Die Gruppe der Jungen ist bei dieser Hilfeform deutlich überrepräsentiert: Von den insgesamt rund 9.000 Kindern in Tagesgruppen im Jahr 2010 sind rund 6.500 Jungen im Alter 6–12 Jahren (Statistisches Bundesamt 2012 b).

Sozialpädagogische Familienhilfe

Sozialpädagogische Familienhilfe zählt als explizit familienbezogene Hilfe zu den prominentesten Hilfen zur Erziehung in Deutschland. Sie ist entstanden aus dem Bestreben, die Zahlen der Fremdplatzierungen zu minimieren (Helmig 1999, 7). Diese Erwartungen wurden aber nur z.T. erfüllt. Im Jahr 2010 haben laut Kinder- und Jugendhilfestatistik rund 42.000 Familien mit insgesamt 82.000 Kindern und Jugendlichen eine Sozialpädagogische Familienhilfe begonnen, insgesamt wurden rund 61.000 Familien betreut (Statistisches Bundesamt 2012 b, 13).

Als ambulante Hilfeform findet die Sozialpädagogische Familienhilfe direkt in den Häusern und Wohnungen der Familien statt, was sowohl für die Familie als auch für die Professionellen eine Herausforderung bei der Balance von professioneller Nähe und Distanz (Richter 2011, 387) ist. Dabei handelt es sich um eine v.a. professionell-pädagogische Hilfe und nicht etwa um eine hauswirtschaftliche Hilfe, auch wenn diese Arbeiten Teil eines pädagogischen Konzepts sein können (z.B. gemeinsames Kochen mit Eltern und Kindern).

Heimerziehung

Die Erziehung von Kindern und Jugendlichen außerhalb der Familie in stationären Einrichtungen der Kinder- und Jugendhilfe ist neben der Unterbringung von Kindern in Pflegefamilien eine der ältesten Sozialpädagogischen Einrichtungen, deren grundlegende Strukturmerkmale sich trotz ihrer zahlreichen Reformen nach wie vor sehr ähneln (Wolf 2003, 24; Mollenhauer 1995, 462). Diese Reformbemühungen können unter den Stichworten „Differenzierung und Formenvielfalt“ (Wolf 2003, 20) zusammengefasst werden. Im Vergleich zu 1991 hat die Zahl der in Heimen untergebrachten Jugendlichen und Kinder abgenommen, die Zahl der in betreuten Wohngemeinschaften und betreutem Wohnen lebenden Jugendlichen ist aber in diesem Zeitraum gestiegen (Statistisches Bundesamt 2008, 16). Im Zeitraum von 2008 bis 2010 hat die Zahl der in stationärer Heimerziehung und betreuten Wohnformen lebenden Kinder und Jugendlichen erheblich zugenommen. Am 31.12.2008 lebten 58.690 und Ende 2010 insgesamt 63.191 Kinder und Jugendliche in einer stationären Unterbringungsform der Hilfen zur Erziehung (Statistisches Bundesamt 2011a, 177).

An dieser Stelle soll nochmals auf den unserer Definition zugrunde liegenden Familienbezug im Kontext der Heimerziehung eingegangen werden. Die größte Gruppe der Jungen und Mädchen in Formen der Heimerziehung gehören zur Altersgruppe der 12- bis 18-Jährigen. Gerade bei den älteren Jugendlichen, die häufig über umfangreiche Hilfeerfahrungen verfügen, hat Kinder- und Jugendhilfe den Auftrag, die jungen Erwachsenen bei der Verselbstständigung zu unterstützen. In diesen Fällen mag es nicht mehr möglich oder auch nicht mehr sinnvoll sein, die weitere Familie in die Hilfe miteinzubeziehen. Umso wichtiger ist die Elternarbeit im Kontext der stationären Einrichtungen bei jüngeren Kindern (Nord 2008).

Literaturempfehlungen zur Vertiefung des Themas:

Helming, Elisabeth (1999): Handbuch Sozialpädagogische Familienhilfe. 4. Aufl. Kohlhammer, Stuttgart

6.5 Mutter-Vater-Kind-Einrichtungen

von Dorle Kliche

gesellschaftlicher Hintergrund/ Problemlage(n)

Wie bereits in *Kapitel 2* beschrieben, hat sich in den letzten Jahrzehnten die Familiengründungsphase weiter nach hinten im Lebenslauf verschoben. Dies hängt u.a. mit der Verlängerung der Ausbildungsphase sowie einer damit einhergehenden Verlängerung der Jugendphase zusammen. Da Elternschaft normativ mit dem psychosozialen Erwachsenensein verbunden ist, wird sie häufig mit spezifischen Anforderungen verknüpft: z.B., dass man eine Ausbildung abgeschlossen haben sollte, in einer gefestigten Partnerschaft steht und im Berufsleben verankert ist. Die Elternschaft Minderjähriger (aber auch junger Menschen generell) wird gesellschaftlich eher skeptisch betrachtet und häufig als sozialpädagogisches Problem gedeutet – unbeachtet davon, ob die frühe Elternschaft tatsächlich problematisch ist oder nicht (Spies, 2010). Ob und inwieweit aus der frühen Elternschaft Probleme resultieren, welche durch sozialpädagogische Angebote beantwortet werden können, hängt maßgeblich davon ab, mit welchen Belastungen die jungen Eltern zusätzlich zu ihrer Elternschaft konfrontiert sind und ob sie genügend eigene Ressourcen zur Bewältigung der neuen Lebenssituation entwickeln konnten.

Zu den Belastungen, die zu einer Aufnahme in eine Mutter-Vater-Kind-Einrichtung führen können, zählen z. B. psychische und soziale Probleme, finanzielle Notlagen und mangelnde Unterstützung durch die eigene Familie oder das soziale Umfeld und mangelnde erzieherische Kompetenzen, aber auch eine vorangegangene oder drohende Gefährdung des Kindeswohls. Diese Problemlagen sind nicht zwangsläufig an die Minderjährigkeit der Eltern geknüpft, sodass das Angebot in Mutter-Vater-Kind-Einrichtungen sich auch an junge erwachsene Mütter und Väter richtet und auch von jungen volljährigen Müttern und Vätern in Anspruch genommen wird.

empirische Schlaglichter

Im Jahr 2010 wurden 4.598 Kinder von minderjährigen Müttern geboren, fast ebenso viele Schwangerschaften (insgesamt 4.484) wurden von Frauen unter 18 Jahren abgebrochen (Destatis, 2012a, 51; 2011, 9).

Es gibt in Deutschland etwa 300 Mutter-Vater-Kind-Einrichtungen, in welchen insgesamt etwa 4.000 Plätze für junge Mütter und Väter mit ihren Kindern zur Verfügung stehen (Destatis, 2012b). Die Zugangswege in die Einrichtungen sind unterschiedlich. Junge Mütter und Väter können sich selber an das Jugendamt wenden und um die Aufnahme in eine Mutter-Vater-Kind-Einrichtung bitten. Überwiegend jedoch ordnet das Jugendamt oder das Familiengericht eine Unterbringung von Mutter/Vater und Kind in einer Einrichtung an (häufig nachdem andere ambulante Hilfen wie z. B. die sozialpädagogische Familienhilfe ausgeschöpft wurden). Ziel ist es, einer Trennung von Eltern und Kind entgegenzuwirken und ein gemeinsames Leben als Familie zu ermöglichen. Durch ein individuelles Betreuungs-, Förderungs-, und Beschäftigungsangebot sollen sowohl die jungen Mütter und Väter als auch die Kinder in der persönlichen psychosozialen Entwicklung optimal gefördert werden. Auf diese Weise soll einer Kindeswohlgefährdung entgegengewirkt werden.

Vor den Reformentwicklungen in der Heimerziehung in den

Aufgaben, Angebote, Arbeitsweisen

1970er Jahren standen Heimeinrichtungen für junge schwangere Frauen und junge Mütter unter der Kritik, die jungen Frauen durch Stigmatisierung aus der Gesellschaft auszugrenzen und zu diskriminieren, was alleine schon in den Titeln der Häuser „Versorgungshaus für gefallene Mädchen“ oder „Heim für ledige Mütter“ deutlich wurde (Klees-Möller, 1993). Die in den 1980er Jahren geführten Diskussionen um eine Fachlichkeit, die an den Bedürfnissen von Mädchen orientiert und emanzipatorisch ist, führten zu großen Veränderungen in der Praxis. Einige Einrichtungen schlossen oder führten eine grundlegende Überarbeitung der eigenen Konzepte durch. Um die Lebenswelt der jungen Frauen und Männer und die jeweiligen individuellen Bedürfnisse zu berücksichtigen, entstanden in Abgrenzung zu den traditionellen Einrichtungen alternative Wohngemeinschaften und Wohnprojekte für junge Mütter und Väter.

Das Inkrafttreten des Kinder- und Jugendhilfegesetzes 1991 (SGB VIII) führte zu einer weiteren Ausdifferenzierung des Angebotes, welches sich seitdem auch an junge alleinerziehende Väter richtete. Anspruch auf Hilfen in Gemeinsamen Wohnformen für Mütter/Väter und Kinder haben gemäß § 19 SGB VIII Schwangere und Mütter und Väter, die allein für ein Kind unter 6 Jahren sorgen, „wenn und solange sie aufgrund ihrer Persönlichkeitsentwicklung dieser Form der Unterstützung bei der Pflege und Erziehung des Kindes bedürfen.“

Leistung, Kosten, Qualität

Die Neuordnung der Entgeltfinanzierung im SGB VIII und damit die Einführung von Leistungs-, Entgelt- und Qualitätsvereinbarungen führten zu weiteren Diskussionen der Qualität von Mutter-Vater-Kind-Einrichtungen und zu der Bemühung, die Struktur-, Prozess- und Ergebnisqualität der Arbeit zu beschreiben.

Die Hilfe wird in den meisten Einrichtungen über Leistungsentgelte finanziert, welche sich nach dem jeweiligen Betreuungsaufwand richten. Der Tagessatz für die Betreuung für eine Mutter oder einen Vater mit Kind beträgt im Durchschnitt etwa 200 Euro, wobei die Kosten je nach Ort und Betreuungsintensität stark variieren.

24-Stunden-Einrichtung

In sogenannten 24-Stunden-Einrichtungen werden v.a. Mütter und Väter betreut, welche aufgrund ihres (häufig minderjährigen) Alters oder anderer besonderer Problemlagen (z.B. psychische oder gesundheitliche Hürden) eine intensive Betreuung benötigen. Diese Einrichtungen bieten eine intensive Beratung und

Betreuung rund um die Uhr und auch eine weitreichende Entlastung von Alltagsherausforderungen durch die Fachkräfte an. Ist der Betreuungsaufwand etwas weniger hoch, können junge Mütter und Väter mit ihren Kindern z.B. in Appartementhäusern oder Wohngruppen und Wohnprojekten betreut werden. Viele Einrichtungen bieten ein Stufenkonzept an, in welchem die jungen Eltern zunächst intensiv betreut werden und bei wachsender Selbstständigkeit in weniger intensive Betreuungsangebote wechseln können, bis sie schließlich über Fachleistungsstunden in der eigenen Wohnung von den sozialpädagogischen Fachkräften nachbetreut werden. Das sozialpädagogische Angebot, die Zielsetzung und die Ausgestaltung der Betreuung werden von den Einrichtungen selber gestaltet und lassen sich meist der Leistungsbeschreibung der Einrichtung oder dem Einrichtungskonzept entnehmen.

individuell betreuen, fördern, beschäftigen

Das pädagogische Angebot ist sehr unterschiedlich und weitestgehend an den Bedürfnissen der jungen Eltern orientiert. Ziel ist es, ein gemeinsames Leben von Eltern und Kindern zu ermöglichen, indem die jungen Mütter und Väter ein individuelles Betreuungs-, Förderungs-, und Beschäftigungsangebot erhalten, welches sowohl die jungen Eltern als auch die Kinder in der persönlichen psychosozialen Entwicklung optimal fördert.

Sozialpädagogische Ziele in Mutter-/Vater-Kind-Einrichtungen können u.a. sein:

- Stärkung der Mutter-/Vater-Kind-Interaktion und -Bindung, z.B. durch Eltern-Kind-Kurse, gemeinsame Spielzeit, Videofeedbackmethoden (z.B. Marte Meo)
- Förderung der Erziehungskompetenz durch Anleitung, Modelllernen, Patenschaften von Bewohnerinnen und Bewohnern der Einrichtung sowie Eltern- und Erziehungskurse und gruppenpädagogische Angebote
- Förderung lebenspraktischer Fähigkeiten (z.B. Umgang mit Finanzen, Aufbau einer Tagesstruktur, hauswirtschaftliche Fähigkeiten) durch Beratung, Anleitung und entsprechende Kurse
- Unterstützung bei der Bewältigung persönlicher Probleme (z.B. Paarprobleme, psychische Probleme, Auseinandersetzung mit belastenden Lebensereignissen), Entwicklung der eigenen Persönlichkeit, Erlernen des Umganges mit persönlichen Defiziten

- Unterstützung bei der Bewerkstelligung beruflicher Herausforderungen mit Kind, z. B. bei der Aufnahme oder Wiederaufnahme einer Berufs- oder Schulausbildung oder einer Erwerbstätigkeit

Literaturempfehlungen zur Vertiefung des Themas:

Friedrich, Monika/Remberg, Anette/Geserick, Christine (2005): Wenn Teenager Eltern werden … Lebenssituation jugendlicher Schwangerer und Mütter sowie jugendlicher Paare mit Kind. Eine qualitative Studie im Auftrag der BZgA. Forschung und Praxis der Sexualaufklärung und Familienplanung. Band 15. BZgA, Köln

Kliche, Dorle (2012): Qualitätsentwicklung sozialpädagogischer Arbeit mit jungen Müttern und Vätern in Mutter/Vater-Kind Einrichtungen. In: http:// hdl.handle.net/2003/29749, 29.11.2012

6.6 Familienbildungsstätten

Bildungsziele

Wie die Erziehungsberatung ist auch die Familienbildung eine Leistung zur Förderung der Erziehung in der Familie. Sie wird in erster Linie von Familienbildungsstätten wahrgenommen. Während Beratungsstellen in erster Linie problemzentriert und fallbezogen arbeiten, dabei methodisch an Beratungs- und Therapiekonzepte anknüpfen, konzentrieren sich Familienbildungsstätten auf gruppen- und themenspezifische Bildungsangebote mit dem Ziel, auf Partnerschaft und das Zusammenleben mit Kindern vorzubereiten, zu einer erfolgreichen Familienerziehung beizutragen und Kenntnisse und Fähigkeiten zur besseren Wahrnehmung der Familienaufgaben zu vermitteln.

historischer Hintergrund: Mütterschule

Die Ursprünge der Familienbildungsstätten sind die sogenannten Mütterschulen (Kuller 2004, 253ff; Mengel 2007, 17ff). Die Kindergärtnerin Luise Lampert gründete die erste Mütterschule im Jahr 1917 in Stuttgart. Die Grundideen waren allerdings wesentlich älter und gingen auf Friedrich Fröbels Konzept einer Bildungsstätte für Mädchen, Frauen und Mütter zurück (Mitte des 19. Jahrhunderts). Das sozialpädagogische Problem bestand damals in der hohen Säuglingssterblichkeit, die insbesondere während des Ersten Weltkrieges und danach aufgrund der schlechten Wohnbedingungen und Ernährung sowie mangelnder Kenntnisse in Hygiene und Kinderpflege stark zugenommen hatte (Mengel 2007, 253). Oft waren die sozialen Bezüge der jungen Mütter, deren Männer im Kriegsdienst standen oder gefallen waren, weggebrochen; sie waren mit ihrer Aufgabe als „alleinerziehende" Mütter überfordert, weil ihnen die nötigen Kompetenzen fehlten. Im Zentrum stand daher die Mütterbildung, die vorbereitende Unterweisung der Frauen in Kenntnissen zu Schwangerschaft, Geburt, Pflege und Erziehung des Säuglings und Kleinkindes. Das Modell setzte sich während der 1920er Jahre im Deutschen Reich flächendeckend durch und wurde während der 1930er Jahre im Sinne der nationalsozialistischen Ideologie funktionalisiert. Nach dem Zweiten Weltkrieg wurden die Mütterschulen von den Alliierten zunächst aufgelöst. Jedoch aufgrund der Problemstellungen der Nachkriegszeit (hohe Anzahl von alleinerziehenden Müttern, Armut, fehlende soziale Netzwerke) konnten viele Mütterschulen den Betrieb wieder aufnehmen. Evangelische, katholische und kommunale Träger trieben die Gründungen von Mütterschulen in den 1950er Jahren stark voran. Im Zentrum stand die Bildung der „mütterlichen Persönlichkeit". Dieses Leitbild änderte sich in den 1960er und 1970er Jahren grundlegend. Vor dem Hintergrund der Emanzipation und des Wandels des Frauen- und Familienbildes war die Ausrichtung auf das hausfrauenbezogene Leitbild und auf „Mütterbildung" nicht mehr zeitgemäß (Mengel 2007, 262). Die Bezeichnung „Mütterschule" wurde durch „Familienbildungsstätte" abgelöst und die Bildungsangebote sowie der Adressatenkreis erweitert. Dabei bildeten sich auch neue Themenschwerpunkte heraus. Es entstand ein Konzept der Familienbildung, das sich sowohl im Spannungsfeld von präventiver Kinder- und Jugendhilfe als auch in der Erwachsenenbildung ansiedelte und sich auf das gesamte Familienleben bezog. Dieses Konzept der Familienbildung im Sinne einer allgemeinen Förderung der Familie wurde Anfang der 1990er Jahre durch das Sozialgesetzbuch VIII rechtlich verankert (§ 16, siehe dazu *Kapitel 5*). Demnach richtet sich Familienbildung je nach Angebotsform an einzelne Familienmitglieder oder an die gesamte Familie. Sie soll dazu beitragen, Mütter, Väter und andere Erziehungsberechtigte in ihrer Erziehungsverantwortung zu unterstützen. In § 16 SGB VIII ist Familienbildung als ein Angebot der „Allgemeinen Förderung der Erziehung in der Familie" aufgeführt und ihre Angebote sollen die Bedürfnisse, Interessen und Erfahrungen von Familien in unterschiedlichen Lebenslagen berücksichtigen und auf ihre Erziehungssituation eingehen. Zudem sollen Familien sowohl zur

Bekämpfung der Säuglingssterblichkeit, „Mütterbildung"

Entwicklung zur „Familienbildungsstätte"

Erziehung in der Familie allgemein fördern

auf Partnerschaft und Elternschaft vorbereiten

Mitarbeit in Erziehungseinrichtungen als auch in der Selbst- und Nachbarschaftshilfe ermutigt werden. Familienbildung soll aber auch junge Menschen auf Ehe, Partnerschaft und das Zusammenleben mit Kindern vorbereiten. Als weitere Angebote werden Beratung sowie organisierte Familienfreizeiten und Familienerholung genannt. Die Familienbildungsstätte hat im Rahmen der Familienbildung insofern eine besondere Rolle, als es die einzige Institution ist, die in größerer Zahl Mitarbeiter und Mitarbeiterinnen beschäftigt (Textor 2004, 156).

Die meisten Familienbildungsstätten sind Mitglieder in den Bundesarbeitsgemeinschaften für Familienbildung. Im Jahr 2003 konnten 507 Einrichtungen verzeichnet werden, die meisten in den alten Bundesländern (Pettinger/Rollik 2005, 135). Folgende zentrale Ansatzpunkte und Thematiken der Bildungsangebote (Textor 2004, 151ff; Pettinger/Rollik 2005, 31–129) lassen sich nennen:

- Übergangsphasen im Familienleben (siehe dazu *Kapitel 3.2*); hier sollen die Bildungsangebote den Eltern Kompetenzen vermitteln, um bestimmte Lebensphasen wie Eheschließung oder Geburt des ersten Kindes oder den Wiedereinstieg in den Beruf besser zu bewältigen,
- Familienaufgaben und -funktionen wie Erziehung (Auseinandersetzung mit Erziehungskonzepten), Haushaltsführung, Familienkommunikation, Freizeitgestaltung, Umgang mit Medien,
- besondere familiäre Familienformen (wie Ein-Eltern-Haushalte, Stieffamilien) und besondere Lebenssituationen (Trennung, Scheidung; Behinderung, Krankheit, der Tod von Familienangehörigen); hier sollen die Bildungsangebote zur Bewältigung der Lebenssituation und der Familienform beitragen,
- besondere familiäre Belastungen wie Erziehung von Kindern mit ADS/ADHS, Arbeitslosigkeit, Armut, Gewalt und Missbrauch, Integration von Familien mit Migrationshintergrund,
- besondere Zielgruppen wie Väter oder Großeltern, deren Erziehungskompetenz und -beteiligung in der Familienerziehung gestärkt werden soll.

Es gibt nur wenige Untersuchungen zu den Bildungsangeboten der Familienbildungsstätten in Deutschland. Zu nennen ist die Untersuchung von Schiersmann aus dem Jahr 1998. Ob die Daten noch aktuell sind, ist fraglich. Die in der Studie genannten Bildungsschwerpunkte scheinen aber auch heute sicherlich gültig zu sein:

„Das häufigste Angebot von Familienbildungsstätten sind Eltern-Kind-Gruppen (sie werden von ca. 94% der Einrichtungen organisiert … In den Gruppen kommen Mütter oder beide Elternteile mit (oder ohne) ihren Säuglingen und Kleinkindern ein- oder zweimal in der Woche zusammen, um sich unter fachlicher Anleitung über Entwicklung und Erziehung sowie über die Eltern-Kind-Beziehung auszutauschen (…) Weitere Angebote sind Gesundheitsbildung, sie wird von 91% der Einrichtungen durchgeführt, kreatives und musisches Gestalten (von 90%), Angebote zu den Themen Pädagogik, Erziehung, Entwicklungspsychologie (von 88%), Geburtsvor- und Nachbereitung (von 85%), Hauswirtschaft und Ernährung (von 82%), Leben in der Familie (von 80%), Angebote zur gesellschaftlichen und politischen Bildung (von 70%), zu religiösen Themen (von 68%), zur Partnerschaft (von 63%), zu Fragen der Ökologie (von 58%), zur beruflichen Bildung (von 45%) und zur Ehevorbereitung (von 44%). Bei dem letztgenannten Angebot werden häufig standardisierte Lernprogramme angewendet. Die Kurse zur Ehevorbereitung werden von ausgebildeten ‚Trainerpaaren' durchgeführt. Viele Familienbildungsstätten organisieren Selbsthilfegruppen und Selbsterfahrungsgruppen. In dieser Hinsicht sind die Übergänge zu den Angeboten von Erziehungs- und Familienberatungsstellen fließend" (Euteneuer et al. 2011, 401).

Eine ähnliche Gewichtung von Bildungsschwerpunkten zeigt die Untersuchung von Rupp et al. (2010), allerdings bezogen auf das Bundesland Bayern.

Literaturempfehlungen zur Vertiefung des Themas:

Pettinger, Rudolf/Rollik, Heribert (2005): Familienbildung als Angebot der Jugendhilfe. Rechtliche Grundlagen – familiale Problemlagen – Innovationen. Bundesministerium für Familie, Senioren, Frauen und Jugend, Berlin/Bonn

6.7 Mehrgenerationenhäuser

Seit 2008 läuft in Deutschland ein durch den Europäischen Sozialfonds kofinanziertes Programm zum Aufbau von Mehrgenerationenhäusern. Damit sind allerdings nicht mehrere Generationen umfassende Haus- und Wohngemeinschaften bzw. für ein Mehrgenerationenwohnen geeignete Immobilien gemeint. Vielmehr wurde im Aktionsprogramm der Ausbau von offenen Treffpunkten gefördert, an denen sich Menschen verschiedener Generationen begegnen, sich austauschen, (gemeinsam) an Kursen und Programmen teilnehmen und Formen wechselseitiger Unterstützung entwickeln und praktizieren können. Das innovative Programm hat sich in Deutschland als erfolgreich erwiesen, entsprechende Einrichtungen haben sich in Österreich und der Schweiz allerdings noch nicht etabliert – als wir dieses Buch geschrieben haben, war uns jedenfalls erst ein solches Haus in Graz bekannt.

Generationenverhältnis verändert sich

Mehrgenerationenhäuser sind als Reaktion auf ein sich änderndes Generationenverhältnis zu verstehen. Die Vielfalt intergenerationaler Beziehungen, so die hinter Mehrgenerationenhäusern stehende Diagnose, wird sowohl innerhalb als auch außerhalb von Familien oft nicht mehr alltäglich erlebt (Niederfranke 2008) – und dies, obwohl aufgrund der steigenden Lebenserwartung gesamtgesellschaftlich betrachtet so viele Generationen wie nie zuvor gleichzeitig in einer Gesellschaft leben und eine längere Lebenszeit als je zuvor teilen.

Beispielsweise leben nur etwa 8% der erwachsenen Kinder noch in einem Haushalt oder in einem Haus mit ihren Eltern – den Großeltern ihrer Kinder. Obwohl etwa 50% der erwachsenen Kinder noch im selben Ort wie ihre Eltern leben und etwa 84% den Wohnort ihrer Eltern in weniger als einer Stunde erreichen, geht der Trend zu einer deutlichen Zunahme der räumlichen Entfernungen zwischen den Generationen – insbesondere in höheren Bildungsschichten (BMFSFJ 2006, 137f). Weiterhin stellen Familien angesichts steigender Kinderlosigkeit und zunehmend langer Phasen im Lebenslauf, in der Menschen nicht in einem Familienhaushalt leben, eine insgesamt seltener gelebte Lebensform dar. Dies ist umso bedauerlicher, als intergenerationale Beziehungen in der Familie, sofern sie bestehen, meist positiv erlebt werden (BMFSFJ 2006, 134ff) und ihnen eine wichtige Funktion im Rahmen der Kulturvermittlung sowie der wechselseitigen Sorge zukommt (siehe dazu auch *Kapitel 2*).

Konzepte, Methoden/ Arbeitsweisen, Angebote

Ziel der Mehrgenerationenhäuser ist es, das Potenzial extrafamilialer Generationenbeziehungen zu nutzen und neben den traditionellen Formen des intergenerationalen Zusammenlebens in einem Haushalt oder einer Familie zu fördern. Mehrgenerationenhäuser sollen Orte sein, „an denen das Prinzip der Großfamilie in moderner Form gelebt werden kann“, insofern sich „Menschen aller Generationen ganz selbstverständlich im Alltag begegnen, voneinander lernen und Unterstützung erfahren“ (BMFSFJ 2007, 3).

Konzeptionell sollen sie im Kern deshalb v.a. offene Orte der Begegnung sein (meist in Form eines Cafés realisiert), die soziale Kontakte ermöglichen und vielfältige Dienstleistungen für verschiedene Lebensalter vermitteln, selbst anbieten bzw. Infrastrukturen für ehrenamtliches Engagement bieten. Mehrgenerationenhäuser sollen nach Niederfranke (2008) und BMFSFJ (2007):

- alle Lebensalter ansprechen (Kinder, Jugendliche, Erwachsene, über 50-Jährige, „Hochbetagte"),
- Informations- und Dienstleistungsdrehscheibe vor Ort sein (Dienstleistungen anbieten und vermitteln),
- generationenübergreifende Angebote machen (nicht nur Leistungen für alle Lebensalter, sondern gemeinsame Angebote, z.B. Patenschaften zwischen Jung und Alt),
- flexible Betreuungsangebote für Kinder bieten,
- einen offenen Tagestreff als Herzstück des Angebotes einschließen und
- auf der Zusammenarbeit von Haupt- und Ehrenamtlichen auf Augenhöhe basieren (um die Potenziale ehrenamtlichen Engagements zu nutzen).

Zur Zielgruppe von Mehrgenerationenhäusern gehören dementsprechend Kinder und Jugendliche, Familien, Mütter, Väter sowie ältere Menschen.

Typisch für die Arbeit von Mehrgenerationenhäusern sind neben niederschwelligen Treff- und Beratungsangeboten auch Kinderbetreuungsangebote sowie die Vermittlung von Kinderbetreuungsmöglichkeiten. Weiterhin werden diverse Kursangebote, Selbsthilfegruppen und Gesprächskreise angeboten sowie schließlich haushaltsnahe Dienstleistungen von lokalen, oft gewerblichen Anbietern vermittelt.

empirische Schlaglichter

2008 bis 2011 wurde im „Aktionsprogramm Mehrgenerationenhäuser" die Weiterentwicklung von 500 bereits bestehenden Einrichtungen (Seniorentreffs, Schulen, Bürgertreffs, Familienbildungsstätten, Familien- und Mütterzentren, Kindertagesstätten) zu Mehrgenerationenhäusern gefördert. Dabei wurde geografisch tatsächlich eine breite Abdeckung erreicht: Etwa 68% der Mehrgenerationenhäuser befinden sich in ländlichen Gebieten oder Kleinstädten. Die übrigen Häuser verteilen sich mit 12% auf mittlere Städte und 14% auf große Städte sowie 6% auf Metropolregionen (Benchmark 2010). Auch scheint die Aktivierung von zivilgesellschaftlichem Engagement zu gelingen. Bundesweit unterstützten 2010 über 16.000 freiwillig Aktive die Arbeit in den Häusern. Mehr als 60% der Aktiven in den Mehrgenerationenhäusern sind damit freiwillig Engagierte und Freiwillige erbringen immerhin 35% der in den Häusern anfallenden Arbeitsleistung (Benchmark 2010). Weiterhin liegt offenbar auch ein Schwerpunkt auf Angeboten, in denen sich verschiedene Generationen begegnen: Etwa 74% der Angebote sind auf eine Begegnung von Jung und Alt ausgerichtet und nicht nur auf eine Altersgruppe. Wie im Konzept angenommen wird, scheint der offene Treff für das Angebot zentral: Hier wird etwa ein Fünftel der täglichen Gesamtnutzung der Angebote registriert.

welche Zukunft hat die innovative Einrichtungsform?

Angesichts der insgesamt sehr positiven Rückmeldungen aus der Begleitforschung bleibt es spannend weiterzuverfolgen, wie sich die Häuser in der zweiten Welle des Programms von 2012 bis 2014 entwickeln. Gefördert wird in diesem Zeitpunkt sowohl eine Entwicklung von neuen Angeboten zu Alter und Pflege, Integration und Bildung als auch eine Stärkung der haushaltsnahen Dienstleistungsangebote sowie ein Ausbau des freiwilligen Engagements. Es bleibt abzuwarten, ob diese innovative Einrichtungsform weitere Nachahmer in anderen europäischen Ländern findet und v. a. zu hoffen, dass ein adäquater Weg zur Weiterfinanzierung der Häuser nach 2014 gefunden wird.

Literaturempfehlungen zur Vertiefung des Themas:

Niederfranke, Annette (2008): Neue Dienstleistung für alle Lebensalter: Das Aktionsprogramm Mehrgenerationenhäuser. In: Recht der Jugend und des Bildungswesens 56, 2, 184–191

BMFSFJ, Bundesministerium für Familie, Senioren, Frauen und Jugend (Hrsg.) (2007): Starke Leistung für jedes Alter. Das Aktionsprogramm Mehrgenerationenhäuser. Konzept, Berlin

Informationen zu dem Thema siehe auch: www.mehrgenerationenhäuser.de

6.8 Familienzentren/Kindertagesstätten

Aufgrund des 2005 in Kraft getretenen Tagesbetreuungsausbaugesetzes (TAG) hat sich sowohl die Angebotsstruktur als auch die pädagogische Qualität von Kindertagesstätten in den letzten Jahren deutlich verändert: Sie sollen verstärkt einen Förderungsauftrag wahrnehmen, der Erziehung, Bildung und Betreuung umfasst und die soziale, körperliche, emotionale und geistige Entwicklung der Kinder im Vorschulalter unterstützt. Die Förderung der individuellen Bildung von Kindern im Vorschulalter ist zu einer zentralen Aufgabe der Jugendhilfe geworden (Roßbach/Blossfeld 2009). Die Kindertagesstätten reagieren darauf mit individuellen Bildungsplänen und Dokumentationen von Entwicklungsverläufen der Kinder. Sprachdiagnostik und -förderung sind zu einer zentralen Herausforderung geworden (Fried 2009, 63–79), insbesondere auch für Kinder mit Migrationshintergrund.

Kindertageseinrichtungen unterstützen die Familienerziehung

Die Erzieher und Erzieherinnen in den Einrichtungen sollen in Zukunft auch stärker die Erziehung und Bildung in der Familie unterstützen und ergänzen sowie Eltern dabei helfen, Erwerbstätigkeit und Kindererziehung besser miteinander zu vereinbaren. Dadurch hat sich die Funktion von Kindertageseinrichtungen deutlich verändert: Sie nehmen die Förderung der Erziehung in den Familien stärker wahr. Einige Bundesländer wie Nordrhein-Westfalen versuchen, diesen neuen Förderauftrag durch den Ausbau der Kindertagesstätten zu Familienzentren zu realisieren, in denen das Fachpersonal auch weitergehende Beratungs- und Bildungsaufgaben gegenüber den Eltern wahrnehmen soll.

Familienzentrum – Vorbild „Early Excellence Centre"

Vorbild sind die britischen „Early Excellence Centres", die 1997 ins Leben gerufen wurden und mit Angeboten aus einer Hand auf die komplexen Bedürfnisse von Familien eingehen (Stöbe-Blossey 2009, 22).

Kindertageseinrichtungen wurden für dieses Vorhaben deshalb ausgewählt, weil sie beinahe alle Eltern erreichen, wohnortnah sind und eine große Akzeptanz bei den Eltern erfahren. Durch Familienzentren sollen die Qualität der frühkindlichen Bildung und Förderung verbessert und Eltern in ihren Erziehungsaufgaben unterstützt werden. Dabei spielt der Kooperations- und Netzwerkgedanke eine wichtige Rolle. Die Kooperation zwischen Familienzentren und anderen Institutionen soll den komplexen Lebensbedingungen der Familien gerecht werden und den Zugang zu den von Familien benötigten Hilfen erleichtern. Des Weiteren wird Kooperation als eine Strategie angesehen, möglichst viele Eltern zu erreichen. Familienzentren stehen allen Familien im Stadtteil offen – und nicht nur den Familien, deren Kinder dort offiziell betreut werden. Sie kooperieren mit Institutionen, die bereits vor Ort vorhanden sind: mit örtlichen Familienbildungsstätten, Beratungsstellen, Verbänden und anderen Einrichtungen. Somit werden dort unterschiedliche Angebote für Eltern und Kinder gebündelt. Seit Beginn des Kindergartenjahres 2008/2009 erhalten rund 2.000 Einrichtungen eine Förderung durch das Land NRW. Geplant ist, bis 2013 etwa ein Drittel der rund 9.000 Kindertageseinrichtungen in NRW zu Familienzentren auszubauen (Stöbe-Blossey 2009, 21). Voraussetzung für die Förderung ist die Zertifizierung der Einrichtung und die Verleihung des Gütesiegels „Familienzentrum NRW“, das einen bestimmten Qualitätsstandard bestätigt. Das Gütesiegel umfasst vier Leistungsbereiche und vier Strukturbereiche (Stöbe-Blossey 2009, 23ff). Zu den vier Leistungsbereichen zählen die direkten Angebote der Einrichtungen für die Familien im Stadtbezirk bzw. in der ländlichen Region:

alle Familien im Nahbereich sind angesprochen

Gütesiegel „Familienzentrum NRW“

Leistungsbereiche

Beratung und Unterstützung

1 Der Bereich Beratung und Unterstützung von Kindern und Familien umfasst neben der Information der Eltern über Beratungs- und Therapiemöglichkeiten, Angebote der Gesundheits- und Bewegungsförderung in der Umgebung auch die Bereitstellung von Erziehungsberatung, die Durchführung von Eltern-Kind-Gruppen und Verfahren der Früherkennung. Die Beratung wird überwiegend von Fachkräften von Beratungsstellen im Rahmen offener Sprechstunden in den Tageseinrichtungen durchgeführt, aber gelegentlich auch von den Mitarbeiterinnen der Einrichtung selbst.

Familienbildung

2 Ein weiterer Grundstein von Familienzentren ist die Familienbildung. Die Idee ist, dass Familienbildung ortsnah angeboten wird und nicht nur – wie vielfach kritisiert – Mittelschichtsfamilien erreicht, sondern auch sogenannte bildungsferne Schichten. Familienzentren bieten in Kooperation mit Familienbildungsstätten (siehe dazu *Kapitel 6.6*) und anderen Bildungsträgern Bildungsangebote für Familien an, die nach Möglichkeit auf die soziale Struktur des Stadtteils und auf die Bedürfnisse der Eltern zugeschnitten sind. Dazu zählen beispielsweise Elternkurse zur Stärkung der Erziehungskompe-

tenz, Elterncafés und Elternabende, aber auch Angebote zur Gesundheitsförderung und Sprachkurse für Eltern mit Migrationshintergrund. Viele Familienzentren organisieren kulturelle, kreative und sportliche Aktivitäten für Eltern, Großeltern und Kinder.

Kindertagespflege

3 Neben den Kindertageseinrichtungen wird die Betreuung von Kindern auch von Tagesmüttern und Tagesvätern in ihrem Haushalt oder im Haushalt der Familie geleistet. Nach dem Tagesbetreuungsausbaugesetz von 2004 wird die Kinderpflege neben der Tagesbetreuung in Kindertageseinrichtungen als eine gleichwertige Form der Kindertagesbetreuung anerkannt. In den letzten Jahren gab es vielseitige Bestrebungen, die Qualität der Kindertagespflege zu verbessern und öffentlich zu regulieren (Diller et al. 2005; Jurczyk et al. 2004). Familienzentren zielen ebenfalls darauf ab, sie vermitteln nicht nur Kinder an geeignete Tageseltern, sondern beteiligen sich auch an deren Qualifizierung und Vernetzung (Stöbe-Blossey 2009, 28), indem sie Treffpunkte und Austauschmöglichkeiten für Tagesmütter und -väter organisieren.

Vereinbarkeit von Beruf und Familie

4 Die Vereinbarkeit von Beruf und Familie ist zu einem zentralen sozialpolitischen Thema in Europa geworden. Insbesondere soll die Berufstätigkeit von Frauen unterstützt werden. Um dem gerecht zu werden, sollen sich Kindertageseinrichtungen auf verlängerte Öffnungszeiten und Randzeitbetreuung einstellen. Einige zu Familienzentren ausgebaute Kindertageseinrichtungen sind dazu übergegangen, ihre Öffnungszeiten bis 20 Uhr zu verlängern und Abendessen anzubieten. Die Verlängerung der Öffnungszeiten und die Ermöglichung flexibler Betreuungszeiten für Kinder scheint eine große Herausforderung für das Personal von Kindertageseinrichtungen zu sein (Stöbe-Blossey 2009, 30).

Strukturbereiche

Das Gütesiegel „Familienzentrum NRW“ umfasst vier Strukturbereiche von Qualitätserfordernissen für Familienzentren.

Sozialraumbezug

1 Unter Sozialraumbezug versteht man die gezielte Gestaltung und Anpassung der Angebote an den Stadtteil bzw. an den ländlichen Bezirk, in dem das Familienzentrum angesiedelt ist. Die Angebote sollen sich nicht nur an die Familien richten, deren Kinder in der Einrichtung offiziell betreut werden, sondern prinzipiell an alle Familien.

Kooperation

2 Bei der Entwicklung von Angeboten und Projekten sollen Familienzentren mit anderen Einrichtungen kooperieren. Kooperation heißt aber auch, die Partner in den Lenkungsgruppen zum Aufbau des Familienzentrums zu beteiligen.

Kommunikation

3 Zur Aufgabe der Familienzentren zählt auch die Öffentlichkeitsarbeit – die Familien müssen über Internet, Flyer, Pressearbeit über die Angebote informiert werden.

Leistungsevaluation und Qualitätsentwicklung

4 Um eine gewisse Qualität der Angebote zu sichern, sind Fortbildungen der Mitarbeiterinnen, Elternbefragungen und Verfahren des Qualitätsmanagements erforderlich.

Um das Gütesiegel zu erhalten, müssen die Familienzentren in jedem Bereich ein Minimum an Kriterien erfüllen (Stöbe-Blossey 2009, 24). Sie können je nach Sozialraum ganz unterschiedliche Schwerpunktsetzungen vornehmen. Vor diesem Hintergrund haben sich ganz unterschiedliche Organisationsmodelle entwickelt. Einblick in die unterschiedlichen Modelle findet man bei Linder et al. (2008), ausführliche Beschreibungen der unterschiedlichen Angebotsschwerpunkte von Familienzentren finden sich in Heuchel et al. (2009).

Literaturempfehlungen zur Vertiefung des Themas:

Heuchel, Ilona/Lindner, Eva/Sprengel, Karin (Hrsg) (2009): Familienzentren in Nordrhein-Westfalen. Waxmann, Münster

Rietmann, Stephan/Hensen, Gregor (Hrsg) (2008): Tagesbetreuung im Wandel. Das Familienzentrum als Zukunftsmodell. VS Verlag für Sozialwiss., Wiesbaden

Roßbach, Hans-Günther/Blossfeld, Hans-Peter (Hrsg.) (2009): Frühpädagogische Förderung in Institutionen. VS Verlag für Sozialwiss., Wiesbaden

Informationen zu dem Thema siehe auch: www.familienzentrum.nrw.de

6.9 Mädchen- und Frauenhäuser

von Julia Rohde

zunächst loser Treffpunkt für Frauen

Ein Frauenhaus ist ein Angebot für Frauen und deren Kinder, die aufgrund von häuslicher Gewalt (siehe dazu *Kapitel 4.4*), einen Schutzraum benötigen. Das erste Frauenhaus wurde 1971 in London von Erin Pizzey zunächst einfach als Treffpunkt für Frauen gegründet. Im Zuge der Frauenbewegung der 1970er Jahre ging es ihr ursprünglich darum, gegenseitige Unterstützung zu ermöglichen und Frauen Wege aus der häuslichen Isolation aufzuzeigen. Sehr schnell wurde allerdings deutlich, dass Gewalt für die Besucherinnen des Treffpunktes ein massives und in seinem Ausmaß unterschätztes Problem darstellte und die von Gewalt betroffenen Frauen komplexere Unterstützung benötigten, als dies im Rahmen eines losen Treffpunkts möglich war. Daher bot Pizzey den betroffenen Frauen und deren Kindern Unterkunft an, sodass das Haus, das von den Behörden ursprünglich nur für diese Treffen zur Verfügung gestellt worden war, plötzlich zu klein wurde. Diese Gründung hatte weltweite Signalwirkung, sodass in vielen weiteren Ländern Frauenhäuser entstanden (in Deutschland 1976, in Österreich 1978, in der Schweiz 1979) und sich in den Folgejahren als sozialpädagogische Einrichtung etablierten. Bis in den 1960er Jahren war es gängige Praxis, Mädchen bei Konflikten im Elternhaus in Heimen oder Waisenhäusern unterzubringen. Ihre Gewalterfahrungen wurden hier meist nicht thematisiert, vielmehr wurden durch die Praxis der Einweisung die Mädchen selbst zu Problemträgerinnen gemacht. Ende der 1970er Jahre wurde dieser Missstand von der Frauenbewegung aufgegriffen und auch weiter in der Fachöffentlichkeit publik gemacht. In Anlehnung an die Konzeptionen und Prinzipien der Frauenhäuser entstanden daraufhin Mädchenhäuser, in denen Mädchen noch heute Zuflucht gewährt wird und Perspektiven aufgezeigt werden, sich aus häuslicher Gewalt zu lösen (Güntner 2011, 269f; Güntner/Wieninger 2010, 121f).

Mädchenhäuser

Zahlen, Daten, Fakten

Laut einer Studie von WAVE (women against violence europe) Country Reports (WAVE 2011, 96f, 198f, 40f) gab es im Jahr 2010 in Deutschland 346 Frauenhäuser, die 6.968 Plätze für Frauen und deren Kinder bereitstellten. In der Schweiz sind 18 Frauenhäuser mit 247 Plätzen, in Österreich 30 Frauenhäuser mit 750 Plätzen als Anlaufstelle für Frauen und ihre Kinder vorhanden. Aufnahme in Frauenhäusern findet jede Frau, die von häuslicher Gewalt bedroht oder betroffen ist. Dabei gilt der Grundsatz der Selbstbestimmung, was bedeutet, dass jede Frau selbst definiert, ob und wann sie misshandelt wurde und ob sie Schutz im Frauenhaus benötigt. Die Gruppe der Frauen, die von häuslicher Gewalt betroffen sind, ist sehr heterogen. Allerdings gibt es einen schichtspezifischen Zugang zu den Frauenhäusern. Frauen aus der Mittelschicht suchen eher Beratungsstellen auf, statt Unterstützung im Frauenhaus zu suchen (Brückner/Hagemann-White 2001). Heute sind es v.a. Migrantinnen, die Schutz im

Zielgruppen

Frauenhaus suchen. Diese Gruppe von Frauen bringt Besonderheiten mit (z.B. aufenthaltsrechtliche Fragen, kulturelle und religiöse Belange, Sprachprobleme), die es in der professionellen Arbeit zu berücksichtigen gilt (Brückner 2011a, 147). Aber nicht nur die von Gewalt betroffenen Frauen, sondern auch deren Kinder sind Adressatinnen von Frauenhäusern. Auch wenn Letztere nicht direkte Opfer der häuslichen Gewalt wurden, waren sie doch Zeugen der Gewalt gegenüber der Mutter. Deshalb gibt es in Frauenhäusern auch immer Angebote für die Kinder, wobei diese hinsichtlich des Geschlechts und des Alters der Kinder eingeschränkt sind. So gilt in einigen Frauenhäusern, dass Jungen ab 12 bzw. 14 Jahren das Frauenhaus nicht als Zufluchtsort vor häuslicher Gewalt nutzen dürfen.

Ziele und Prinzipien der Arbeit

Geprägt durch die Frauenbewegung, orientiert sich die Arbeit in den Frauenhäusern an zwei übergeordneten Zielen: Zum einen soll Frauen und ihren Kindern ein Schutzraum vor häuslicher Gewalt geboten werden, innerhalb dessen sie dahin gehend unterstützt werden sollen, das Erlebte zu verarbeiten und Perspektiven für ein zukünftig selbstbestimmtes, gewaltfreies Leben zu entwickeln. Zum anderen gibt es eine politisch motivierte Zielsetzung, durch das Öffentlichmachen von häuslicher Gewalt gesellschaftliche Strukturen dahin gehend zu verändern, dass das Recht auf körperliche Unversehrtheit sowie sexuelle Selbstbestimmung für Frauen gesichert ist (Hanetseder 1992, 47; Brückner 2011a, 145).

Seit Beginn der Entstehung arbeiten die Mitarbeiterinnen der Frauenhäuser nach den durch die Frauenbewegung geprägten Prinzipien, die im Laufe der Zeit allerdings den strukturellen und individuellen Gegebenheiten teilweise angepasst werden mussten. Während das Handeln in der Gründungsphase insbesondere in den autonomen Frauenhäusern durch „Professionalisierungsvermeidung“ geprägt war (sowie der Ablehnung einer rein karikativen Sozialarbeit, von finanzierter Arbeit sowie von Expertinnentum) und Prinzipien der Selbstverwaltung, des gleichberechtigten und hierarchiefreien Miteinanders von Mitarbeiterinnen und Bewohnerinnen folgte, ist das heutige Handeln gekennzeichnet durch eine klare Arbeitsteilung zwischen Bewohnerinnen und Professionellen (Brückner/Hagemann-White 2001, 106). Andere Prinzipien haben dagegen bis heute ihre Gültigkeit nicht verloren. Das Prinzip der Parteilichkeit für die Bewohnerinnen sowie das Prinzip der Betroffenheit sind weiterhin Leitgedanken der professionellen Arbeit (Brückner 2011a, 146).

geschlechtshomogene Settings

Als Folge dessen werden nur weibliche Mitarbeiterinnen eingestellt. Weder männliche Professionelle noch männliche Angehörige haben Zutritt zu Frauenhäusern; Ausnahmen sind die Söhne der Frauen, allerdings z.T. nur bis zu einem bestimmten Alter (Lenz 2008, 287f). Diese unbedingte Frauensolidarität soll angstmindernd und vertrauensfördernd wirken sowie den Frauen eine „weibliche" Stärke als Vorbild für ihr eigenes Leben aufzeigen (Brückner 2011a, 146). Statt die Adressatinnen als politische Mitstreiterinnen aufzufassen, entwickelte sich ein Bild von Frauen, die aufgrund einer Notsituation individuelle Unterstützung benötigen (Brückner/Hagemann-White 2001, 106).

Einordnung und Ausblick

Bis Mitte der 1970er waren Gewaltformen gegenüber Frauen und Mädchen kaum im öffentlichen Bewusstsein (Lenz 2008, 284). Dies änderte sich durch die Entstehung der Frauen- und Mädchenhäuser, da sie Gewalt gegenüber Frauen und Mädchen sichtbar machten und damit öffentlich skandalisierten (Brückner 2010, 62). Heute ist die Arbeit in den Frauenhäusern durch eine Ausdifferenzierung der Adressatinnengruppe, einer kürzeren Aufenthaltsdauer und daraus resultierendem häufigeren Wechsel der Bewohnerinnen sowie einem steigenden Belastungsgrad der Frauen gekennzeichnet, was die Mitarbeiterinnen vor neue Herausforderungen stellt (Brückner 2010, 69). Auch das Hilfenetz für von Gewalt betroffene Frauen hat sich weiter ausdifferenziert, sodass Frauenhäuser ihr Alleinstellungsmerkmal verloren haben (Brückner 2011a, 147). Stattdessen sind heute „institutionalisierte Kooperationsbündnisse" (Lenz 2008, 1100) entstanden, bestehend aus Frauenhäusern, (Frauen-)Beratungsstellen, Polizei, Justiz, Jugendamt, Kinderschutz, Täterarbeit und Politik, die gemeinsam gegen geschlechtliche Gewalt vorgehen (Lenz 2008, 1100). Frauenhäuser gelten aber nach wie vor als „unverzichtbarer Teil einer breiten Angebotspalette" (Brückner 2011a, 147), deren Arbeit „einen wichtigen Beitrag zur Erweiterung von Arbeitsansätzen und Berufsbildern im sozialen Bereich und einen zentralen Beitrag zum Angreifen eines ignorierten Problems geleistet" hat (Brückner 2010, 68) und noch nicht beendet ist. Frauen bilden weiterhin die Mehrheit der von häuslicher Gewalt betroffenen Personen, allerdings müssen sich die Frauenhäuser hinsichtlich der speziellen Bedarfe der unterschiedlichen Adressatinnengruppen (junge/ältere Frauen, Migrantinnen, Flüchtlinge, Frauen mit/

ohne Behinderung, Frauen mit/ohne Kinder etc. mit jeweils unterschiedlichsten Gewalterfahrungen) weiterhin öffnen und ggf. die Prinzipien und Grundhaltungen dementsprechend neu fassen (Brückner/Hagemann-White 2001, 108).

Literaturempfehlungen zur Vertiefung des Themas:

Güntner, Hannelore/Wieninger, Sabine (2010): Mädchenarbeit – die kleine Schwester der Frauenbewegung. In: Engelfried, Constance/Voigt-Kehlenbeck, Corinna (Hrsg.): Gendered Profession. Wiesbaden: VS, 121–140

Brückner, Margrit (2010): Erfolg und Eigensinn. Zur Geschichte der Frauenhäuser. In: Bereswill, Mechthild/Stecklina, Gerd (Hrsg.): Geschlechterperspektiven für die Soziale Arbeit. Weinheim und München: Juventa, 61–80

6.10 Übungsaufgaben zu Kapitel 6

Wie wir in Kapitel 6 aufgezeigt haben, gibt es eine Vielzahl sehr unterschiedlicher Einrichtungen der Sozialen Arbeit mit Familien, die sich zudem sehr unterschiedlich spezialisieren und sich dynamisch den aktuellen Bedarfen oder lokalen Besonderheiten anpassen. Für Sozialarbeiterinnen wie für Familien ist es gleichermaßen wichtig, diese Einrichtungen zunächst einmal überhaupt zu kennen und vor Ort finden zu können.

Aufgabe 1 Suchen Sie die genannten Einrichtungen in Ihrer näheren Umgebung: Gibt es diese und woher wissen Sie davon? Wie können Familien diese finden (Flyer, Internet, Lokalzeitung)? Versuchen Sie, mindestens eine der vorgestellten Einrichtungen oder eine vergleichbare zu finden. Falls es keine gibt, woran könnte das liegen?

Aufgabe 2 Arbeiten Sie anhand des Kapitels in einer tabellarischen Übersicht die Strukturmerkmale der verschiedenen Sozialpädagogischen Einrichtungen heraus. Ergänzen Sie diese Tabelle anhand der Ergebnisse Ihrer Recherche aus Aufgabe 1: Wann sind die Einrichtungen für wen geöffnet? Diskutieren Sie die Öffnungszeiten mit Blick auf berufstätige Familienmitglieder. Welche Voraussetzungen müssen seitens der Familien erfüllt sein (z.B. Wartezeiten, Kostenbeteiligung, freiwillige Teilnahme aller Familienmitglieder an einer Maßnahme)?

7 Konzepte und Methoden Sozialer Arbeit mit Familien

In **Kapitel 6** haben wir einen Überblick gegeben über Einrichtungen der Sozialen Arbeit mit Familien. Dabei ist wenig dazu gesagt worden, wie Sozialpädagoginnen und Sozialpädagogen in den Einrichtungen mit den Familien arbeiten, wie sie ihre Interaktionen mit den Familienmitgliedern „planmäßig" gestalten und lenken, um Familien dabei zu unterstützen, familiäre Aufgabenstellungen und Probleme sowie soziale Probleme in Familien erfolgreicher als zuvor bearbeiten zu können. Kurz: Es ist bislang noch nicht Thema geworden, welche Konzepte und Methoden Sozialpädagoginnen und Sozialpädagogen in der Arbeit mit Familien anwenden.

7. 1 Was sind Methoden, Konzepte und Techniken?

Methoden, Beruf und Profession

Zunächst ist es jedoch wichtig zu klären, was Methoden und Konzepte Sozialer Arbeit an sich sind und was sie kennzeichnet. Methoden, so kann man zunächst festhalten, sind ein konstitutives Element von Berufen in der Moderne. Erst durch die erfolgreiche Behauptung, dass eine bestimmte Gruppe von Menschen über eigene und besonders wirksame Problemlösungsstrategien für bestimmte Fragestellungen verfügt, werden unspezifische „Tätigkeitsbündel", die „jeder" erledigen kann, zu einem Beruf oder gar einer Profession. Es wird dann zunehmend vorausgesetzt oder sogar rechtlich vorgeschrieben, dass nur Personen, die im Rahmen einer Ausbildung spezifisches Berufswissen erworben haben, diese Tätigkeiten ausüben. Die Herausbildung eines Berufes bietet auch die Chance für die Berufsgruppe selbst, sich gegen Konkurrenz von Laien zu schützen (Galuske 2011; Beck et. al 1980).

Methodendebatte in der Sozialen Arbeit

Die Etablierung der Sozialen Arbeit als Profession ist dementsprechend von Anfang an an die Entwicklung von Methoden geknüpft gewesen. Trotzdem wird der Sozialen Arbeit gewöhnlich ein schwieriges oder gar gebrochenes Verhältnis zu ihren Methoden diagnostiziert: So zeigt Galuske (2011, 931) deutlich, dass Klagen über ein methodisches Defizit die Geschichte der Sozialen Arbeit begleiten und Michel-Schwartze (2009, 11f) benennt vielfältige Hürden, welche Wissenschaftlerinnen lange von der Befassung mit Methoden abgehalten haben. Spätestens seit den 1990er Jahren aber ist die Methodendiskussion in der Sozialen Arbeit nicht mehr auf den „hinteren Rängen der Fachdiskussion" (Galuske 2011, 923) angesiedelt. Die Disziplin hat sich seitdem eingehend mit dem Thema befasst (z.B. Michel-Schwartze 2009; Galuske 2007; Stimmer 2006, Spiegel 2011). Auch in der Praxis sind vielzählige Methoden entwickelt worden, die z.T. aus Nachbardisziplinen wie der Psychologie „importiert" wurden (Galuske 2007, 11). Aus Sicht der Wissenschaft wurde ein „Wildwuchs von Verfahren" beklagt (Hege 1981, 161), tatsächlich ist die Vielzahl an „Methoden" ebenso unüberschaubar geworden, wie die jeweiligen Ansätze oftmals ganz unterschiedliche Ansprüche und Reichweiten haben.

Methodenbegriff im Alltag

Eine Beschäftigung mit dem Methodenbegriff ist deshalb hilfreich, um etwas Orientierung in die Vielfalt an Verfahren zu bringen. Was sind nun genau Methoden? Gehen wir noch einmal zu einem unserer Fallbeispiele zurück: Frau Kurt befindet sich mit Frau Abels in einem ersten Beratungsgespräch (siehe dazu *Kapitel 1*).

Alltäglicher Methodenbegriff: Frau Abels „berät" planvoll und zielgerichtet

Frau Abels folgt in der Gesprächsführung einem gewissen Plan: Sie stellt Fragen in einer bestimmten Art und Weise, um die subjektive Sicht von Frau Kurt zu verstehen; sie gliedert das Gespräch in bestimmte Phasen und sorgt damit nicht zuletzt dafür, dass nach einer vorab ungefähr festgelegten Zeit bestimmte Ziele erreicht werden (dass z. B. eine gemeinsame Problemdefinition erfolgt sowie eine erste Beratung über mögliche Angebote der Jugendhilfe). Dieses planvolle und zielgerichtete Vorgehen – so auch unser Alltagsverständnis von Methode – unterscheidet das Gespräch zwischen Frau Kurt und Frau Abels von einem zwanglosen Gespräch unter Freundinnen, in dem möglicherweise auch private Probleme zur Sprache kommen. Methoden, so das Alltagsverständnis, beschäftigen sich mit dem „Wie" und erleichtern das Erreichen eines Ziels bei effektiver, planbarer Verwendung von Geld-, Zeit- und Sachmitteln.

enges Methodenverständnis

Sehr ähnlich zu einem solchen Alltagsverständnis von Methode ist der sogenannte enge wissenschaftliche Methodenbegriff. Dieser findet sich etwa bei Schilling (1993), der Methoden als „erprobte, überlegte und übertragbare Vorgehensweisen zur Erledigung bestimmter Aufgaben und Zielvorgaben" bestimmt (Schilling 1993, 66).

Kritik: Sozialtechnologie-Vorwurf

Viele Vertreter der Sozialen Arbeit als Disziplin sind allerdings skeptisch gegenüber zwei Aspekten, die das enge Methodenverständnis betont: Zum Ersten wird betont, dass eine reine Konzentration auf das „Wie" sozialpädagogischen Handelns unter Vernachlässigung des „Was" und „Warum" die Gefahr mit sich führe, dass „Manipulationstechniken" zur Veränderung von Personen oder sozialen Konstellationen entwickelt werden, ohne gleichzeitig Anleitung zur Reflexion zu geben, mit welchen Zielen diese Techniken unter welchen Umständen eigentlich eingesetzt werden sollten und dürfen.

Gefahr der Sozialtechnologie

Nehmen wir das Beispiel einer auf Konditionierung und hierarchischem Drill beruhenden Erziehungsmethode, wie sie in Ansätzen z. B. in den in der Fachöffentlichkeit zeitweise heiß diskutierten „Glen Mills Schools" in den USA (DJI 2002) erfolgt: Diese Einrichtungen arbeiten mit Mehrfachstraftätern und versuchen, diesen mittels äußerst strenger Verhaltensregeln sowie unmittelbaren positiven sowie negativen Sanktionen normkonformes Verhalten anzutrainieren. Wenn überhaupt, so erscheint eine solche Methode unter sehr engen Voraussetzungen (das „Warum") legitim, etwa als Ultima Ratio im Falle von jugendlichen Mehrfachstraftätern, denen sonst Jugendhaft droht. Das den Jugendlichen dabei „antrainierte" Verhalten (das „Was") erscheint für die Gesellschaft als „wertvoll". Bezieht man diese Reflexionen nicht in die Methode mit ein, so wird Missbrauch wahrscheinlich.

Problem der Wiederholbarkeit

Konträr zur Angst, Methoden könnten zweckentfremdet werden, gibt es zum Zweiten auch größte Zweifel an der Wiederholbarkeit und Übertragbarkeit von Verfahren in der Sozialen Arbeit – zwei Eigenschaften, über welche die Methoden prinzipiell verfügen müssen, um anwendbar und wirksam zu sein. So argumentiert Michel-Schwartze (2009, 11) etwa, dass Soziale Arbeit individuelle Fälle mit so hoher „Komplexitätsdichte" bearbeite, dass Wiederholungen im Sinne eines identischen Reproduzierens schwer vorstellbar seien. Was ist damit gemeint? Nehmen wir zunächst einmal einen mutmaßlich weniger komplexen Fall wie das handwerkliche Problem, ein Bild an einer Wand aufzuhängen. Bereits hier gibt es nicht eine Lösung, die in allen Fällen funktioniert: Während sich das Bild mit einem Nagel in einer Wand aus Holz ganz gut befestigen lässt, wird man bei Beton- oder Backsteinwänden mit der „Nagelmethode" meist scheitern und auf Dübel und Schrauben zurückgreifen müssen. Bereits bei einem

Metapher: „Nagelmethode" passt nicht immer

vermeintlich wenig komplexen Problem gibt es also typische Lösungen für unterschiedliche typische Falllagen. Auch in der Sozialen Arbeit ist es prinzipiell nötig, die individuellen Einzelfälle zu typisieren, wenn methodisch passende Lösungen gefunden werden sollen. Methoden, so hebt Michel-Schwartze (2009, 12) hervor, „haben die Funktion Wiederholbarkeit zu konstruieren" und sie tun dies gewöhnlich über Typisierungen. Umso schmaler dabei die Lösungswege umschrieben sind, umso enger sind auch die Typisierungen, auf denen sie aufbauen. Eine bekannte Gefahr an zu genauen Lösungsvorschlägen und zu engen Typisierungen ist dabei, dass wir unseren (meist sehr begrenzten) Typisierungen „aufsitzen" und die Besonderheit des Falles übersehen. Wiederum ins Handwerkliche übertragen, entspricht dies der Gefahr, nur noch Nägel wahrzunehmen, wenn man gerade einen Hammer in der Hand hält.

Methoden sind nicht zielfrei

Gerade das letztgenannte Beispiel zeigt dabei zweierlei: Zum Ersten sind Methoden keineswegs zielfrei. So impliziert das Hämmern als Methode ein bestimmtes Ziel (den Nagel versenken) und selbst eine relativ zieloffene „Methode" wie das Konditionieren weist Beschränkungen auf: So lässt sich etwa durch Konditionierung kaum die Entwicklung eines Menschen zu einer selbstständigen, selbstbewussten, verantwortungsvollen, kreativen Persönlichkeit unterstützen. Dass dem so ist, erkennt man, sofern man den Blick von der reinen Handlungstechnik hin zum theoretischen Kontext lenkt, in den diese „Methode" eingebettet ist, und damit einem weiteren Methodenverständnis folgt. In diesem Falle bildet nämlich der Behaviorismus den Kontext der Methode. Dieser betrachtet den Menschen als nicht einsehbare Blackbox, d.h., das Interesse gilt in dieser Theorie nur den beobachtbaren äußeren Reaktionen auf Impulse – und nur diese Beobachtungen und nicht innere Haltungen oder Werte lassen sich folglich durch Konditionierung beeinflussen.

eine Methode allein nicht ausreichend

Zum Zweiten wird auch deutlich, dass eine Methode alleine zur Bewältigung komplexer Probleme oft nicht ausreicht – spätestens wenn verschiedene „Methoden" (Hämmern, Bohren, Schrauben) nötig werden, um ein Problem zu bewältigen, bedarf es umfassenderer Überlegungen: Welche „Methode" sollte wann, wie und zu welchem Zweck im Gesamtkontext angewendet werden?

das weitere Methodenverständnis

Es gibt also mindestens zwei Gründe, Methoden der sozialen Arbeit in einem weiteren Kontext zu betrachten: Zum einen sind

Methoden nie völlig zielneutral. Das „Was“ und das „Warum“ ist also untrennbar mit dem „Wie“ verbunden: Methoden sind „nach oben hin“ in *Konzepte* eingebettet. Zum anderen erfordert die Komplexität des Gegenstandes Sozialer Arbeit, dass Methoden vielfältige Werkzeuge beinhalten, um fallangepasstes Arbeiten zu ermöglichen: In unserer Terminologie umfassen Methoden in der Sozialen Arbeit vielfältige *Techniken*. In der Sozialen Arbeit hat sich demzufolge ein weiteres Methodenverständnis durchgesetzt, bei dem im Anschluss an Geißler und Hege (1995) zwischen Konzepten, Methoden und Techniken (auch: Verfahren) unterschieden wird.

Definition:

Methoden sind demnach untrennbar eingebettet in **Konzepte**, welche „die Ziele, die Inhalte, die Methoden und die Verfahren in einen sinnhaften Zusammenhang stellen“ (Geißler/Hege 1995, 23). Konzepte weisen dabei Begründungen und Rechtfertigungen aus für Ziele, Methoden und konkrete Verfahren/Techniken und ermöglichen eine fallbezogene Bestimmung von angemessenen Zielen. **Methoden** sind diesem Verständnis nach unverzichtbare Teilaspekte von Konzepten. Mit dem Begriff der Methode kann man jene Teile an einem Konzept bezeichnen, in dem vorausgedachte Pläne des Vorgehens skizziert werden, in dem also Handlungswissen und nicht Erklärungs- oder Begründungswissen geboten wird (Galuske 2007, 27; Geißler/Hege 1995, 24). Schließlich sind **Verfahren oder Techniken** wiederum unabdingliche Bestandteile von Methoden, die weitaus weniger komplex sind. Sie antworten auf ein sehr spezifisches Handlungsproblem, auf ein Detailproblem im Rahmen des Vorgehens (Galuske 2007, 27f; Geißler/Hege 1995, 29f).

Konzepte umfassen Methoden und diese wiederum Techniken (siehe dazu *Abb. 7.1*). Konzept und Methode betonen unterschiedliche Aspekte einer Sache, lassen sich als „zwei Seiten einer Medaille“ aber nur gemeinsam diskutieren (Kreu-

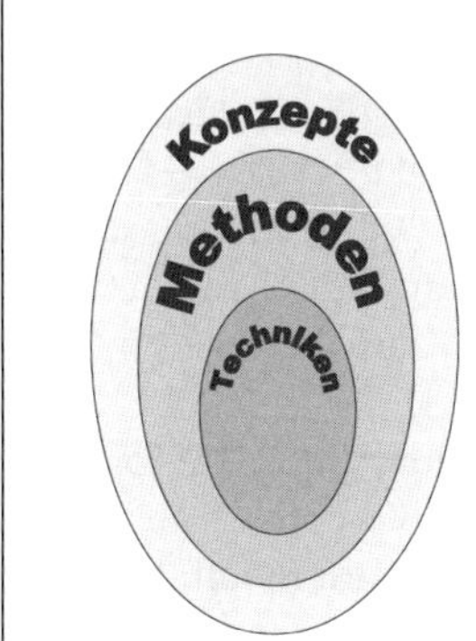

- **Konzepte** als Handlungsmodelle, in welchen die Ziele, die Inhalte, die Methoden und Techniken in einen sinnvollen Zusammenhang gebracht werden – *Rechtfertigung von Zielen und Weg.*
- **Methoden** als vorausgedachte Pläne und Vorgehensweisen – *begründete Planung des Vorgehens.*
- **Techniken** als Antworten auf Detailprobleme im Lösungsweg – *was kann wann und wie sinnvoll eingesetzt werden?*

Abb. 7.1: Konzepte, Methoden und Techniken – eigene Darstellung nach Galuske (2007, 28)

zer 2006). Was heißt dies für die Praxis? Schauen wir uns noch einmal das Fallbeispiel Kurt/Abels an:

Konzepte, Methoden und Techniken in einer Beratungssituation
Nehmen wir an, die Beratungsstelle von Frau Abels orientiert sich am Konzept einer dienstleistungsorientierten Sozialen Arbeit (Olk/Otto 2003, Schaarschuch 1999). Dieses Konzept geht davon aus: Für soziale Dienstleistungen ist es grundlegend, dass der Nutzer einer Dienstleistung mindestens Koproduzent der Leistung, wenn nicht sogar deren Hauptproduzent (Schaarschuch 2003) ist. Wenn die Mitarbeit einer Nutzerin wie Frau Kurt Voraussetzung für das Gelingen einer sozialen Dienstleistung ist, muss die Arbeit an Frau Kurts Problemen und an der Problemsicht von Frau Kurt ansetzen. Während ein psychologisches Testverfahren dazu wenig geeignet wäre, passt z. B. die Methode der klientenzentrierten Gesprächsführung gut in ein solches Konzept, da sie darauf abzielt, positive Wertschätzung gegenüber den Ratsuchenden zu zeigen und deren Problemsicht zu verstehen. Innerhalb des Gespräches wird Frau Abels einer gewissen Gesprächsstruktur (Gesprächsführungstechnik) folgen sowie Fragetechniken anwenden.

Dabei ist das Verhältnis von Konzepten, Methoden und Techniken in der Praxis weder statisch noch eindeutig: So gibt es durchaus andere Methoden der Gesprächsführung, die ebenfalls in den Rahmen eines dienstleistungsorientierten Beratungskonzeptes passen würden, wie Frau Abels vielleicht auch vereinzelt Techniken nutzen wird, die eigentlich einer anderen Methode entstammen. Nichtsdestotrotz sollte Frau Abels prüfen, inwieweit diese Techniken zum Konzept passen – ihr sollte bewusst sein, dass sie z. B. mit wertenden Äußerungen oder „konfrontativen" Fragetechniken den konzeptionellen Rahmen ihrer Einrichtung verlassen würde und die Prinzipien und auch Erfolge ihrer bis jetzt geleisteten Arbeit konterkarieren würde.

Nicht immer lassen sich in der Sozialen Arbeit Konzepte genau von Methoden und diese wiederum von Techniken unterscheiden. Auch ist manches Konzept mehr an theoretischen Begründungen interessiert, während andere sehr „methodenlastig" sind. Thole (2000, 228) unterscheidet deshalb recht instruktiv zwischen Theoriekonzepten (wie Lebenswelt- oder Dienstleistungsorientierung), Praxiskonzepten (in Bezug auf Familien etwa der systemische Ansatz) und Vor-Ort-Konzepten (dem konkreten Konzept z. B. einer bestimmten Beratungsstelle).

Wie interventionsbedürftig ist die Familie?

Wie bereits angedeutet, herrscht u. a. durch den Import von Praxiskonzepten aus angrenzenden Disziplinen sowie aus anderen Ländern eine kaum überblickbare Methodenvielfalt in der Sozialen Arbeit vor. Dies gilt auch für die Soziale Arbeit mit Familien. Zum Zweck einer Übersichtlichkeit wird deshalb häufig auf eine Gliederung des Feldes nach der Interventionsbedürftigkeit der Familien zurückgegriffen, die im Prinzip auch bereits im

SGB VIII angelegt ist: So wird häufig unterschieden zwischen generellen (präventiven) Konzepten zur Entwicklungsoptimierung bzw. zur Förderung der Familie (wie z.B. Familienbildung, insbesondere Elternkurse), (sekundär-präventiven) Konzepten (wie z.B. die Beratung), die sich an „Risikogruppen" wenden, und schließlich (tertiär-präventiven) Konzepten (wie die Sozialpädagogische Diagnose oder intensive Kriseninterventionsprogramme), die bei bereits eigetretenen Problemlagen deren Verfestigung verhindern und Ausmaß soweit reduzieren soll, dass ein Zusammenbleiben der Familie möglich ist (Kreuzer 2006, 99). Gelegentlich wird dieses „Trio" noch ergänzt um Maßnahmen der Familienarbeit im Falle von Fremdunterbringungen von Kindern. Uns erscheint die Einbeziehung von solchen Methoden und Konzepten wichtig, die darauf abzielen, dass Familien adäquate Hilfen bzw. Lösungen für ihre jeweiligen Bedürfnisse und Problemlagen finden. Denn angesichts der in den „reiferen" Wohlfahrtsstaaten zunehmend ausdifferenzierten Angebotslandschaft an Hilfen und Hilfeformen erscheint es wichtiger denn je, institutionelle und konzeptionelle Modelle zu entwickeln, die Familien helfen, Zugang zu den für sie adäquaten Unterstützungs- und Hilfeformen zu finden. Die bereits beschriebenen Familienzentren (siehe dazu *Kapitel 6.5*) sind eine institutionelle Reaktion auf dieses Problem, Methoden der Diagnose- und Hilfeplanung dagegen sind als methodische Antwort darauf zu verstehen.

Praxiskonzepte

In der folgenden Darstellung von Methoden Sozialer Arbeit mit Familien soll nicht die Einordnung von Methoden in umfassende „Theoriekonzepte" geleistet werden. Ebenso wenig können natürlich „Vor-Ort-Konzepte" dargestellt werden. Vielmehr sind viele entwickelte „Methoden" der sozialpädagogischen Arbeit mit Familien als „Praxiskonzepte" anzusehen, also als relativ methodenlastige „Pakete", die aber deutlich mehr sind als nur ein Werkzeugkoffer mit Techniken. Im Folgenden wollen wir eine Auswahl solcher „Praxiskonzepte" vorstellen.

Literaturempfehlungen zur Vertiefung des Themas:

Galuske, Michael (2007): Methoden der sozialen Arbeit. Eine Einführung. 7. Aufl. Juventa, Weinheim/München

7.2 Systemische Ansätze der Sozialen Arbeit mit Familien in der Beratung

von Christoph Hohage

Wie in den vorherigen Kapiteln bereits mehrfach angeklungen sein dürfte, stellt *Beratung* eine der zentralen Tätigkeiten der Sozialen Arbeit mit Familien dar. Unterschiedliche Facetten von Beratung sind dabei schon genannt worden, in diesem Unterkapitel sollen weitere Konzepte und Arbeitsformen der *Beratung als Methode* vorgestellt werden. Schon früh in der Nachkriegsgeschichte der Sozialen Arbeit stellte Klaus Mollenhauer fest, dass Beratung ein „pädagogisches Phänomen" (Mollenhauer 1965, 25) ist. Seit dieser Diagnose gilt Beratung als höchst ausdifferenzierte Methode, die in unterschiedlichen Typen von Beratungsstellen (z.B. Erziehungs- und Familienberatungsstellen) auf die unterschiedlichsten sozialen Beratungsbedarfe angewendet wird. Erstaunlicherweise wird dieses Phänomen seitens der Profession Sozialer Arbeit nur selten als Spezifikum ihrer Arbeit reklamiert. Dies hat sicher viel mit dem *alltäglichen Verständnis* von Beratung zu tun, wie sie von Menschen überall im Alltag praktiziert wird: Gute Freundinnen, Bekannte und Familienmitglieder beraten sich bei Problemen oder im Einzelhandel werden Kundinnen und Kunden *fachkundig* beraten. Im Unterschied dazu ist eine „professionelle Beratung eine personenbezogene Dienstleistung" (Belardi 2004, 327).

Beratung als pädagogisches Phänomen

Abgrenzungen der professionellen Beratung

Häufig werden in den Fachdebatten die unscharfen Grenzen zwischen Formen der Beratung und der Therapie diskutiert. In der sozialpädagogischen Beratungsarbeit mit Familien verlaufen diese Grenzen eher selten eindeutig, da beispielsweise auch in einem Erziehungsberatungsgespräch sehr persönliche, biografisch tiefgehende Probleme thematisiert werden können. Die Familien werden im Sinne des sogenannten Psychotherapiegesetzes in der BRD dann allerdings nicht *therapiert*, sondern die geleistete Hilfe wird als *Lebensorientierung* definiert. Der Versuch einer strikten Grenzziehung zwischen Beratung und Therapie kann als Kampf der beteiligten Professionen um Zuständigkeit gedeutet werden, denn nur wer „die Erlaubnis zur Krankenbehandlung hat, therapiert" (Belardi 2004, 328; vgl. Hundsalz 2006, 64), während Soziale Arbeit demgegenüber *berät*. Darin muss nicht notwendigerweise ein Nachteil gesehen werden, denn Beratung oder auch Lebensorientierung gelten bei Adressatinnen und Adressaten nicht zuletzt durch den Wegfall oftmals langwieriger Bewilligungsverfahren im Vergleich zu Therapien als deutlich niedrigschwelliger und weniger stigmatisierend (Belardi 2004, 329). Häufig wird im direkten Vergleich mit Therapie die Beratung aufgrund dieser Niedrigschwelligkeit als die Bearbeitung von weniger schwierigen Lebenskrisen missverstanden.

Definition:

Beratung „wird hier als eigenständiger Arbeitsansatz verstanden, als professionelle Verständigung zwischen Rat suchenden und Beratern" (Widulle 2012, 152).

Verschiedene *Beratungsmethoden* sind in ihre entsprechenden *theoretischen Konzepte* eingebettet. Wir können hier an dieser Stelle nur auf zwei ausgewählte Beratungsmethoden eingehen, weil das Feld der Beratung als Methode sehr heterogen ist und den Rahmen dieses Bandes sprengen würde (Widulle 2012, 156). In seiner Methodengeschichte der Sozialen Arbeit beschreibt C. Wolfgang Müller zwei für die Methode der professionellen Beratung zentrale Entwicklungslinien: die Professionalisierung der Gesprächsführung – oder auch *nondirektive Beratung* nach Carl R. Rogers genannt – sowie die *Systemische Beratung* (Müller 2006, 314).

Nondirektive Beratung

Die Rezeption der sogenannten nondirektiven Beratung nach Rogers, die sich an Therapiekonzepte der Humanistischen Psychologie anlehnt, erfolgte in Deutschland, der Schweiz und in Österreich in den 1980er Jahren. Die drei Leitlinien der Beratung nach Rogers etablierten sich als wichtige Prinzipien professionellen Handelns in der Sozialen Arbeit: *positive Wertschätzung* gegenüber den Klientinnen und dem, was sie sagen; *Echtheit* der Reaktionen auf Gesprächsinhalte sowie *Empathie* als Verstehen des Gemeinten (aber nicht notwendigerweise so Gesagten). Dennoch ist Beratung in der Sozialen Arbeit allerdings mehr als empathisches verstehendes Zuhören:

> *„Beratung fokussiert auf Problem-Ressourcen-Konstellationen und hat in der Sozialen Arbeit den expliziten Auftrag, zur Problemlösung nicht nur in kommunikativer Weise, sondern auch durch Interventionen (Ressourcenbeschaffung, Verhandlungen mit Ressourcenbesitzern und Bereitstellen eigener Ressourcen) beizutragen: Beratung vermittelt auch Informationen, sachliche und materielle Leistungen, sie ermöglicht Finanzierungen, vermittelt an andere Einrichtungen, organisiert Platzierungen und setzt Rechtsansprüche und Urteile für und gelegentlich auch gegen Klienten durch" (Widulle 2012, 152).*

Systemische Beratung

Die Systemische Beratung zählt ebenfalls zu den auf kommunikationstheoretischer Forschung basierenden Beratungs- und Therapieansätzen im Kontext der Sozialen Arbeit mit Familien.

Dieser Ansatz dürfte aktuell der in den unterschiedlichen Handlungsfeldern der Sozialen Arbeit mit Familien der am weitesten verbreitete Ansatz sein, insbesondere weil er auf dem Fort- und Weiterbildungsmarkt der Kinder- und Jugendhilfe großen Anklang gefunden hat und nach wie vor findet. Es ist nicht zu leugnen, dass die Vermittlung konkreter Handlungsmethoden im Rahmen eines Hochschulstudiums nicht oder nur kaum zu leisten ist, sodass diese Notwendigkeit für die praktische Soziale Arbeit häufig im Rahmen von Zusatzqualifikationen erworben werden muss.

Ziel einer *systemisch orientierten Beratung* ist es, die „vielfältigen dynamischen Beziehungen des Einzelnen zu den verschiedenen Personen seiner Lebenswelt" (Müller 2006, 316) zu berücksichtigen. Dies ist eine Abkehr von der Orientierung am Einzelfall bzw. von einer Konzentration auf die Hilfebedürftigkeit des Einzelfalls als Folge seiner Biografie, seiner inneren Konstitution sowie seinem möglicherweise beschränkten Zugang zu ökonomischen oder sozialen Ressourcen. Im Folgenden sollen die unterschiedlichen systemischen Ansätze der Beratung näher beschrieben werden.

Theoretische Vorannahmen und Hintergründe

Als Systemische Beratung wird ein in sich sehr heterogenes Set von Theoriekonzepten und kommunikativen Praktiken bezeichnet. Alle beziehen bei der Lösung von Problemen das soziale System bzw. das Netzwerk der Beziehungen, Regeln, Praktiken und Ressourcen ein, in welches ein Klient eingebunden ist (Schlippe/Schweitzer 2007, 23ff; Bamberger 2010, 11ff). Ihre Entwicklung ist auf das Engste mit der Integration von Theoriebausteinen der Kybernetik und des Konstruktivismus (u.a. nach Bateson, von Foerster oder Maturana und Varela) in die Psychotherapie verbunden. Ergänzend und teilweise auch konkurrierend werden zudem auch sprachphilosophische (Wittgenstein) und postmoderne (u.a. Derrida) Perspektiven als Bezugspunkte genutzt. Parallel zu dieser interdisziplinären Dynamik öffneten innovative Therapeuten wie Virginia Satir und Milton H. Erikson bereits in den 1950er und 1960er Jahren die Grundlinien der therapeutisch-beraterischen Aktivitäten sowohl für die unmittelbare Einbeziehung von Familienmitgliedern oder anderen bedeutsamen Bezugspersonen als auch für die Entwicklung von Lösungen unter Ausschöpfung unbewusster Ressourcen der Klienten. Die interne Diversität der Ansätze ist groß und kann an dieser Stelle kaum angemessen behandelt werden. So differenzieren z.B. Arist von Schlippe und Jochen Schweitzer (2007, 23ff) in ihrem Lehrbuch der systemischen Therapie und Beratung allein zehn unterschiedliche Theoriekonzepte, die allesamt als einflussreich gelten können. Im Folgenden wird deshalb exemplarisch auf die Lösungsorientierte Beratung eingegangen – auf Englisch Solution-Focused Brief Therapy (SFBT). Der Ansatz der SFBT geht insbesondere auf Steve de Shazer und Insoo Kim Berg sowie die Arbeit des von ihnen in den 1970er Jahren gegründeten Brief Family Therapy Center in Milwaukee zurück. International hat die SFBT in den vergangenen zwei Jahrzehnten starke Resonanz gefunden, was sich u.a. in verhältnismäßig breit angelegten Forschungen zur Wirksamkeit des Ansatzes ausdrückt (Gingerich et al. 2012).

Lösungsorientierte Beratung/Solution-Focused Brief Therapy (SFBT)

Das markanteste Merkmal des lösungsorientierten Ansatzes ist eine radikale Fokussierung auf die Konstruktion von Lösungen aus den Ressourcen bzw. dem Bezugssystem der Klienten. Diese Form der Systemischen Beratung arbeitet bewusst aus einer Haltung des „Nicht-Wissens" (de Jong/Berg 2008, 51) und verzichtet sowohl auf eine detaillierte Diagnostik der Probleme und Problemursachen als auch (im markanten Unterschied zu zahlreichen anderen systemischen Theoriekonzepten) auf die Formulierung von Hypothesen über den systemischen Sinn eines problematischen Verhaltensmusters als Grundlage einer durch den Berater bzw. das Beratungsteam zu entwerfenden Intervention. Die Lösungsfindung beruht vielmehr auf der Entwicklung möglichst klarer und äußerst detaillierter Beschreibungen der erwünschten lebensweltlichen Situation der Klienten in emotionaler wie auch insbesondere in interaktionaler Hinsicht (de Shazer 2009; de Jong/Berg 2008). Anschließend wird dialogisch darauf hingearbeitet, einen Pfad zu identifizieren, auf dem diese Lösungsvorstellungen stufenweise verwirklicht werden können.

Vorgehensweise, Abläufe, Arbeitstechniken

Für die Anwendung der SFBT gilt, wie auch für die Mehrheit der systemischen Ansätze insgesamt, dass die zugehörigen Methoden und Techniken sowohl in klinischen Kontexten zur Therapie schwerwiegender Störungen (wie etwa Schizophrenie/wahnhafte Störungen) eingesetzt werden als auch im Zusammenhang von Beratungskontexten eine Rolle spielen, wie sie für die Soziale Arbeit mit Familien typisch sind (von Schlippe/Schweitzer 2007, 15). Die bekannteste Technik der SFBT ist die Wunderfrage, welche dazu dient, Klienten aus einem Zustand des problemzentrierten Denkens herauszulotsen und in einen lösungsorien-

Arbeitstechnik: die Wunderfrage

tierten Modus zu führen. De Jong und Berg empfehlen folgende Formulierung der Wunderfrage und diese „überlegt und dramatisch“ zu stellen:

„*Ich möchte Ihnen jetzt eine ungewöhnliche Frage stellen.* Stellen Sie sich vor, *während Sie heute Nacht schlafen und das ganze Haus ruhig ist, geschieht ein* Wunder. *Das Wunder besteht darin, dass* das Problem, das Sie hierher geführt hat, gelöst ist. *Allerdings wissen Sie nicht, dass* das Wunder geschehen ist, *weil Sie ja schlafen. Wenn Sie also morgen früh aufwachen, was wird dann anders sein, das Ihnen sagt, dass ein Wunder geschehen ist und das Problem, das Sie hierher geführt hat, gelöst ist?“ (de Jong/Berg 2008, 143).*

Der lösungsorientierte Modus, den die Wunderfrage eröffnet, bildet den Rahmen für die weitere Ausrichtung der Berater-Klienten-Kommunikation auf ein wohlformuliertes Ziel. Eine wesentliche Schwierigkeit in der Handhabung dieser Technik ist ihre scheinbare Simplizität. Einerseits fordert bereits die erwähnte Haltung des „Nicht-Wissens“ eine hohe Selbstdisziplin in der Gestaltung eines wertschätzenden, von Neugier und Offenheit geprägten Kommunikationsstils. Andererseits erfordert die konsequente Entwicklung wohlformulierter Ziele von den Klienten „Schwerstarbeit“, denn die Entdeckung emotionaler und verhaltensbezogener Merkmale eines gewünschten positiveren Zielzustandes ist ungewohnt und herausfordernd (de Jong/Berg 2008, 163f).

Arbeitstechnik: Skalierungsfragen

Eine zweite Arbeitstechnik der lösungsorientierten Ansätze, welche die detaillierte Klärung und stufenweise Verwirklichung wohlformulierter Ziele ermöglichen soll, sind Skalierungsfragen. Diese sollen Klienten dabei unterstützen, bedeutsame Unterschiede zu erkennen und das eigene Denken und Handeln im Sinne der zuvor entwickelten Zielvorstellungen sinnvoll orientieren zu können. Eine häufig verwendete Formulierung zur Skalierung lautet: „Also, wo würden Sie sich auf einer Skala von 0 bis 10 einstufen, wenn die 0 für den Zeitpunkt steht, an dem Sie sich für therapeutische Hilfe entschieden haben, und die 10 für den Tag nach dem Wunder?“ Eine alternative Formulierung wäre „Wann war es das letzte Mal, dass das Wunder ein Stück weit geschehen ist – vielleicht auch nur ein ganz winziges Stück weit?“ (de Shazer 2009, 103). Skalierungsfragen werden häufig im Anschluss an die Wunderfrage verwendet, können aber genauso zur Schaffung einer Repräsentation des Beratungsfortschritts eingesetzt werden. Im Kern geht es dabei stets um den Zugang zur Wahrnehmung

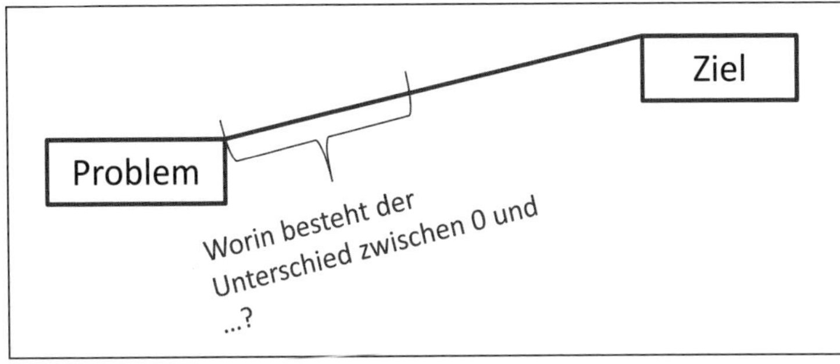

Abb. 7.2: Skalierungsfragen als Dialog über bedeutsame Unterschiede (De Shazer 2009, 102ff)

der Klienten sowie um die Entwicklung detaillierter Beschreibungen von Merkmalen des Fortschritts im Prozess der Verwirklichung der Ziele der Klienten (de Shazer 2009, 102ff).

Wunderfragen und Skalierungsfragen sind konstitutive Techniken der Lösungsorientierten Beratung. Sie werden in ein Vorgehensmodell integriert, welches gegen Ende der Beratung zunächst eine kurze Pause vorsieht, an welche sich eine würdigende Rückmeldung in Kombination mit Vorschlägen bzw. „Hausaufgaben" für den Klienten anschließt (de Shazer/Berg 1997).

Einordnung und Kritik

Generell gilt, dass systemische Theoriekonzepte in der Sozialen Arbeit gerade sehr „angesagt" sind (Haselmann 2007, 204) und starken Einfluss auf die Erziehungs- und Familienberatungsstellen genommen haben (Zander et al. 2003, 9). Welchen Anteil hieran die Lösungsorientierte Beratung trägt, ist schwer bestimmbar. Einige Hochschulen bieten Einführungskurse an und ein Netzwerk von Weiterbildungsinstitutionen bietet zertifizierte Weiterbildungen zur SFBT für Sozialarbeiter an. Mit den deutschsprachigen Übersetzungen der wichtigsten Publikationen von de Shazer (2009; 1997; de Shazer et al. 2008) und de Jong/Berg (2008) sowie mit dem „Klassiker" von Bamberger (Bamberger 2010) sind die Rezeptionsmöglichkeiten des Ansatzes generell positiv einzuschätzen.

Um im Konfliktfall die dynamischen Beziehungen innerhalb des Familiensystems bearbeiten zu können, greifen die Fachkräfte gelegentlich aktiv in die Kommunikationsroutinen der Familie ein (Minuchin 1997). Ein solcher *Eingriff* in die Kommunikationsroutinen ist umstritten und z.B. mit einem tendenziell nondirektiven Beratungsansatz nicht vereinbar. Wie allein diese z.T. verkürzte Darstellung von zwei Beratungsansätzen, die für die Soziale Arbeit relevant sind, zeigen kann, ist es nicht möglich, von *der* Methode der Beratung zu sprechen; vielmehr zeigt sich, dass mit dem jeweiligen theoretischen Grundverständnis jeweils sehr unterschiedliche Beratungsmethoden und -techniken verbunden sein können.

Grundprinzip der Beratung: Freiwilligkeit

Unabhängig davon, welcher Ansatz für die Soziale Arbeit mit Familien gewählt wird, ist es sowohl für die Beratenden als auch für die Adressatinnen unausweichlich, den Auftrag der Beratung gemeinsam zu klären. Die zentrale Frage hierbei ist, ob der Auftrag zur Beratung *freiwillig* oder unter Zwang zustande gekommen ist. Zwangsberatung, wie sie beispielsweise bei Trennung und Scheidung bzw. bei der juristischen Klärung des Sorgerechts notwendig sein mag, wird als erschwerende Voraussetzung für Beratung angesehen (Weber/Schilling 2012). Die Freiwilligkeit der Beratung ist ebenso unter den Bedingungen von sogenannten totalen Institutionen wie dem Gefängnis, der Psychiatrie oder geschlossenen Heimen stark eingeschränkt (Widulle 2012, 154).

Literaturempfehlungen zur Vertiefung des Themas:

de Jong, Peter/Berg, Insoo Kim (2008): Lösungen (er)finden. Das Werkstattbuch der lösungsorientierten Kurztherapie. 6. Aufl. Modernes Lernen, Dortmund

Schwing, Rainer/Fryszer, Andreas (2010): Systemisches Handwerk. Werkzeug für die Praxis. Vandenhoeck & Ruprecht, Göttingen

Widulle, Wolfgang (2012): Gesprächsführung in der Sozialen Arbeit: Grundlagen und Gestaltungshilfen. 2., durchges. Aufl. VS, Wiesbaden

7.3 Sozialpädagogische Familiendiagnose

Alice Salomon 1926: Soziale Diagnose

Diagnosen in der Sozialen Arbeit mit Familien sind relativ alt. Der in der Sozialen Arbeit älteste methodische Diagnoseansatz ist die „Soziale Diagnose“. Sie wurde 1926 von Alice Salomon in Deutschland entwickelt; die Methode war aber schon in der Gemeindearbeit in England und in den USA gebräuchlich. Mit der Einführung eines umfassenden staatlichen Wohlfahrtssystems und der Bildung von Sozial- und Jugendämtern während der Weimarer Zeit gingen Versuche einher, „Methoden der Feststellung, der Ermittlung des Notstands“ (Salomon 1926, 7) einzuführen, um den Hilfebedarf für Familien zu begründen und Hilfen gezielt zu planen. Alice Salomon vertrat einen methodischen Arbeitsansatz, den man heute „lebensweltorientiert“ (Thiersch 1992) nennen würde: Die Fürsorgerinnen der Außendienste des Jugend- oder Sozialamts sollten die Notlage von Familien im Kontext ihres Umfeldes deuten, um „Hilfsmöglichkeiten am Ort nutzbar zu machen“ (Salomon 1926, 43). Die Soziale Diagnose stützte sich auf Gespräche der Fürsorgerin mit der Familie, mit Nachbarn, Lehrern etc. Bei dem „Hilfsplan“ sollten auch die Klienten beteiligt werden.

zur psychosozialen Diagnose weiterentwickelt

Die Soziale Diagnose fand in der Praxis zunächst nur wenig Anklang. Das Hamburger Jugendamt versuchte im Jahr 1926, die Diagnose in der Praxis umzusetzen (Uhlendorff 2003, 405ff). Der methodische Ansatz wurde in den 1970er und 1980er Jahren unter dem Begriff „psychosoziale Diagnose“ wesentlich weiterentwickelt: Die Diagnose orientierte sich an der systemischen Familientherapie und an Methoden der angewandten Psychologie. Sie erhielt dadurch erst eine stärkere fachwissenschaftliche Fundierung. Die schriftlich verfassten Diagnosen umfassten in der Regel erstens eine Familienanamnese und zweitens eine dichte Beschreibung der aktuellen Lebenslage, der Befindlichkeiten der Familienmitglieder und ihrer Beziehungen untereinander. Der dritte Teil, die eigentliche Diagnose, bestand aus einer pädagogischen, meist an die systemische Familientherapie angelehnten Interpretation und einer Prognose, wie man die Lebenssituation der Betroffenen verbessern könnte. Sie endeten mit einem Vorschlag über die Hilfeart (Pflegefamilie, Heim etc.). Für die tatsächliche praktische pädagogische Arbeit in Heimen, Tagesgruppen oder Pflegestellen waren die psychosozialen Diagnosen allerdings nur wenig hilfreich (Freigang 1986 und Petermann 1987), da die Hilfevorschläge sehr allgemein formuliert waren.

Diagnosen in der Jugendhilfe?

Mit dem Inkrafttreten des Kinder- und Jugendhilfegesetzes (SGB VIII) wurde die Notwendigkeit psychosozialer Diagnosen in der Fachöffentlichkeit infrage gestellt. Wie in *Kapitel 5* erläutert, sieht das Gesetz (§ 36 SGB VIII) die Beteiligung und aktive Mitwirkung der Hilfeempfänger bei der Hilfeplanung vor. Nach Auffassung vieler Fachleute verleiht die gesetzlich vorgeschriebene Mitwirkung der Eltern und Jugendlichen der Hilfeplanung den „Charakter eines ‚Aushandlungsverfahrens‘, der in zentralen

Aspekten von ‚Behandlungs'-Vorstellungen bisheriger Diagnosekonzepte abweicht" (Merchel 1994, 49). Einige Experten wie Joachim Merchel schlugen vor, auf psychosoziale Diagnosen in der Praxis ganz zu verzichten und den Begriff „Diagnose" in der Jugendhilfe grundsätzlich nicht mehr zu verwenden. Andere hielten, wenn auch in veränderter Form, Diagnosen in der Jugendhilfe für wichtig und verwendeten den Begriff weiter, wie z.B. Mollenhauer/Uhlendorff (1992), Burkhard Müller (1993) und Viola Harnach-Beck (1995).

Ziele sozialpädagogischer Diagnosen

Dass Diagnosen in der Jugendhilfe weiterhin notwendig sind, hängt mit den z.T. unbestimmten Rechtsbegriffen in der Jugendhilfe zusammen wie z.B. „erzieherischer Bedarf", „Wohl des Kindes". Die Fachkräfte der Jugendämter sind somit aufgefordert, diese unbestimmten Rechtsbegriffe mit Inhalten zu füllen, zu klären, ob „eine dem Wohl des Kindes entsprechende Erziehung gewährleistet ist". Sie müssen entscheiden, ob ein erzieherischer Bedarf besteht und welche Hilfeart infrage kommt. Diesen Klärungsprozess nennt Müller Diagnose; er umfasst eine Deutung der Lebenslage und Prognosen über diejenigen Bedingungen, unter welchen sich die Lage verbessern könnte. Er plädiert dafür, sich in der Jugendhilfe von einem Verständnis von Diagnose zu lösen, „das vom medizinischen Feld geprägt ist, und wonach Maßstab der Diagnose im Einzelfall ausschließlich das jeweils relevante Expertenwissen ist (als das ‚anerkannte Allgemeine'), während rechtliche Erwägungen und Klientenwünsche allenfalls bei der folgenden Behandlung und auch nur am Rande eine Rolle spielen" (Müller 1993, 67). Diagnose heißt zu klären, „Wer hat welche Probleme?" und „Was ist aus fachlicher Sicht zu tun?". Die Diagnose muss einer doppelten Kontrolle unterzogen werden, nämlich der mehrerer Fachleute und vor allen Dingen der Kontrolle durch die Betroffenen selbst (Müller 1993, 67f). Es geht nicht darum, die fachliche Sichtweise gegenüber den Betroffenen durchzusetzen, sondern um das Bemühen um einen fairen Kompromiss:

sozialpädagogische Diagnose als Klärungsprozess

Diagnose zielt auf Kompromiss ab

„Geht man davon aus, dass es Aufgabe von Anamnese und Diagnose ist, a) herauszufinden, was SozialpädagogInnen aus fachlicher Sicht zur Veränderung der Lage (oder des Verhaltens) ihrer Adressaten berechtigterweise ‚wollen' müssen, und b) herauszufinden, welcher ‚berechtigter Wille' ihre Adressaten dazu bringt, ihr Leben so zu gestalten, wie sie es tun – so bleiben für die Intervention zwei weitere Aufgaben: Zum einen die Aufgabe, c) den genannten ‚Kompromiss' zwischen beiden zu finden (statt die eigene Sichtweise mög-

lichst vollständig durchzusetzen). Zum anderen die Aufgabe, d) die ‚notwendigen Leistungen' für die praktische Umsetzung dieses Kompromisses gekonnt zu erbringen." (Müller 1993, 70)

Während der 1990er Jahre wurden im Wesentlichen drei Diagnoseansätze diskutiert: Burkhard Müllers Konzept der multiperspektivischen Fallarbeit (Müller 1993), die psychosoziale Diagnosemethode von Viola Harnach-Beck (1995) und die Sozialpädagogische Diagnose von Klaus Mollenhauer und Uwe Uhlendorff (Mollenhauer/Uhlendorff 1999, Uhlendorff 2012a). Das Spektrum von Diagnoseansätzen in der Sozialen Arbeit hat sich im letzten Jahrzehnt wesentlich erweitert. Mittlerweile gilt es in weiten Kreisen der Fachöffentlichkeit unumstritten, dass sozialpädagogische Diagnosen zum Handwerkszeug von Fachkräften sozialer Dienste gehören. Einen Überblick über die diversen Ansätze geben Friedhelm Peters (2002), Maja Heiner (2004) und Christian Schrapper (2010). Ob und in welchem Umfang die unterschiedlichen Diagnosemethoden in der Praxis tatsächlich umgesetzt werden, ist unklar. Eine der wenigen Diagnosemethoden, die einer Evaluation unterzogen wurde, ist die Sozialpädagogische Familiendiagnose von Uhlendorff/Cinkl/Marthaler (Cinkl et al. 2012). Sie soll im Folgenden näher erläutert werden.

Sozialpädagogische Familiendiagnose

Theoretische Vorannahmen und Hintergründe

Die Sozialpädagogische Familiendiagnose geht von zwei Grundprämissen aus: (1.) Soziale Arbeit unterstützt Familien dabei, ihre Schwierigkeiten mehr oder weniger selbstständig zu lösen (mit Ausnahme von schweren Fällen von Kindeswohlgefährdung, wo ein Eingriff in die Familie erforderlich ist). Sie versucht deshalb, die Selbsttätigkeit der Klienten zu aktivieren. Um erfolgreich zu sein, setzt sie an den Problemdeutungen der Eltern, Kinder und Jugendlichen an. Der gemeinsam zu erstellende Hilfeplan ist gleichsam ein gemeinsames Arbeitsbündnis zwischen den Fachkräften der sozialen Dienste und den Klienten. Im Hinblick auf ein *gemeinsames Arbeitsbündnis* besteht das erste Ziel der Sozialpädagogischen Familiendiagnose darin, die Konfliktthemen und die subjektiven Hilfepläne (d.h. die Vorstellungen der Familienmitglieder darüber, wie die Probleme bewältigt werden können) transparent zu machen. Die Diagnosen basieren deshalb auf Interviews mit den Familienmitgliedern. (2.) Arbeitsbündnisse enthalten darüber hinaus einen von beiden Seiten – von den sozialpädagogischen Fachkräften und den Klienten – akzeptierten Arbeitsauftrag. Das zweite Ziel der Sozialpädagogi-

Selbsttätigkeit der Klienten

Ziele: sozialpädgogische Aufgaben im Arbeitsbündnis

schen Familiendiagnose besteht darin, *sozialpädagogische Aufgabenstellungen* zu entwickeln, die an die Konfliktthemen anknüpfen und längerfristig zur Bewältigung der Probleme beitragen. Bei dem Aushandeln der Aufgabenstellung (Hilfeplan) verschränken sich also zwei Perspektiven – die Vorstellungen der Fachkräfte, was aus ihrer Sicht für die Bewältigung der Schwierigkeiten ratsam ist, und die Erwartungen der Familienmitglieder an das Helfersystem.

Vorgehensweise, Abläufe, Arbeitstechniken

Das Diagnoseverfahren besteht aus folgenden Arbeitsschritten (Uhlendorff et al. 2008, 175ff):

Fragestellung formulieren

Schritt 1: Vorbereitung der Familieninterviews und Formulierung einer Fragestellung. In der Regel haben die Fachkräfte vom ASD oder freien Träger vor dem eigentlichen Diagnoseprozess schon Vorgespräche mit der Familie geführt. In einem ersten Schritt werden im Fachteam (Fachkräfte des ASD oder des freien Jugendhilfeträgers) die Informationen aus den Vorgesprächen zusammengestellt und darauf basierend Fragestellungen entwickelt, die im Vorfeld des Hilfeplangesprächs mit der Familie zu klären sind. Man nennt dies auch den „Clearing-Auftrag". Anschließend gilt es, die Familienmitglieder über den Sinn und Zweck der Diagnose zu informieren und bei deren Einwilligung (die Diagnose ist freiwillig) zu klären, wer an den Interviews teilnimmt.

Familiengenogramm erstellen

Schritt 2: Erklärt sich die Familie bereit, an einer Familiendiagnose teilzunehmen, wird sie von ein oder zwei sozialpädagogischen Fachkräften in der Wohnung besucht. Zunächst wird gemeinsam mit einem Elternteil oder beiden Elternteilen ein Familiengenogramm erstellt. Es dient dazu zu klären, wer zur Familie gehört, und die Familiengeschichte zu rekonstruieren. Wie ein solches Genogramm aussieht, zeigt die *Abbildung 7.3.*

Interviews führen

Schritt 3: Ist das Genogramm erstellt, beginnt die Interviewphase. Die Elternteile und Jugendlichen werden einzeln interviewt. Grundlage dafür ist ein Interviewleitfaden, der offene Fragen enthält (Uhlendorff et al. 2008, 224ff). Die Interviewgespräche dauern ca. 45 Minuten und werden auf Tonträger aufgezeichnet.

Interviews im Fachteam auswerten

Schritt 4: Die Tonaufzeichnungen werden in einer gemeinsamen Teamsitzung (Mitarbeiterinnen des Jugendamtes, Fachkräfte von freien Trägern) abgespielt und protokolliert. Dabei werden alle signifikanten Mitteilungen der Elternteile nach den folgenden Kategorien zusammengefasst:

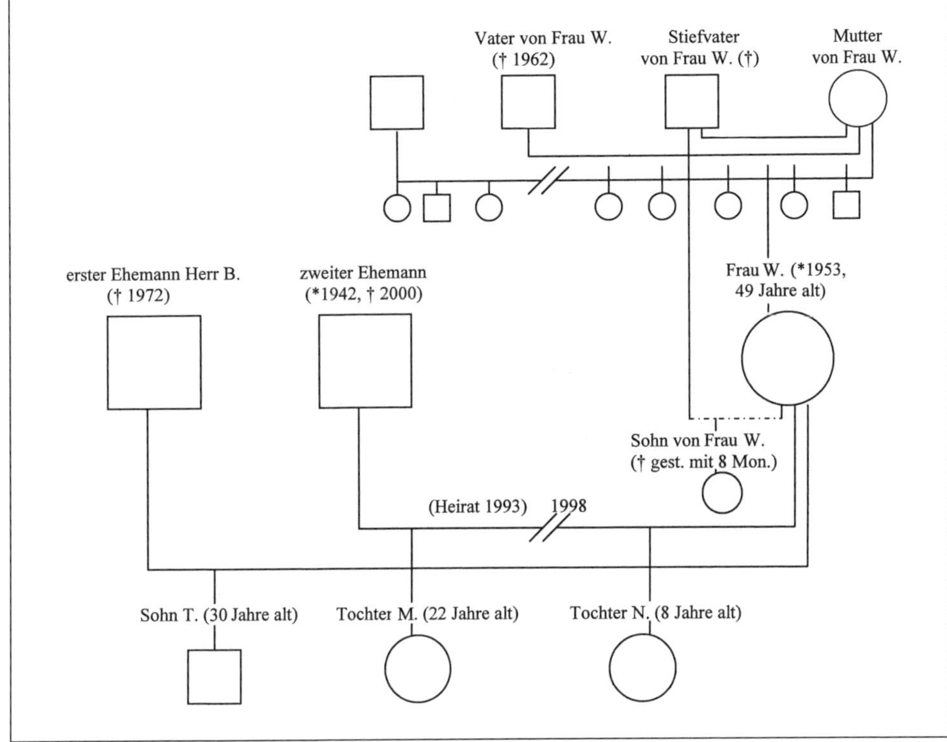

Abb. 7.3: Genogramm der Familie W. (// = Trennung/Scheidung)

1 Familiengeschichte/biografische Erfahrungen
2 sozioökonomische Rahmenbedingungen (Einkommen, Arbeitssituation, Gesundheit, Wohnbedingungen)
3 Erfahrungen mit öffentlichen Einrichtungen
4 familiäre Arbeitsteilung (Wer macht was im Haushalt?)
5 familiäre Zeitstrukturen
6 Erfahrungen mit der Kindererziehung
7 Selbstbilder und Personenentwürfe
8 familiäre Interaktionserfahrungen, Fürsorgemuster
9 informelles Unterstützungs- und Helfersystem
10 Partnerschaftskonzepte
11 Belastungen der Familienmitglieder
12 subjektiver Hilfeplan

Nun beginnt die Analysephase. Anhand des Protokolls werden die zentralen Konfliktthemen der Elternteile herausgearbeitet und möglichst in deren Sprache auf einem Flipchart-Bogen festgehalten. Auf einem weiteren Flipchart-Bogen werden die Ressourcen der Familie zusammengefasst. Die Auswertung der Jugendlicheninterviews erfolgt nach ähnlichen Kategorien (vgl. ausführlich Uhlendorff 2010a, 154ff). Der letzte Analyseschritt besteht darin, anhand der Belastungen, Ressourcen, des subjektiven Hilfeplans und der Konfliktthemen sozialpädagogische Handlungsvorschläge zu entwickeln, von denen angenommen werden kann, dass sie die Familienmitglieder bei der Bewältigung der Schwierigkeiten unterstützen.

Rückmeldung an die Familienmitglieder

Es findet ein weiteres Gespräch mit der Familie statt. Die Protokolle und die Flipchart-Bögen mit den erarbeiteten Konfliktthemen, subjektiven Hilfeplänen und den Ressourcen werden von der Fachkraft den Familienmitgliedern vorgestellt. Ziel des Gespräches ist es zu klären, ob sich die einzelnen Familienmitglieder richtig verstanden fühlen. Ggf. werden die Konfliktthemen und die skizzierten Ressourcen modifiziert. Anschließend werden mit den Familienmitgliedern Handlungsvorschläge entwickelt, die zur Lösung der Schwierigkeiten beitragen. Sie umfassen Aktivitäten, die von den Familienmitgliedern erbracht werden, aber auch solche, die von den sozialpädagogischen Fachkräften geleistet werden. Bei dem Aushandlungsprozess bringt die Fachkraft auch die Vorschläge ein, die im Team erarbeitet wurden. Im Unterschied zu anderen Diagnosen schließt sich an die Sozialpädagogische Familiendiagnose also kein Behandlungsplan an. Es findet ein Aushandlungsprozess zwischen den Fachkräften des Allgemeinen Sozialen Dienstes oder der Betreuungseinrichtung und den Familienangehörigen statt, bei dem ein Gesamtplan entwickelt werden soll, der die Zustimmung aller Beteiligten findet.

Hilfeplanung

Die Ergebnisse der Diagnose bilden schließlich die Grundlage für das offizielle Hilfeplangespräch, an dem Mitarbeiterinnen des Jugendamts, die Familienmitglieder, Fachkräfte von freien Jugendhilfeträgern (falls die Erbringung der Hilfe von einem freien Träger geleistet werden soll) und ggf. andere Fachkräfte beteiligt sind. Gegenstand des Gesprächs ist die Erstellung eines Hilfeplans, der von den Beteiligten unterzeichnet wird und als Grundlage für den Hilfeprozess dient.

Einordnung und Kritik

Die Sozialpädagogische Familiendiagnose bildet oft nur einen

Mosaikstein im Hilfeplanprozess. Es werden je nach Bedarf und Kontext noch andere Diagnosen und Testverfahren eingesetzt wie z. B. medizinische, psychologische und psychiatrische Diagnosen und kognitive Leistungstests. Die sozialpädagogische Diagnose ist der Beitrag, den die sozialpädagogischen Fachkräfte im Gesamtspektrum der Diagnosen zur Bedarfsklärung leisten.

Literaturempfehlungen zur Vertiefung des Themas:

Uhlendorff, Uwe/Cinkl, Stephan/Marthaler, Thomas (2008): Sozialpädagogische Familiendiagnosen. Deutungsmuster familiärer Belastungssituationen und erzieherischer Notlagen in der Jugendhilfe. 2. korr. Aufl. Juventa, Weinheim/München

Uhlendorff, Uwe (2010): Sozialpädagogische Diagnosen III. Ein sozialpädagogisch-hermeneutisches Diagnoseverfahren für die Hilfeplanung. 3. aktual. Aufl. Juventa, Weinheim, München

Cinkl, Stephan/Gedik, Kira/Kraase, Hans-Ulrich (2012): Praxishandbuch Sozialpädagogische Familiendiagnosen. Verfahren – Evaluation – Anwendung im Kinderschutz. Barbara Budrich, Opladen/Berlin/Farmington Hills

7.4 Familiengruppenkonferenz

Die Familiengruppenkonferenz (abgekürzt FGK) ist ein international weitverbreitetes familienorientiertes Konzept, das Familien und deren sozialen Netzwerken bei familialen Problemen ein Forum für Entscheidungsprozesse bieten soll. Der Begriff der *Familiengruppenkonferenz* (manchmal auch *Familienrat* genannt) ist eine Übersetzung des v. a. im englischsprachigen Raum sehr geläufigen Begriffs der *Family Group Conferences*. Er wird gelegentlich verwechselt mit einem sehr bekannten und ähnlich klingenden Erziehungsbestseller („Familienkonferenz") des US-amerikanischen Psychologen Thomas Gordon (1991), der allerdings keine inhaltliche Nähe zur FGK hat. In der entsprechenden deutschsprachigen Fachliteratur zur Familiengruppenkonferenz wird vielfach auf den Ursprung dieses Konzeptes in Neuseeland verwiesen, wo die Maori – die indigene Bevölkerung Neuseelands – Anfang der 1980er Jahre Kritik an einer bevormundenden Kinder- und Jugendhilfe übten, die mit ihrem breiten Verständnis von Familie als ausgedehntem Netzwerk von Verwandten nicht vereinbar war (Straub 2005). Eben dieser erweiterte Familienverband, also die Familie und ihr soziales Netzwerk, soll durch einberufene „Konferenzen" als Ort der kollektiven Problemdefinition und gleichzeitig der Problemlösung gestärkt werden. Ziele der FGK sind:

Ziele

- Kindern und Jugendlichen die Möglichkeit zu bieten, auch in schwierigen Situationen in ihrer Familie bleiben zu können,
- entfernte Verwandte und das soziale Umfeld in die Hilfe miteinzubeziehen und somit Ressourcen zu gewinnen,
- Fremdunterbringungen und/oder gerichtliche Kontakte von Kindern und Jugendlichen zu vermeiden/reduzieren,
- in der Arbeit mit straffälligen Jugendlichen deren Familie sowie die Opfer und deren Familie am Prozess zu beteiligen (Straub 2005, 37).

Dabei spielt die jeweilige Familienform keine Rolle und die existierenden Familientraditionen und Rituale werden nicht nur berücksichtigt, sondern sind fundamentaler Bestandteil dieses Konzeptes, indem sie den Verlauf der Konferenz maßgeblich mitgestalten. Der große Erfolg dieses Konzeptes lässt sich daran bemessen, dass es nur wenige Jahre später fester gesetzlicher Bestandteil der neuseeländischen Kinder- und Jugendhilfe geworden war und seither insbesondere in den Niederlanden und in Skandinavien ebenfalls großen Anklang findet (Hansbauer et al. 2009, 43f; Straub 2005, 37). Derzeit liegen keine genauen Zahlen bezüglich der Verbreitung der FGK im deutschsprachigen Raum vor und auf den ersten Blick scheint die fachliche Nähe zum Konzept der Hilfeplangespräche sehr groß. Beide Konzepte verbindet in jedem Fall ein partizipatives, ressourcen- und dienstleistungsorientiertes Verständnis der Hilfeplanung. Darüber hinaus greift das Konzept der FGK die in den letzten Jahren diskutierten Umsetzungsversuche einer *sozialraumorientierten* Kinder- und Jugendhilfe, die *Empowerment* im Sinne der Aneignung von Selbstbestimmung und Autonomie zu ihren Leitlinien zählt, konsequent auf (Früchtel et al. 2007). Dabei wird darauf gesetzt, dass sich im Sozialraum der Familie Partnerinnen und Partner mit ihren Ressourcen identifizieren lassen, die in den Entscheidungs- und Hilfeprozess auch über den Rahmen der Konferenzen hinaus eingebunden werden können, um so die Probleme der Familie möglichst aus eigener Kraft bzw. aus der Kraft des Sozialraumes zu lösen. Die möglichen informellen Hilfen sind dabei sehr vielfältig: Dazu kann die Hausaufgabenbetreuung eines Kindes durch eine nahestehende Verwandte oder durch einen Nach-

Theoretische Vorannahmen und Hintergründe

barn ebenso zählen wie informelle Formen der Erziehungsberatung durch erfahrene Eltern im engeren Freundeskreis. Darüber hinaus ergänzend sollen sich zusätzliche Hilfsangebote aus öffentlicher Hand durch die Konferenz stärker an den Bedürfnissen der Familie orientieren.

Vorgehensweise, Abläufe, Arbeitstechniken

Wie der direkte Vergleich beider Verfahren – also der in der BRD üblichen Hilfeplanung nach § 36 SGB VIII und der Familiengruppenkonferenz – zeigt, sind die Unterschiede insbesondere in der Rolle der fallverantwortlichen Sozialarbeiterinnen und Sozialarbeiter zu sehen. Logischerweise müssen diese bei dem Konzept der FGK ein höheres Maß an Verantwortung an den Familienverband in dem Moment abgeben, wo die Familien und ihr soziales Umfeld selbst für sich Verantwortung übernehmen. Die Professionellen agieren hier eher als Initiatorinnen und Initiatoren der Konferenz, liefern Informationen über mögliche Hilfearten und begleiten unterstützend den administrativen Prozess der Konferenz. Inklusive der Vorbereitungs- und der Nachbereitungsphase lassen sich fünf aufeinander aufbauende Phasen des FGK-Konzeptes und drei Hauptakteure unterscheiden: der Familienverband, die fallverantwortliche Fachkraft sowie ein Koordinator oder eine Koordinatorin. Letztere ist häufig eine ehrenamtlich arbeitende Person, die vertrauenswürdig und unparteiisch die Interessen der Familie vertreten und gleichzeitig mit der fachverantwortlichen Fachkraft kooperieren soll (Hansbauer et al. 2009, 53f; Straub 2005, 38). Die Fachkraft prüft mit der betroffenen Familie in der *Vorbereitungsphase* (Phase 1), inwieweit das FGK-Konzept für den vorliegenden Fall passend sein könnte und welche Personen im sozialen Netzwerk im Rahmen der Konferenz in die Entscheidungsfindung einbezogen werden können, bevor sie der Koordinatorin die weitere Planung der eigentlichen Konferenz überträgt. Beide gemeinsam informieren dann bei einem ersten Treffen alle Beteiligten in der sogenannten *Informationsphase* (Phase 2) über den Grund und die Ziele der Konferenz, das weitere Vorgehen, über die Diskussionsregeln sowie über mögliche professionelle Hilfen (Hansbauer et al. 2009, 22f). Die eigentliche Familienkonferenz findet dann in der nächsten Phase in der Regel ohne Koordinatorin und Fachkraft statt; daher wird diese auch als *„Family-only"-Phase* (Phase 3) bezeichnet (Hansbauer et al. 2009, 22f). Hier wird über die aus der Sicht des Familienverbands erforderlichen Hilfen und die Art ihrer Erbringung – formell oder informell – diskutiert. In einem Plan wird

FGK basiert auf 5 Phasen

Vorbereitungsphase

„Family-only"-Phase

dann für alle nachvollziehbar und später überprüfbar festgehalten, wer für die einzelnen Handlungsschritte verantwortlich ist.

Entscheidungsphase

Danach soll dieser Plan in der *Entscheidungsphase* (Phase 4) durch alle Beteiligten des Netzwerkes der Fachkraft und der Koordinatorin präsentiert werden. Ein solcher Plan mag aus fachlicher Sicht ungewöhnliche Handlungsschritte umfassen, sollte aber nur dann abgelehnt werden, wenn die Fachkraft das Kindeswohl absehbar (weiterhin) gefährdet sieht. In einem solchen Fall würde die Diskussion in einer weiteren *„Family-only"-Phase* erneut aufgegriffen und ein neuer Plan vorgestellt. Nach der schriftlichen Niederlegung des kollektiv erstellten Plans beginnt auch zeitnah die Umsetzung, die in einer letzten Phase, der *Überprüfungsphase*, durch die Teilnehmerinnen und Teilnehmer der Konferenz, durch die Koordinatorin und die Fachkraft überprüft wird. Dies ist der Ort, an dem das weitere Vorgehen, notwendige Änderungen und Erfolge besprochen werden (Hansbauer et al. 2009, 23).

Einordnung und Kritik

Unklar bleibt bei diesem Konzept das Verhältnis zur bereits angesprochenen Hilfeplanung nach dem Kinder- und Jugendhilfegesetz: Ist die Familiengruppenkonferenz Bestandteil der Hilfeplanung oder ist sie die Hilfeplanung selbst (Hansbauer et al. 2009, 77)? Wie steht es mit dem Zusammenwirken mehrerer Fachkräfte (kollegiale Beratung) und welchen Stellenwert hat der kollektiv erarbeitete und vorgestellte Plan gegenüber der v.a. bei Kindeswohlgefährdungen wichtigen Einschätzung und Verantwortung der zuständigen Fachkraft (Hansbauer et al. 2009, 86)? Ist die Konferenz lediglich ein Bestandteil der Hilfeplanung, besteht auch bei der FGK die Gefahr, dass aus einem Konzept zur Beteiligung von Adressatinnen und Adressaten ein technizistisches Verfahren der Scheinbeteiligung wird. Hier ist daher vollständige Transparenz notwendig. Formen der Scheinbeteiligung können bei beiden Verfahren u.a. dadurch vermieden werden, dass den Professionellen ausreichend Zeit zur erfolgreichen Umsetzung des jeweiligen Verfahrens zur Verfügung gestellt wird, ohne sie durch starre Strukturen (die Beteiligung eher ausschließen als fördern) zwischen Anspruch und Wirklichkeit zu zerreiben.

Literaturempfehlungen zur Vertiefung des Themas:

Hansbauer, Peter/Hensen, Gregor/Müller, Katja/Spiegel, Hiltrud von (2009): Familiengruppenkonferenz. Eine Einführung. Juventa, Weinheim/München

7.5 Familienbildung: Elternkurse und -trainings

In der Familienbildung ist es seit den 1980er Jahren zu einer enormen Vervielfältigung der Praxiskonzepte sowie der Angebotsformen gekommen (Tschöpe-Scheffler/Wirtz 2008; Rupp/Smolka 2007). Dies ist dadurch begründet, dass die Angebote eine wachsende Vielfalt von Adressaten erreichen sollen: So sind erstens deutliche Anstrengungen unternommen worden, auf die Pluralisierung von Familienformen mit einer entsprechenden Angebotsvielfalt zu reagieren. Zweitens wurden Konzepte in Folge der Rezeption systemischer Ansätze dergestalt erweitert, dass in einigen Angeboten die Familie als Ganzes miteinbezogen wird. Drittens sind in Reaktion auf den eingeforderten und teils auch erkennbaren Wandel der Geschlechterrollen Konzepte zur Einbeziehung von Vätern entwickelt worden. Schließlich sind viertens – in Reaktion auf die Kritik einer Mittelschichtzentriertheit der Familienbildung (Mengel 2007) – zielgruppenorientierte sowie sozialräumliche und aufsuchende Konzepte entwickelt worden, um die Integration von „bildungsfernen" Familien zu erreichen, die aus fachlicher Sicht am meisten von Familienbildung profitieren würden.

Eltern-Kind-Gruppen

Insgesamt ist allerdings festzustellen, dass verschiedene Angebotsbereiche in der Familienbildung unterschiedlich dynamisch auf diese Entwicklungen reagiert haben. Eltern-Kind-Gruppen sind *das* klassische primär-präventive (sich an alle Eltern richtende) Angebot von Familienbildungsstätten und Hebammenpraxen. Diese Gruppen bemühen sich zwar verstärkt um eine Einbeziehung der Väter sowie die Gestaltung besonderer Angebote für „Alleinerziehende", haben sich ansonsten konzeptionell aber wenig verändert. Basierend auf entwicklungstheoretischen und bindungstheoretischen Annahmen (siehe unten), sind sie durch ähnliche Ziele und Arbeitsprinzipien geprägt: In meist wöchentlichen Gruppentreffen werden den etwa gleichaltrigen Säuglingen Entwicklungsanregungen durch einfache Spielmaterialen gegeben. Die Eltern sollen lernen, die Entwicklung ihres Kindes zu fördern, kindliche Bedürfnisse besser wahrzunehmen und eine enge Bindung zu ihren Kindern aufzubauen. Weiterhin werden Austauschmöglichkeiten für die Eltern geboten und Informationen über Fragen der Säuglingspflege und Ernährung vermittelt (Tschöpe-Scheffler/Wirtz 2008).

Elternkurse und -trainings

Im Bereich von Elternkursen bzw. expliziten Elterntrainings

ist dagegen seit den 1990er Jahren eine regelrechte Explosion an Konzepten zu beobachten gewesen. Hinter Titeln und Akronymen wie EFFEKT, Eltern-AG, Eltern Coaching, Eltern Stärken, Erziehungsführerschein, FamilienTeam-Elterntraining, FuN, HIPPY, KESS-erziehen, Opstapje, FET/PET, PALME, PPP – Triple P, SAFE, Starke Eltern – starke Kinder, STEEP oder STEP verbergen sich dabei Elternkurse und -trainings, die auf teilweise sehr unterschiedlichen Theorieansätzen basieren, unterschiedliche Zielgruppen ansprechen sowie unterschiedliche methodische Besonderheiten aufweisen. *Tab. 7.1* versucht eine Übersicht über die wichtigsten Kursprogramme im deutschsprachigen Raum zu geben.

Theoretische Vorannahmen und Hintergründe

Blickt man auf die theoretischen Grundlagen dieser Vielfalt von Elternkursen, so lassen sich vier zentrale Theorieströmungen unterscheiden, die Elternkurse konzeptionell prägen (siehe zum Folgenden: Tschöpe-Scheffler 2003; 2006; Petermann et al. 2010; Heinrichs/Nowak 2009).

systemische Ansätze

Auch im Bereich der Elternkurse spielen systemische Ansätze eine wichtige Rolle. Systemische Ansätze sind, wie in *Kapitel 7.2* beschrieben, u.a. dadurch geprägt, dass sie das Verhalten eines Familienmitglieds immer im Kontext der ganzen Familie sowie des sozialen Umfelds betrachten. Außerdem gehen systemische Theorien von einem komplexen Bild des Menschen aus. Für Interventionen heißt dies, dass Menschen (und Familien) nicht direktiv beeinflussbar sind. Mithilfe bestimmter Gesprächs-, Frage- und Interventionstechniken kann das System allerdings irritiert und dazu angeregt werden, sich selbst zu verändern und einen neuen Gleichgewichtszustand anzunehmen, der den Bedürfnissen der Familienmitglieder eher entspricht.

Entsprechend dem Theorieansatz legen auf systemischen Grundlagen basierende Elternkurse den Schwerpunkt darauf, zur Reflexion des Familienalltags anzuregen und individuelle Anregungen zur „Selbstveränderung" der ganzen Familie zu geben. Das systemische Eltern-Coaching nach Schlippe (2007) arbeitet dabei z.B. viel mit Einzelarbeit sowie mit Hausbesuchen, um das ganze familiäre Umfeld zu erfassen. Alleine im Begriff „Coaching" wird außerdem klar, dass die Rolle des Sozialpädagogen darin liegt, Familien bei ihren je individuellen Wegen der Selbstveränderung zu begleiten und nicht Direktiven zu erteilen.

behavioristische Ansätze

Im deutlichen Gegensatz dazu richtet der Behaviorismus (wichtige Vertreter: J. B. Watson, B. F. Skinner, I. P. Pawlow) sein

Tab. 7.1: Elternkurse und Elterntrainings – eine Übersicht (Quellen: Armbruster 2006, Tschöpe-Scheffler 2003; 2005; Tschöpe-Scheffler/Wirtz 2008; Petermann et al. 2010; Heinrichs/Nowak 2009; Sann/Thrum 2005; Franz 2009)

Programm	Theoriehintergründe	Zielgruppe(n)	Ziele	Methoden/methodische Besonderheiten
EFFEKT (Entwicklungs-Förderung in Familien: Eltern- und Kinder-Training)	Verhaltenstherapie, kognitiver Behaviorismus	Eltern und Kinder, verhaltensauffällige Kinder	Förderung der elterlichen Erziehungskompetenz, Förderung des kindlichen Sozialverhaltens/ der Sozialkompetenz	besteht aus einem Eltern- sowie einem Kindertraining, die sowohl einzeln als auch getrennt angeboten werden Elterntraining: klassisches Gruppentraining Kindertraining: Modell-, Rollen-, Bewegungs- und Singspiele, Bildbetrachtung mit Frage-Antwort-Runden, Moderation durch Handpuppen
Eltern-AG	psychologisch: neuropsychologische Bedürfniskonzepte, Theorie impliziten Lernens, Positive Psychologie, Konsistenztheorie psychischen Geschehens	sozial benachteiligte sowie durch Migration geprägte Eltern von Kindern bis zum Schulalter, werdende Eltern	Förderung der elterlichen Erziehungskompetenz Verbesserung der kindlichen Entwicklungsparameter Verbesserung der Partizipation der Familie am sozialen Nahraum	Niederschwelligkeit: Eltern werden an ungewöhnlichen Orten (z.B. Spielplatz) angesprochen. Partizipatives Konzept, das auf Empowerment und Ressourcenorientierung setzt: Eltern werden von ausgebildeten Mentoren begleitet und darauf vorbereitet, die Gruppe eigenständig weiterzuführen. Lernen soll implizit, durch Selbsttun anstelle von Instruktion erfolgen. Der Austausch der Eltern soll angeregt und moderiert werden, nichtdirektives Konzept.
Eltern Coaching	Systemtheorie, Erziehungsstilforschung	Eltern, die das Gefühl haben, keinen Einfluss mehr auf ihre Kinder zu haben	Präsenz der Eltern wiedergewinnen und stärken, zu einem gewaltfreien, aber autoritativen Erziehungsstil befähigen	Einzelcoaching mit Elementen der systemischen Therapie, systemische Frage- und Interventionstechniken, Hausbesuche, Gruppen- und Einzelarbeit
Eltern Stärken	dialogische Anthropologie, (Buber) Salutogenese (Antonovsky)	Eltern	Eltern stärken, Selbstlernprozesse anstoßen und begleiten, Selbsthilfepotenziale aktivieren, vorhandene Ressourcen nutzen	Gegenentwurf zu inhaltlich-programmatischen Programmen: keine inhaltlichen Vorgaben und niedrige Hierarchien zwischen Teilnehmern und Leitern (alle sind Lernende). Auf der Basis von Dialogregeln (Wertschätzung und radikaler Respekt) soll im Dialog voneinander gelernt werden. Trainer ist Prozessbegleiter, Coach.
Erziehungsführerschein	eklektizistisch (Individualpsychologie, Kommunikationstheorie, systemische Familientherapie, Entwicklungspsychologie)	Eltern	Selbstreflexion, Selbsterfahrung, Stärkung der Eltern in ihrem Umgang mit Kindern, demokratische Grundwerte, Weltoffenheit und Toleranz vermitteln	Gruppentraining mit Betonung der Selbsterfahrungskomponente: Akzent auf Rollenspiele, Erarbeitung von Themen in Kleingruppen, Selbstreflexion in Kleingruppen, aktivierende Methoden
FamilienTeam-Elterntraining	Bindungstheorie, systemische Theorie, Kommunikationstheorie	Eltern mit Kindern im Kindergarten- und Grundschulalter Kinder Pädagogen	Stärkung emotionaler und kommunikativer Kompetenzen von Eltern, Förderung der sozialen und emotionalen Kompetenzen der Kinder	neben Elternkursen auch Kindergruppen, Familienintensivtrainings zu Hause sowie Fortbildungsangebote für pädagogische Fachkräfte (Multiplikatoren und Ratgeber) Methoden im Elternkurs: theoretischer Input wird durch Beispielvideos vertieft, dann praktische Übung in Rollenspielen
FuN (Familie und Nachbarschaft)	systemische Theorie, Familientherapie (Minuchin), handlungsorientiertes Lernen	Familien, Familien mit Migrationshintergrund, sozialstrukturell benachteiligte Familien	Stärkung des Zusammenhalts in der Familie und im unmittelbaren Sozialraum, Selbsthilfepotenziale aktivieren	erfahrungsorientiertes Lernen von Eltern und Kindern in direkter Interaktion verschiedene Sozialformen: Spiel zwischen Eltern und Kindern, Austausch der Eltern untereinander, Spiel der Kinder untereinander sowie Partnerarbeit zwischen Mutter/Vater und einem Zielkind

Fortsetzung der Tabelle auf Seite 184

Tab. 7.1: Fortsetzung

Programm	Theoriehintergründe	Zielgruppe(n)	Ziele	Methoden/methodische Besonderheiten
HIPPY (Home instructions for Parents of Pre-school Youngsters)	unklar bzw. unspezifsch	Familien mit Vorschulkindern, Schwerpunkt: Familien mit Migrationshintergrund und Aussiedlerfamilien Familien	Förderung der sozialen, kognitiven und emotionalen Entwicklung der Kinder, Vorbereitung auf die Schule, Stärkung des Selbstbewusstseins	Einsatz semiprofessioneller Mitarbeiterinnen, Geh-Struktur mit Hausbesuchen ergänzt durch Stadtteilgruppen (siehe Opstapje). Inhaltlich: Arbeit mit Aufgabenheften, die in den Gruppentreffen erklärt werden und bei Hausbesuchen in Rollenspielen vorgeführt werden. Eltern sollen damit ca. 5x in der Woche 20 Minuten mit ihren Kindern spielen/arbeiten.
KESS-erziehen (kooperativ, ermutigend, sozial und situationsorientiert erziehen)	individualpsychologisch (humanistische Psychologie)	Eltern von Kindern ab 2 Jahren	Eltern stärken, Kommunikation und Konfliktlösung stärken, kindliche Bedürfnisse besser verstehen, Selbstständigkeit der Kinder fördern und Kooperationen mit ihnen entwickeln	klassischer Gruppenkurs: Impulsvorträge, Handbuch, Wochenaufgaben, Erinnerungsübungen, gestellte Bilder, Bewegungsübungen, Kleingruppenarbeit, Plenumsrunden
Opstapje (Schritt für Schritt)	Entwicklungstheorie (Wygotsky, Piaget), Bindungstheorie sozial-kognitive Lerntheorie	Eltern von Kindern ab 2 Jahren, Schwerpunkt: Migranten und benachteiligte soziale Schichten	Förderung der Eltern-Kind-Beziehung, Entwicklungsförderung der Kinder durch Vermittlung altersentsprechender Spiele (weitgehend mit Alltagsmaterialien) und Anregung zu responsiven Verhaltensweisen	Einsatz semiprofessioneller Mitarbeiterinnen aus dem Milieu der Klientel soll Zugang erleichtern. Die Mitarbeiter sollen als gut annehmbares Vorbild dienen. Helfer werden professionell geschult und supervisorisch begleitet. Inhaltlich: Angebot mit Geh-Struktur, anfangs wöchentliche, später 14-tägige Hausbesuche. Dauer ca. 2 Jahre. Ergänzt durch 2-wöchige Treffen in Stadtteilgruppen.
FET/PET (Family Effectiveness Training/ Parent Effectiveness Training)	personenzentrierter Ansatz (humanistische Psychologie)	Eltern, Paare, relevante Familienmitglieder, Pädagogen	Verbesserung der allgemeinen Beziehungsfähigkeiten, Kommunikation verbessern, Methoden der Konfliktlösung ohne Verlierer	Gruppenkurs oder Selbststudium: Vorträge, Kursbuch, Rollenspiele, Gruppendiskussionen, Situationsanalysen, Übungen, Film und Audiomaterial. Inhaltlich bekannt ist die Familienkonferenz als Konfliktlösungsinstrument. PET zielt nur auf die Eltern ab, FET ist eine Weiterentwicklung, die Kinder ab 12 Jahren sowie andere wichtige Bezugspersonen einbezieht.
PALME (präventives Elterntraining für alleinerziehende Mütter geleitet von Erzieherinnen)	Bindungstheorie, entwicklungspsychologische und neurowissenschaftliche Erkenntnisse, insbesondere zur emotionalen Entwicklung von Kindern, psychoanalytische Annahmen über die Bedeutung des Vaters	mittelgradig bis deutlich belastete alleinerziehende Mütter und deren Kinder	Förderung emotionaler Kompetenzen der Eltern (und indirekt der Kinder), Stabilisierung der Mutter-Kind-Bindung, Stärkung der Erziehungskompetenz, des Verständnisses der kindlichen Bedürfnisse und der Wahrnehmung kindlicher Bedürfnisse, Konfliktlösungstraining, Stärkung des Selbstbewusstseins	klassisches Gruppentraining mit Informationen/Input, Übungen und Hausaufgaben. Spezielle Ausrichtung auf die Prävention typischer Probleme Alleinerziehender und deren Kinder (Parentifizierung des Kindes, Loyalitätsprobleme der Kinder, Vermischung des Paarkonfliktes mit Elternverantwortung) Leitung durch gemischt geschlechtliches Team von Erzieherinnen und Erzieher, das als Modell einer funktionierenden Mann-Frau-Beziehung fungieren soll. Es soll außerdem ein anderes männliches Rollenbild vermittelt werden („es gibt auch Männer, die nicht abhauen, wenn es schwierig wird").

PPP – Triple P (Positive Parenting Programme)	Behavioral, u.a.: sozial-kognitive Lerntheorie, verhaltensanalytische Modelle, operantes Lernen	Eltern, Eltern von verhaltensauffälligen Kindern, Eltern von behinderten Kindern	angemessenes Erziehungsverhalten erlernen, Umgang mit kindlichen Problemverhalten erlernen, angemessene Kommunikation erlernen und positive Beziehung zum Kind entwickeln, Prävention von Verhaltensstörungen	5 verschiedene ‚Intensitätsstufen' im Programm. Arbeit reicht von offenen Informationsabenden, Fortbildungen am Arbeitsplatz, TV-Filmen über Gruppenprogramme bis zur Individualbetreuung. Möglichkeit zum Selbststudium. Varianten für Teens sowie Eltern behinderter Kinder. Inhaltlich: Klar strukturierte Techniken und Anweisungen zur Erziehung, verhaltensanalytische Konzepte (klare Anweisungen, sichere Lernatmosphäre) sowie operantes Lernen (Belohnung durch Lob und Token, Sanktion durch Ignorieren und Auszeit-Techniken)
SAFE	Bindungstheorie	werdende Eltern, Eltern mit Traumata	sichere Bindung zum Kind entwickeln, emotionale Bedürfnisse der Babys besser wahrnehmen und feinfühlig darauf reagieren, ggf. Weitergabe eines Traumas vermeiden	umfasst 4 vorgeburtliche Termine und 6 nachgeburtliche Termine bis zum 12. Lebensmonat des Kindes Neben Elementen eines klassischen Gruppentrainings Schulung mit Videosequenzen, Nutzung von Videofeedback, Telefonhotline für Krisenfälle; Vermittlung einer Traumatherapie, wenn erforderlich
Starke Eltern – starke Kinder	eklektizistisch (systemische Theorie, Kommunikationstheorie, diverse (familien-) therapeutische, individualpsychologische und therapeutische Verfahren u.a. nach Rogers und Minuchin)	Eltern	Steigerung der Selbstreflexivität, Selbstvertrauen stärken Kommunikation und Kooperation in der Familie stärken, dadurch: Prävention von Gewalt	klassisches Gruppentraining, Vermittlung von theoretischen Grundlagen, praktischer Reflexion, praktischen Übungen und Wochenaufgaben
STEEP (Steps Toward Effective, Enjoyable Parenting)	Bindungstheorie	Eltern	Stärkung der Eltern-Kind-Bindung durch: realistische Erwartungen an Elternschaft, Grundlagenwissen zur kindlichen Entwicklung, feinfühligen Umgang mit Säugling, Perspektivenübernahme, Selbstbewusstsein stärken, soziale Hilfen im Umfeld aktivieren	Einbezug des sozialen Umfelds trotz Fokussierung auf Eltern-Kind-Bindung (meist Mutter-Kind-Bindung), Mix aus Hausbesuchen, Videofeedback und handlungsorientierter Gruppenarbeit mit der ganzen Familie sowie den Eltern alleine. Laufzeit des Programms: letztes Schwangerschaftsdrittel bis ca. 2. Lebensjahr des Kindes.
STEP (Systematisches Training für Eltern und Pädagogen)	Individualpsychologie (Adler/Dreikurs)	Eltern (präventiv sowie bei akuten Erziehungsproblemen), Erzieherinnen, Lehrer, Personal in den Hilfen zur Erziehung	Steigerung der Selbstreflexivität, Entwicklung eines liebevoll-konsequenten demokratischen Erziehungsstils, (gegenseitiger Respekt, Gleichwertigkeit aller Familienglieder), Verbesserung der Kommunikation innerhalb der Familie	angepasste Kurse für Erzieher, Lehrerinnen sowie Mitarbeiterinnen in den Hilfen zur Erziehung, Materialien für verschiedene Altersstufen (Teens, Kinder, Kleinkinder). klassisches Gruppentraining: Kursbücher, Vorträge, Videosequenzen, Übungen, Diskussionen, Rollenspiele, Erfahrungsaustausch

Augenmerk auf die direktive Verhaltensmodifikation durch Techniken der Konditionierung. Unter Ausblendung des besonderen Umfelds sowie weitgehender Vernachlässigung intrapersonaler und individueller Aspekte wird unter Lernen im Behaviorismus das Verstärken von erwünschten Verhaltensweisen sowie das Abtrainieren von unerwünschten Verhaltensweisen verstanden, das durch verstärkende Reize (Lob, Belohnungen) bzw. abschwächende Reize (Bestrafung, unangenehme Erlebnisse) erreicht wird. Der Behaviorismus hat insbesondere die Verhaltenstherapie geprägt und ist von Albert Bandura (1998) um die Mechanismen des Lernens am Modell (Vorbild) und des Lernens durch Beobachtung ergänzt worden.

Entsprechend der Theoriegrundlage sind am Behaviorismus orientierte Elterntrainings wie das PPP (Positive Parenting Programme) ursprünglich oft in verhaltenstherapeutischen Settings (also für Eltern verhaltensauffälliger Kinder) entwickelt worden. Erst später wurden diese Programme dann auch für Eltern normal entwickelter Kinder angeboten. Behavioristische Trainings vermitteln einzelfallunabhängige Techniken und Regeln der Erziehung, die von Eltern zur Verbesserung des Verhaltens ihrer Kinder angewendet werden sollen. Ihr Ziel ist es, Eltern Orientierung zu geben durch eindeutige Anweisungen, wie Erziehung funktionieren kann. Typisch für solche Kurse ist, dass feststehendes Wissen über Erziehungstechniken am Beispiel konkreter Situationen in Gruppenkursen (durch Vorträge, Rollenspiele etc.), durch Lehrbücher oder Lehrvideos vermittelt werden soll. Meist sollen die Eltern dieses Wissen dann als „Hausaufgabe“ praktisch erproben. Die vermittelten Erziehungstechniken sind dabei insbesondere, Vorbild zu sein, aber auch erwünschtem Verhalten mehr Aufmerksamkeit zu widmen (es zu loben oder mittels Punktekarten, sogenannten „Tokens“, zu belohnen) sowie unerwünschtes Verhalten durch Ignorieren (Aufmerksamkeitsentzug) oder Auszeittechniken (stiller Stuhl, Auszeit in einem anderen Zimmer) zu sanktionieren.

bindungstheoretische Ansätze

Die Bindungstheorie (wichtige Vertreter: M. Ainsworth, J. Bowlby) geht davon aus, dass sich im ersten Lebensjahr des Kindes eine bestimmte Qualität der Bindung zwischen dem Kind und seiner engsten Bezugsperson ausbildet und fortan nicht nur die Beziehung zu dieser Person prägt, sondern als „inneres Arbeitsmodell“ alle weiteren Beziehungen, die ein Mensch eingeht, beeinflusst. Dabei wird eine erwünschte Bindungsqualität („sichere Bindung"), die aus einem feinfühligen, sensiblen Umgang (meist der Mutter) mit dem Säugling resultiert, unterschieden von verschiedenen „unsicheren", nicht wünschenswerten Bindungsqualitäten (vermeidend-unsicher, ambivalent-unsicher, desorganisiert). Eine sichere Bindung gilt als eine wichtige Basis der Persönlichkeit und des Lernens – so wird angekommen, dass Kinder mit sicherer Bindung die Welt unbesorgter explorieren können, besser lernen und Belastungen und Krisen im Laufe ihres Lebens besser meistern und verarbeiten können.

Entsprechend dem auf eine einzige Variable fokussierten Ansatz steht in bindungstheoretisch geprägten Programmen die Ermöglichung einer „feinfühligen Elternschaft" sowie die Etablierung einer „sicheren Bindung" im Vordergrund. Angesprochen werden (entsprechend der Theorie) Eltern vor der Geburt eines Kindes sowie während des ersten Lebensjahres ihres Kindes. Ziel ist es, eine sichere Bindung zu ermöglichen und die Weitergabe von unsicherer Bindung zu vermeiden – Letztere entsteht dadurch, dass Eltern mit unsicherer Bindung ein „falsches" inneres Arbeitsmodell haben und *ihren* Kindern auch eine unsichere Bindung vermitteln. Die meisten Eltern zeigen einen feinfühligen Umgang mit einem Säugling allerdings ganz intuitiv – sie reagieren auf Freude- und Unmutsbekundungen eines Säuglings sowie auf seine Laute überdeutlich und bauen so eine wertschätzende Beziehung zu ihrem Kind auf. Diese Eltern sollen (primär präventiv) für die Wichtigkeit dieses Verhaltens sensibilisiert sowie dazu animiert werden, dieses Verhalten aktiv auszuleben und die Elternrolle aktiv anzunehmen. Bei Eltern, die entsprechendes Verhalten nicht intuitiv zeigen (dies ist bei der sekundär-präventiven Arbeit mit Risikogruppen häufiger der Fall), wird bei bindungstheoretischen Programmen wie STEEP z.B. das Videofeedback (siehe dazu *Kapitel 7.6*) als Methode angewandt, um einen feinfühligen Umgang mit dem Säugling zu erlernen.

humanistische Psychologie

Auf die humanistische Psychologie gehen zwei unterschiedliche, aber durchaus ähnliche psychologische Ansätze zurück, die beide bestimmte Elternkurse prägen: die *Individualpsychologie* (zentrale Vertreter: A. Adler, R. Dreikurs) sowie der *personenzentrierte Ansatz* (zentrale Vertreter: C. R. Rogers, T. Gordon).

Individualpsychologie

Zentrale Annahme der Individualpsychologie ist, dass der Mensch ein soziales, nach Zugehörigkeit und *Anerkennung* strebendes Wesen ist. Auch Kinder streben nach Zugehörigkeit und

Anerkennung in der Familie. Erlangen sie diese auf positive Art nicht, so versuchen sie Aufmerksamkeit und Anerkennung durch störendes Verhalten zu erreichen. Dieses Verhalten ermöglicht aber nicht, jene Fähigkeiten aufzubauen, die nach den Annahmen der Individualpsychologie zur Bewältigung des Lebens wichtig sind: Selbstvertrauen, Kooperationsbereitschaft, Selbstdisziplin und Verantwortungsbewusstsein. Um diese Fähigkeiten zu entwickeln, brauchen Kinder Freiräume, um sich auszuprobieren – Freiräume, die allerdings nur durch das „liebevolle Setzen von Grenzen“ entstehen. Weiterhin ist zentral für diesen Ansatz, dass die Gleichwertigkeit von Kindern und Erwachsenen betont wird. Kinder haben zwar nicht immer die gleichen Rechte wie Erwachsene, sollen aber mit demselben Respekt wie Erwachsene behandelt werden. Dies gelingt durch wertschätzende Kommunikationsmuster und die gemeinschaftliche Lösung von Konflikten.

personenzentrierter Ansatz

Für den *personenzentrierten Ansatz* ist Kommunikation und Konfliktlösung von noch größerer Bedeutung. Stärker noch als in der Individualpsychologie werden hier die Möglichkeiten der Selbstveränderung, Selbstverbesserung sowie der Autonomie von Menschen und Familien betont. Um Selbstentwicklung zu ermöglichen, ist die Vermittlung und Anwendung von Kommunikationstechniken und -regeln zentral.

Im Zentrum der von Thomas Gordon entwickelten personenzentrierten Elternkurse wie FET (Family Effectiveness Training) und PET (Parent Effektiveness Training) stehen deshalb Kommunikationstechniken („Ich-Botschaften“, „aktives Zuhören“, „Widerspiegeln“) sowie Konfliktlösungsmodelle („Familienkonferenz“). All dies wird ähnlich oder in gleicher Weise auch in individualpsychologisch basierten Programmen wie STEP (Systematisches Training für Eltern und Pädagogen) gelehrt – hier mit dem Schwerpunkt, Wertschätzung zu zeigen und Kinder zu ermutigen, sich auszuprobieren. Eltern sollen lernen, „liebevoll“ Grenzen zu setzen; dazu soll statt auf „willkürliche“ Strafen (Fernsehverbot, Hausarrest) auf „natürliche Konsequenzen“ (wenn ein Kind keinen Regenmantel tragen mag, wird es eben nass) gesetzt werden bzw. wo dies zu gefährlich ist, sollen „logische Konsequenzen“ (wer nicht schaut, bevor er über die Straße geht, muss an der Hand der Eltern gehen) genutzt werden.

weitere Innovationen

Neben den aus den oben genannten Theorien abgeleiteten Konzepten hat es aber auch Innovationen gegeben, die nicht unbedingt auf eine spezifische Theorie aufbauen. Dazu zählen Konzepte, die im Gegensatz zu den klassischen Elternkursen *Geh-Strukturen* etabliert haben (z.B. HIPPY, Opstapje). Hier gehen Laienhelferinnen in die Familien, anstatt dass Eltern in die Familienbildungsstätte kommen müssen (Komm-Struktur). Man verspricht sich davon, Familien in ihrem Sozialraum und milieuspezifischen Bedingungen besser zu erreichen. Ähnlich *sozialräumlich* gehen Programme vor, bei denen Eltern an ungewöhnlichen Orten – wie Spielplätze – aufgesucht werden, um den Aufbau einer Selbsthilfegruppe zu ermöglichen (Eltern-AG). Andere Ansätze wie „Eltern Stärken" stellen *Selbsthilfepotenziale* in den Vordergrund und fördern den Erfahrungsaustausch. Schließlich ist der Versuch hervorzuheben, die vornehmlich intellektuell-kognitive theoretische Herangehensweise von Elternkursen durch *handlungsorientierte Programme* zu ergänzen. So steht etwa bei FuN (Familie und Nachbarschaft) erfahrungsorientiertes gemeinsames Lernen von Eltern und Kindern in direkter Interaktion im Vordergrund. All diese Innovationen sind, wie bereits einleitend angemerkt, darauf gerichtet, zusehends auch „bildungsferne" Familien mit Angeboten der Familienbildung zu erreichen.

Einordnung und Kritik

Die kurz beschriebenen Elternkurse zeichnen sich durch theoretische Vielfalt und unterschiedliche methodische Ansätze, Techniken und Ziele aus. In der fachlichen Debatte ist umstritten, welche der unterschiedlichen Konzepte und Methoden das Wohlergehen der Kinder am effektivsten fördert; es lässt sich vermuten, dass diese Entscheidung auch nicht pauschal für alle Familien und Kinder gefällt werden kann. Schlussendlich geht es dabei auch immer um die fachlich umstrittene Frage: Was zeichnet gute Erziehung aus?

Literaturempfehlungen zur Vertiefung des Themas:

Tschöpe-Scheffler, Sigrid (2003): Elternkurse auf dem Prüfstand. Wie Erziehung wieder Freude macht. Leske und Budrich, Opladen

Tschöpe-Scheffler, Sigrid (Hrsg.) (2005) Konzepte der Elternbildung – eine kritische Übersicht. Barbara Budrich, Opladen

Petermann, Ulrike/Petermann, Franz/Franz, Matthias (2010): Erziehungskompetenz und Elterntraining. Kindheit und Erziehung 19 (2), S. 67–71

7.6 Videogestützte Methoden

Im Kontext der Hilfen zur Erziehung sowie in frühpädagogischen Einrichtungen gibt es seit einigen Jahren verschiedene sozialpädagogische Methoden, bei denen der Einsatz von Videoaufzeichnungen dazu genutzt wird, um Erziehungssituationen und Kommunikationsschwierigkeiten zu visualisieren. Damit kann den gefilmten Familienmitgliedern ihr Verhalten bewusst gemacht werden sowie mögliche alternative Verhaltensweisen diskutiert werden. Ein bekannter Ansatz wird *Video-Home-Training* (VHT) genannt. Eine weitere, mittlerweile weitverbreitete Methode der videounterstützten Beratung ist die sogenannte *Marte-Meo-Methode.* Marte Meo ist aus dem Lateinischen abgeleitet (mars martis) und bedeutet so viel wie: etwas „aus eigener Kraft“ erreichen. Sie zielt ähnlich wie das Video-Home-Training darauf ab, Eltern und/oder Fachkräften beispielsweise in Kindertagesstätten ihr Kommunikationsverhalten gegenüber Kindern bewusster zu machen, um eine gezieltere Förderung der Kinder zu ermöglichen (Sirringhaus-Bünder/Reitmayer 2011, Bünder et al. 2009).

Ziele videogestützter Methoden

Ursprünglich entstand die Idee der Videoanalyse in den 1970er Jahren in den Niederlanden in einer teilstationären Tagestätte, in der Teile der Elternarbeit – also der Arbeit der Sozialpädagogen mit den Eltern – gefilmt und analysiert worden sind. Es ging dabei v.a. um die Körpersprache der Beteiligten. Erst später in den 1980er Jahren folgten aufgrund des Erfolgs dieser Methode im teilstationären Bereich Hausbesuche, bei der die Eltern-Kinder-Interaktion analysiert wurde. Die Methode wurde daraufhin im Rahmen einer Stiftung (ORION-Stiftung, weshalb die Methode auch ORION-Methode genannt wird) als neue Methode in der Jugendhilfe darüber hinaus in der ambulanten Arbeit mit Eltern in den Niederlanden eingesetzt (Schepers/König 2000, 13). Die Methode hat sich dann relativ schnell auch in Deutschland, Österreich und der Schweiz verbreitet.

Theoretische Vorannahmen und Hintergründe

Zahlreiche theoretische Ansätze der Erziehungs- und Kommunikationswissenschaften sowie der Psychologie bilden die Basis der Rahmung, Durchführung und Auswertung der VHT-Methode (Bünder et al. 2009, 24; Schepers/König 2000, 56f). Das Spezifikum dieser Methode ist die Fokussierung auf die Eltern-Kinder-Interaktion – während andere sich entweder auf die Arbeit mit den Eltern oder mit den Kindern und Jugendlichen konzentrieren. Damit reiht sich das Video-Home-Training in die Reihe der systemisch-inspirierten Methoden ein, bei denen das gesamte Familiensystem im Mittelpunkt der Analyse steht und nicht nur das sogenannte „Problemkind". Gleichzeitig knüpft sie an das in diesem Buch ebenfalls skizzierte erziehungswissenschaftliche Verständnis von Erziehung als Kommunikation an (Mollenhauer et al. 1975): Demnach kommt es erst durch Kommunikationsprobleme zu Erziehungsproblemen. Erziehungsfähigkeit kann in diesem Zusammenhang verstanden werden als die Fähigkeit der Eltern, eine Kommunikation zu entwickeln, welche die Bedürfnisse der Kinder erkennt und entsprechend fördert (Schepers/König 2000, 19).

Kommunikations- und Erziehungsprobleme

Zielgruppen

Auch wenn mit videogestützten Methoden v.a. sogenannte Multiproblemfamilien erreicht werden sollen, ist sie oftmals nicht für alle Familien anwendbar. Vorausgesetzt wird natürlich die generelle Bereitschaft der Familie, sich auf eine zeit- und arbeitsintensive Methode einzulassen. In der Literatur findet sich eine Liste von Ausschlusskriterien (Bünder et al. 2009, 87f): Bei bestimmten psychischen Problemen und Erkrankungen der Kinder oder der Eltern (schwere Depression, Schizophrenie, Psychose) sowie bei Familien mit Kindern, die älter sind als 12 Jahre, wird der Einsatz der VHT abgelehnt. Begründet wird diese etwas beliebige Altersgrenze bei Kindern mit einer pubertätsbedingten „Kamerascheue" (Schepers/König 2000, 16). Generell ist der Einsatz einer Kamera in Privathaushalten in seiner Wirkung nicht zu unterschätzen, auch wenn sich die Menschen im Allgemeinen an die Anwesenheit von Kameras im öffentlichen Raum gewöhnt haben. So betonen Bünder et al. (2009, 91), wie wichtig ein sensibler Umgang mit möglichen traumatischen Vorerfahrungen der Beteiligten ist, die vielleicht Opfer von politischer Bespitzelung oder sexuellem Missbrauch unter Einsatz einer Videokamera geworden sind. Hier gilt es, v.a. auch nonverbale Abwehrreaktionen gegenüber dieser Technik sehr ernst zu nehmen. In einer Screeningphase muss daher vorab geprüft werden, ob der Anlass der Hilfe sowie die Situation der beteiligten Familienmitglieder den Einsatz dieser Technik sinnvoll erscheinen lassen.

Vorgehensweise, Abläufe, Arbeitstechniken

Sowohl VHT als auch die Marte-Meo-Beratung bestehen aus mehreren Phasen und finden in den Haushalten der Familie statt. Wichtige Regel für die Rückmeldung durch die sogenannten VHT-Trainerinnen oder die Marte-Meo-Berater ist die Betonung der positiven Momente der Interaktion von Eltern und Kindern.

Dadurch soll die Orientierung an den individuellen Ressourcen gestärkt und im Wortsinne des „Trainings" die Stärken und Fähigkeiten der Mütter und Väter aktiviert werden. Die Eltern werden aufgefordert, in einem Erstgespräch einen konkreten Hilfebedarf zu formulieren. Die folgenden Erstaufzeichnungen im Zuhause der Familien dienen dann der sogenannten „Kapazitätenanalyse" (Schepers/König 2000, 28). Hierfür bieten sich ca. 5- bis 10-minütige Sequenzen von Alltagssituationen an, bei denen Eltern und Kinder gemeinsam essen oder spielen. Die VHT-Trainer geben dann etwa eine Woche nach den Aufzeichnungen und nach einer ersten Sichtung des Materials den Familien in den Videofeedback-Sitzungen konkrete Rückmeldungen, indem sie die gelungenen Verhaltensweisen erläutern, nachdem die Eltern die Gelegenheit erhalten haben, die Aufzeichnungen unkommentiert auf sich wirken zu lassen. Auf Basis der Formulierung des konkreten Hilfebedarfs und der Kapazitätenanalyse wird durch die Trainer und Trainerinnen zusammen mit den Eltern ein VHT-Plan entwickelt, der ähnlich wie ein **Hilfeplan** Ziele und einen Zeitplan enthält (Schepers/König 2000, 28). Entlang dieses Plans werden die Aufzeichnungen und die zeitversetzten Rückmeldungen/Trainings in regelmäßigen Abständen wiederholt. Das Ziel, Familien von einem problemorientierten Fokus zu einem lösungsorientierten hinzuführen, sollte in einem Zeitraum von sechs bis neun Monaten erreicht sein (Schepers/König 2000, 30).

Einordnung und Kritik

Kritisch kann mit Blick auf das VHT allerdings angemerkt werden, dass die Kriterien für gelungenes Verhalten nur subjektiv zu definieren sind und dass die Kinder und Jugendlichen zwar bei den Aufnahmen beteiligt sind, die eigentliche Arbeit über das Videofeedback aber vergleichsweise stark elternzentriert ist.

Literaturempfehlungen zur Vertiefung des Themas:

Schepers, Gay/König, Claudia (2000): Video Home Training. Eine neue Methode der Familienhilfe. Beltz, Weinheim/Basel

7.7 Intensive Krisenintervention

Seit Mitte der 1990er Jahre sind in Deutschland auf kurze Dauer angelegte und durch eine intensive Betreuung von Familien geprägte Konzepte der Sozialen Arbeit mit Familien implementiert worden. Diese z.B. „Familie im Mittelpunkt" (FiM) (Gehrmann/

Müller 1998) oder „Familienaktivierungsmanagement“ (FAM) (Koch/Lambach 2000) genannten Konzepte sind Adaptionen von Konzepten wie „Homebuilders“ oder „Families First“, die in den 1970er Jahren in den USA entwickelt wurden. Wie auch in den US-amerikanischen „Originalen“, sind diese Konzepte für die Arbeit mit Familien in akuten Krisensituationen entwickelt worden und verfolgt das Ziel, durch eine intensive, schnell verfügbare, aber auch zeitlich befristete Intervention die ansonsten notwendig werdende Herausnahme von Kindern aus einer Familie zu verhindern. Akut vorliegende Probleme sollen gemildert, die Sicherheit von Kindern und Jugendlichen in der Familie gewährleistet und Perspektiven für Anschlusshilfen erarbeitet werden.

Zielgruppen und Ziele

Theoretische Vorannahmen und Hintergründe

Grundlegende Annahme der Programme ist dabei, dass eine Trennung von der Familie oder das Ausschließen eines Familienmitglieds aus der Familie (meist der gewalttätige Vater) für alle Familienmitglieder eine emotionale Belastung darstelle. Gerade Kinder könnten Schuldgefühle entwickeln und den Abbruch kontinuierlicher Beziehungen zur Familie, aber auch zum unmittelbaren sozialen Umfeld als traumatisch erleben. Weiterhin liegt den Konzepten die Annahme zugrunde, dass selbst „Multiproblemfamilien“ in akuten Krisensituationen ausreichende Ressourcen aktivieren können, um ihre Situation kurzfristig so weit zu stabilisieren, dass ein Verbleib der Kinder in der Familie möglich ist. Diese Ausrichtung nennt man Ressourcenorientierung oder Empowerment. Dabei wird eine Familienkrise als Krise der ganzen Familie und nicht als Problem eines Familienmitglieds begriffen. Ursachen sowie Lösungen für die Krise müssen in der ganzen Familie sowie ihrem sozialen Umfeld gesucht werden. Aus diesen Gründen wird eine intensive Intervention in der Familie meist als geeigneter für das Kindeswohl gehalten als eine Herausnahme (Gehrmann/Müller 1998, 27ff; Galuske 2007, 230ff). Jenseits dieser gemeinsam geteilten Annahme sind die Konzepte als ein „Kind der Praxis“ (Galuske 2007, 230) äußerst pragmatisch und eklektizistisch. Sie sind durch die unsystematische Mischung unterschiedlicher Techniken aus den verhaltenstherapeutischen, systemtheoretischen und krisentheoretischen Ansätzen sowie die Einbeziehung von ressourcenorientierten und sozialräumlichen Arbeitstechniken geprägt – all diese Theorien werden dann oftmals als theoretischer Hintergrund dargestellt, ohne dass die eklatanten Widersprüche etwa bezüglich des unterschiedlichen Menschenbildes sowie der verschiedenen unterschwellig präferierten Interventionsziele thematisiert werden. Obwohl Kriseninterventionsprogramme vergleichsweise umfangreich – und bezüglich des Hauptziels ‚Vermeidung von Fremdunterbringung' – vornehmlich positiv evaluiert wurden, ist es angesichts der Vielzahl theoretischer Bezüge und Arbeitstechniken kaum möglich, genauere Aussagen darüber zu treffen, welche Elemente der Konzepte nun die beobachtbare Wirkung entfalten (Koch/Lambach 2000).

Vorgehensweise, Abläufe, Arbeitstechniken

Die Stärke der Konzepte wie FAM oder FiM liegt also in deren praktischer Umsetzung. Da insbesondere die Vorgehensweise von FiM gut dokumentiert ist (Galuske 2007, 230ff; Gehrmann/Müller 1998), konzentriert sich die folgende Darstellung auf dieses Konzept. Das FiM-Modell sieht dabei vier Arbeitsphasen vor:

Die erste Phase wird *Übernahme* bzw. *Engaging* und *Intake* genannt. Nach der Beauftragung eines FiM-Dienstes durch den Allgemeinen Sozialen Dienst (ASD) soll innerhalb der nächsten 24 Stunden ein Erstgespräch mit der Familie stattfinden. Dabei wird eine erste Einschätzung vorgenommen, ob die Familie für eine intensive Intervention mit dem Ziel der Wahrung des Familienzusammenhaltes geeignet ist und ggf. wird das Einverständnis und die Bereitschaft der Familie erfragt, an der Maßnahme teilzunehmen.

Zielgruppen/Ziele

Als nicht geeignet für ein solches Programm gilt eine Familie, wenn bereits so heftige Schädigungen oder Demütigungen der Kinder erfolgt sind, dass diese nicht mehr willens sind, in der Familie zu verbleiben oder die Eltern ihre Kinder unter allen Umständen abgeben wollen. Die FiM-Methode gibt für die Phase des Engaging insbesondere Verhaltensregeln für die Sozialpädagoginnen vor, die einen respektvollen Umgang mit der Familie sicherstellen und einen freundlichen und gleichberechtigten Umgang miteinander ermöglichen sollen. Der Familie und den Familienmitgliedern soll deutlich gemacht werden, dass sie als Familie und Personen mit ihrem Lebensstil respektiert werden. Gleichzeitig wird darauf hingewiesen, dass die Hilfe installiert wird, um eine bessere gemeinsame Zukunft zu ermöglichen, in der innerhalb der Familie keine inkriminierten Handlungen auftreten (Vernachlässigung, Schläge, Drogenmissbrauch, Kriminalität, Gewalt, Schuleschwänzen etc.). Bereits in dieser Phase gilt es, erste Maßnahmen zu treffen, um die Situation zu entspannen und insbesondere Gewalthandlungen zu stoppen.

Arbeitstechniken: positives Feedback, Ich-Botschaften

Schwerpunktmäßig finden diese Aktivitäten jedoch in der zweiten Arbeitsphase statt, die sich auf *Konfliktdämpfung* und

Stärkenassessment konzentriert. Zentrales Instrument der Konfliktdämpfung ist es, Ausbrüche und aggressive Äußerungen von Familienmitgliedern durch „positives Feedback“ und „Ich-Botschaften“ so umzuformulieren, dass dahinterliegende Verhaltensweisen und Bedürfnisse kenntlich werden. Als Beispiel hierfür wird etwa genannt, dass man die Kritik eines Vaters, dass sein Sohn frech und schlecht in der Schule sei, dahingehend umformuliert, dass der Vater sich Respekt von seinen Kindern wünsche und sich um deren Zukunft sorge. Eine besondere Technik ist hier der Einsatz eines „Krisenthermometers“ zur Wut- oder Depressionskontrolle. Bei diesem Instrument wird eine individuelle Skala des Wutempfindens bzw. der Depressivität entwickelt und der kritische Wert gesucht, an dem eine sich selbst steigernde Eigendynamik in Gang gerät. Gleichzeitig werden alternative Handlungsmöglichkeiten festgehalten, die genutzt werden können, wenn der kritische Punkt erreicht wird. Das *Stärkenassessment* umfasst eine Vielzahl von Einzelfragen und Techniken, die auf eine Analyse der Problemlage zielen. Dabei wird Wert darauf gelegt, dass vorhandene Stärken im Umgang mit der Krise sowie die Chancen, welche die Krise eröffnet, bewusst werden. Eine gemeinsame Analyse richtet auch auf die Potenziale des sozialen Nahraums und der Netzwerke, in welche die Familienmitglieder eingebunden sind.

Arbeitstechnik: Krisenthermometer

In der nächsten Phase werden sodann – basierend auf der Situationsanalyse – mit den Familienmitgliedern individuelle sowie gemeinsame *Ziele gesetzt, geplant und umgesetzt*. Mittels verschiedener Moderationstechniken (z.B. Wunsch- oder Zielkarten) werden verbindliche Ziele mit unterschiedlichen Prioritäten festgelegt und der Reihe nach abgearbeitet. Dabei kommen in der Umsetzung verhaltenstherapeutische Elemente wie das Aufstellen fester Regeln und die Belohnung und Sanktionierung durch Punktevergabe zum Einsatz.

Arbeitstechnik: Moderationstechniken

In der Phase der *Beendigung und Evaluation* werden schließlich die über die ganze Hilfe hinweg aufwändig dokumentierten Ziele auf ihre Erreichung hin überprüft. Weiterhin wird geprüft, ob das Kindeswohl in der Familie nun gewährleistet ist, und gemeinsam mit der Familie nach notwendigen Anschlusshilfen bzw. unterstützenden Dienstleistungen gesucht. Die Familie soll dazu befähigt werden, die alltägliche Selbststeuerung wieder zu übernehmen.

Einordnung und Kritik

Insgesamt lässt sich sagen, dass Kurzzeitinterventionen wie FiM und FAM ein wirksames Instrument der kurzfristigen und intensiven Hilfe für Familien darstellen. Die schnelle Einrichtung der Hilfe wie die Verfügbarkeit des Helfers „rund um die Uhr", die FiM und FAM bieten, bergen ein großes Potenzial. Sicherlich liegt gerade in der strikten Befristung der Maßnahmen auf vier bis sechs Wochen eine deutliche Chance der Arbeit, da allen Beteiligten von Anfang an das enge „Zeitfenster" bewusst ist, das genutzt werden muss, wenn ein Zusammenbleiben der Familie erreicht werden soll. Positiv hervorzuheben ist auch die Stärkenorientierung des Ansatzes, die sozialräumliche Orientierung der Problemanalyse und die klare Lebensweltorientierung. Die Familien sollen in ihrem Eigensinn weitgehend unangetastet bleiben, aber eine Lebensweise entwickeln, in der sie ohne inkriminierte Verhaltensweisen leben können. Problematisch kann sich im Einzelfall allerdings die Fokussierung auf den Familienerhalt erweisen. Dass auch bei Gewalt oder Missbrauchfällen versucht wird, die Familie zusammenzuhalten und den Täter in die Lösungsfindung zu integrieren und nicht auszugrenzen, ist ab einem gewissen Punkt rechtlich nicht haltbar und auch fachlich bedenklich (Galuske 2007, 238). So besteht (siehe dazu *Kapitel 5*) bei gewalttätigen Vorfällen eine eindeutige Eingriffspflicht. Es ist fraglich, ob diese durch Maßnahmen wie FiM oder FAM immer erfüllt wird. Auch fachlich birgt dies die Gefahr der Überbetonung des Familienzusammenhalts als Ziel. Es besteht die Gefahr, dass Familie hier idealisiert wird und Alternativen zu einem Aufwachsen in der Herkunftsfamilie etwa in einem Heim, einer Wohngruppe oder einer Pflegefamilie per se diskreditiert werden. Außerdem sollte man bedenken, dass trotz der Betonung des freundlichen und gleichberechtigten Umgangs und der Einholung einer Einwilligung der Familie, sich Familien nur begrenzt freiwillig auf FiM oder FAM einlassen – die drohende Herausnahme von Kindern ist schließlich Indikation für FiM oder FAM.

Literaturempfehlungen zur Vertiefung des Themas:

Gehrmann, Gerd/Müller, Klaus D. (1998): Praxis sozialer Arbeit. Familie im Mittelpunkt; Handbuch effektives Krisenmanagement für Familien. Walhalla, Regensburg

Galuske, Michael (2007): Methoden der sozialen Arbeit. Eine Einführung. Juventa, Weinheim, 240–250

7.8 Übungsaufgaben zu Kapitel 7

Aufgabe 1

Entwickeln Sie für Familie Ernst und Werner einen Hilfeplan (siehe Onlinematerial und Falldarstellungen). Führen Sie dazu im ersten Schritt in Form eines Rollenspiels ein Fachgespräch (beteiligt: drei Fachkräfte des Jugendamts/Allgemeinen Sozialen Dienstes und eine Fachkraft der Beratungsstelle) und diskutieren Sie dabei die folgende Fragen: Welcher erzieherische Bedarf ist aus fachlicher Sicht angezeigt (Konfliktthemen und Aufgabenstellungen der Familie), welche Hilfeart (siehe hierzu *Kapitel 3*) ist geeignet, welche Konzepte und Methoden der Sozialen Arbeit wären für die Familie bzw. einzelne Familienmitglieder hilfreich? Knüpfen Sie dabei an Ihre Ergebnisse zu den Übungsaufgaben in den *Kapiteln 3 bis 6* an. Bitte halten Sie die Ergebnisse in Form eines Protokolls fest. Entwickeln Sie im nächsten Schritt gemeinsam mit der Familie einen Hilfeplan. Dazu führen Sie bitte in Form eines Rollenspiels ein Hilfeplangespräch durch (beteiligt: Familienmitglieder und zwei Fachkräfte des Jugendamts). Versuchen Sie einen Kompromiss mit der Familie auszuhandeln. Der Hilfeplan sollte enthalten: Angaben zum erzieherischen Bedarf der Familie bzw. der einzelnen Familienmitglieder, die zu gewährende Art der Hilfe sowie die notwendigen Leistungen (Welche Sozialpädagogischen Einrichtungen kommen infrage? Welche Methoden und Konzepte könnten der Familie helfen?). Halten Sie die Ergebnisse fest. Der Hilfeplan sollte von allen Beteiligten unterzeichnet werden.

Aufgabe 2

Über die im vorangegangenen Kapitel vorgestellten Konzepte und Methoden Sozialer Arbeit mit Familien wird in den Studiengängen der Sozialen Arbeit viel gesprochen, erlernen können Studierende sie allerdings im Rahmen ihres Studiums eher selten. Wählen Sie mindestens eine Methode oder ein Konzept aus und recherchieren Sie, wo Sie diese so erlernen können, dass Sie sie selbstständig anwenden können: Wie werden Sie beispielsweise Video-Home-Trainerin? Versuchen Sie auch herauszufinden, wie lange eine solche Ausbildung dauert und was sie kostet.

Literatur

Albrecht, G., Groenemeyer, A. (Hrsg.) (2012): Handbuch soziale Probleme. 2. Aufl. VS Verl. für Sozialwiss., Wiesbaden

Armbruster, M. M. (2006): Eltern-AG. Auer, Heidelberg

Audehm, K. (2007): Erziehung bei Tisch. Zur sozialen Magie eines Familienrituals. Transcript, Bielefeld

Audehm, K., Wulf, C., Zirfas, J. (2007): Rituale. In: Ecarius, J. (Hrsg.), 425–440

Audehm, K., Zirfas, J. (2000): Performative Gemeinschaften. Zur Bildung der Familie durch Rituale. Sozialer Sinn 1, 29–50

Austrian Women's Shelter Network (2011): Wave (Women against Violence Europe) Country Report 2011. In: www.aoef.at/cms/doc/CR_komplett_2011_NEU.pdf, 29.06.2012

AWO-Bundesverband (2010): Familien in benachteiligten und von Armut bedrohten oder betroffenen Lebenslagen als Adressaten von Elternbildung und Elternarbeit. AWO-Bundesverband, Berlin

Baier, D. (2011): Gefährdungspotenziale. In: Fischer, V., Springer, M. (Hrsg.), 156–166

Bamberger, G. G. (2010): Lösungsorientierte Beratung. 4. Aufl. Beltz, Weinheim

Bandura, A. (1998): Self-efficacy. 2. Aufl. Freeman, New York

Bateson, G. (1972): Steps to an ecology of mind. Ballantine Books, New York

Baumert, J., Klieme, E., Neubrand, M., Prenzel, M., Schiefele, U., Schneider, W., Stanat, P., Tillmann, K.-J., Weiss, M. (2001): PISA 2000: Basiskompetenzen von Schülerinnen und Schülern im internationalen Vergleich. Leske u. Budrich, Opladen

Beck, U., Brater, M., Daheim, H. (1980): Soziologie der Arbeit und der Berufe. Rowohlt, Reinbek bei Hamburg

Beckmann, C., Richter, M., Otto, H.-U., Schrödter, M. (Hrsg.) (2009): Neue Familialität als Herausforderung der Jugendhilfe. Neue Praxis, Sonderheft 9. Neue Praxis, Lahnstein

Belardi, N. (2004): Soziale Arbeit und Beratung. In: Chassé, K. August, Wensierski, H.-J. (Hrsg.), 327–340

Benchmark (2010): Auswertung Benchmark 2010. Begleit- und Wirkungsforschung im Aktionsprogramm Mehrgenerationenhäuser. Unveröffentlichtes Manuskript

Bengtson, V. L. (2001): Beyond the nuclear family: The increasing importance of multigenerational bonds. Journal of Marriage and the Family 1, 1–16

Bereswill, M., Stecklina, G. (Hrsg.) (2010): Geschlechterperspektiven für die soziale Arbeit. Juventa, Weinheim/München

Berger, W., Reisbeck, G., Schwer, P. (2000): Lesben – Schwule – Kinder. Eine Analyse zum Forschungsstand. Ministerium für Frauen, Jugend, Familie und Gesundheit des Landes Nordrhein-Westfalen, Düsseldorf

Bertram, H. (2009): Zur Zukunft der Familie. Von der neolokalen Gattenfamilie zur multilokalen Mehrgenerationenfamilie. In: Beckmann, C., Richter, M., Otto, H.-U., Schrödter, M. (Hrsg.), 15–30

BFS, Bundesamt für Statistik, Schweiz (2008): Familien in der Schweiz. Statistischer Bericht 2008. Neuchâtel

Bien, W., Hartl, A., Teubner, M. (2002): Stieffamilien in Deutschland: Eltern und Kinder zwischen Normalität und Konflikt. Leske + Budrich, Opladen

Bien, W., Rathgeber, R. (2004): Familien in prekären Lebenslagen – zur politischen Relevanz der Untersuchungsergebnisse. In: Bien, W., Weidbacher, A. (Hrsg.), 229–244

Bien, W., Weidbacher, A. (Hrsg.) (2004): Leben neben der Wohlstandsgesellschaft. Familien in prekären Lebenslagen. 1. Aufl. VS Verl. für Sozialwiss., Wiesbaden

Bilke, O., Küstner, U. J., Thomasius, R. (Hrsg.) (2005): Familie und Sucht. Schattauer, Stuttgart [u.a.]

Birtsch, V., Münstermann K., Trede W. (2001): Handbuch Erziehungshilfen. Votum, Münster

BMFSFJ, Bundesministerium für Familie, Senioren, Frauen und Jugend (Hrsg.) (2007): Starke Leistung für jedes Alter. Das Aktionsprogramm Mehrgenerationenhäuser. Konzept, Berlin

BMFSFJ, Bundesministerium für Familie, Senioren, Frauen und Jugend (Hrsg.) (2006): Siebter Familienbericht: Familie zwischen Flexibilität und Verlässlichkeit: Perspektiven für eine lebenslaufbezogene Familienpolitik. Bundestags-Drucksache 16/1360

Bock, K. (Hrsg.) (2010): Handbuch qualitative Methoden in der Sozialen Arbeit. B. Budrich, Opladen

Böhnisch, L. (2009): Bildung und Familie. In: Tippelt, R., Schmidt, B. (Hrsg.), 339–350

Böhnisch, L., Lenz, K. (1999): Familien. Eine interdisziplinäre Einführung. 2. Aufl. Juventa, Weinheim/München

Böllert, K. (Hrsg.) (2008): Von der Delegation zur Kooperation. Bildung in Familie, Schule, Kinder- und Jugendhilfe. VS Verl. für Sozialwiss., Wiesbaden

Boos-Nünning, U. (2005): Kinder und Jugendliche mit Migrationshintergrund: Armut und soziale Deprivation. In: Zander, M. (Hrsg.), 161–180

Boscolo, L., Bertrando, P. (1994): Die Zeiten der Zeit. 1. Aufl. Carl-Auer-Systeme-Verl. und Verl.-Buchh., Heidelberg

Bourdieu, P. (1984): Die feinen Unterschiede. 3. Aufl. Suhrkamp, Frankfurt am Main

Bowlby, J., Schomburg, K. (1982): Das Glück und die Trauer. Klett-Cotta, Stuttgart

Brandau, H., Kaschnitz, W. (2008): ADHS im Jugendalter. Juventa, Weinheim/München

Brückner, M. (2011a): Frauenhaus. In: Ehlert, G., Funk, H. (Hrsg.), 145–148

Brückner, M. (2011b): Care – Sorgen als sozialpolitische Aufgabe und soziale Praxis. In: Otto, H.-U., Thiersch, H. (Hrsg.), 207–213

Brückner, M. (2010): Erfolg und Eigensinn. Zur Geschichte der Frauenhäuser. In: Bereswill, M., Stecklina, G. (Hrsg.), 61–80

Brückner, M. (2001): Fürsorge und Pflegen (Care) im Geschlechterverhältnis. In: Gruber, C., Fröschl, E. (Hrsg.), 269–284

Brückner, M., Hagemann-White, C. (2001): Gibt es noch eine Frauenhausbewegung? Neue Soziale Bewegungen 14, 102–109

Büchner, P. (2009): Familien bilden – aber bilden Familien auch „richtig"? In: Beckmann, C., Richter, M., Otto, H.-U., Schrödter, M. (Hrsg.), 119–130

Büchner, P., Fuhs, B., Krüger, H.-H. (Hrsg.) (1996): Vom Teddybär zum ersten Kuß. Leske + Budrich, Opladen

Bünder, P. (2011): Erziehungs-, Ehe- und Familienberatung. In: Fischer, V., Springer, M. (Hrsg.), 398–412

Bünder, P., Sirringhaus-Bünder, A., Helfer, A. (2009): Lehrbuch der Marte-Meo-Methode. Entwicklungsförderung mit Videounterstützung. Mit 14 Tabellen. Vandenhoeck & Ruprecht, Göttingen

Bundeskonferenz für Erziehungsberatung e.V. (2012): Stellungnahme zur Beratung hoch strittiger Eltern. In: Weber, M., Schilling, H. (Hrsg.), 277–290

Burghardt, H. (2001): Recht und soziale Arbeit. Juventa, Weinheim/München

Burkart, G. (2008): Familiensoziologie. UVK, Konstanz

Chassé, K. August, Wensierski, H.-J. von (Hrsg.) (2004): Praxisfelder der sozialen Arbeit. 3. Aufl. Juventa, Weinheim/München

Chen, S., Ravallion, M. (2007): Absolute poverty measures for the developing world, 1981–2004. World Bank, Development Research Group, Poverty Team, Washington, DC

Cinkl, S., Gedik, K., Krause, H.-U. (2011): Praxishandbuch Sozialpädagogische Familiendiagnosen. Budrich, Leverkusen

de Jong, P., Berg, I. K. (2008): Lösungen (er)finden. Das Werkstattbuch der lösungsorientierten Kurztherapie. 6. Aufl. Verl. Modernes Lernen, Dortmund de Shazer, S. (2009): Das Spiel mit Unterschieden. 6. Aufl. Auer, Heidelberg

de Shazer, S. (1997): Der Dreh. 5. Aufl. Carl-Auer-Systeme-Verl., Heidelberg

de Shazer, S., Berg, I. K. (1997): What Works? Remarks on Research Aspects of Solution-Focused Brief Therapy. Journal of Family Therapy 19, 121–124

de Shazer, S., Dolan, Y. M. (2008): Mehr als ein Wunder. 1. Aufl. Carl-Auer-Systeme-Verl., Heidelberg

Deinet, U., Reutlinger, C. (Hrsg.) (2004): „Aneignung" als Bildungskonzept der Sozialpädagogik. 1. Aufl. VS Verl. für Sozialwiss., Wiesbaden

DESTATIS (2012a): Bevölkerung und Erwerbstätigkeit 2010: Natürliche Bevölkerungsbewegung. Fachserie 1, Reihe 1. 1. Aufl. DESTATIS, Wiesbaden

DESTATIS (2012b): Statistiken der Kinder- und Jugendhilfe 2010. Einrichtungen und tätige Personen (ohne Tageseinrichtungen für Kinder). DESTATIS, Wiesbaden

DESTATIS (2011): Gesundheit – Schwangerschaftsabbrüche. Fachserie 12, Reihe 3. DESTATIS, Wiesbaden

Dewe, B., Otto, H.-U. (2012): Reflexive Sozialpädagogik: Grundstrukturen eines neuen Typs dienstleistungsorientierten Professionshandelns. In: Thole, W. (Hrsg.), 179–198

Dietrich, P. S., Paul, S. (2006): Hoch strittige Elternsysteme im Kontext von Trennung und Scheidung. Differentielle Merkmale und Erklärungsmuster. In: Weber, M. (Hrsg.), 13–28

Diller, A. (Hrsg.) (2008): Familie im Zentrum. DJI Verlag, München

Diller, A., Jurczyk, K., Rauschenbach, T. (2005): Tagespflege zwischen Markt und Familie – Neue Herausforderungen und Perspektiven. DJI Verlag, München

DJI, Deutsches Jugendinstitut (2007): Strategien der Gewaltprävention im Kindes- und Jugendalter. DJI, München

DJI, Deutsches Jugendinstitut (2002): Die Glen Mills Schools, Pennsylvania, USA. 2., geringfügig ergänzte Aufl. DJI, München

Dorbritz, J., Ruckdeschel, K. (2007): Kinderlosigkeit in Deutschland – ein europäischer Sonderweg? Daten, Trends und Hintergründe. In: Konietzka, D., Kreyenfeld, M. (Hrsg.), 45–81

du Bois-Reymond, M., Büchner, P., Krüger, H.-H., Ecarius, I., Fuhs, B. (1994): Kinderleben. Modernisierung von Kindheit im interkulturellen Vergleich. Leske und Budrich, Opladen

Ecarius, J. (Hrsg.) (2007): Handbuch Familie. 1. Aufl. VS Verl. für Sozialwiss., Wiesbaden

Ecarius, J. (2002): Familienerziehung im historischen Wandel. Leske & Budrich, Opladen

Ecarius, J., Köbel, N., Wahl, K. (2011): Familie, Erziehung und Sozialisation. VS Verl. für Sozialwiss., Wiesbaden

Ehlert, G., Funk, H. (Hrsg.) (2011): Wörterbuch Soziale Arbeit und Geschlecht. Juventa, Weinheim/München

Eiber, J., Träg, U. (2004): Soziale Arbeit bei Trennung und Scheidung. In: Chassé, K. August, Wensierski, H.-J. (Hrsg.), 201–211

Engelfried, C., Voigt-Kehlenbeck, C. (Hrsg.) (2010): Gendered Profession. VS Verl. für Sozialwiss., Wiesbaden

Eppenstein, T., Kiesel, D. (2008): Soziale Arbeit interkulturell. Kohlhammer, Stuttgart

Erler, M. (2003): Systemische Familienarbeit – eine Einführung. Juventa, Weinheim/München

Erler, M. (2001): Familienbildung und systemische Familienarbeit. In: Otto, H.-U., Thiersch, H. (Hrsg.), 521–528

Euteneuer, M., Sabla, K.-P., Uhlendorff, U. (2011): Familienpolitik, Soziale Arbeit mit Familien und Familienbildung. In: Otto, H.-U., Thiersch, H. (Hrsg.), 394–406

Falterbaum, J. (2003): Rechtliche Grundlagen sozialer Arbeit. Kohlhammer, Stuttgart

Farzin, S., Jordan, S. (Hrsg.) (2008): Lexikon Soziologie und Sozialtheorie. Reclam, Stuttgart

Fieseler, G., Herborth, R., Fieseler-Herborth (2010): Recht der Familie und Jugendhilfe. 7., überarb. Aufl. Luchterhand, Neuwied

Fischer, V., Springer, M. (Hrsg.) (2011): Handbuch Migration und Familie. Wochenschau-Verl., Schwalbach/Ts.

Foerster, H. von, Köck, W. K. (1999): Sicht und Einsicht. 1. Aufl. Carl-Auer-Systeme-Verlag, Heidelberg

Foucault, M. (1995): Überwachen und Strafen. Die Geburt d. Gefängnisses. Suhrkamp, Frankfurt am Main

Foucault, M. (1986): Die Sorge um sich. Sexualität und Wahrheit 3. Suhrkamp, Frankfurt am Main
Franklin, C. (Hrsg.) (2012): Solution-focused brief therapy. A handbook of evidence-based practice. Oxford University Press, New York
Franz, M. (2009): PALME. 2. Aufl. Vandenhoeck & Ruprecht, Göttingen
Freigang, W. (1986): Verlegen und Abschieben. Juventa, Weinheim/München
Fried, L. (2009): Pädagogische Sprachdiagnostik für Vorschulkinder – Dynamik, Stand und Ausblick. In: Roßbach, H.-G., Blossfeld, H.-P. (Hrsg.), 63–79
Friedrich, M., Remberg, A., Geserick, C. (2005): Wenn Teenager Eltern werden. BZgA, Köln
Früchtel, F., Cyprian, G., Budde, W. (2007): Sozialer Raum und Soziale Arbeit. VS Verlag für Sozialwiss., Wiesbaden
Fthenakis, W. E. (2008): Die Familie nach der Familie. Beck, München
Fthenakis, W. E. (2004): Familie im Wandel: Interventionen im Familienentwicklungsprozess. In: Schavan, A. (Hrsg.), 137–184
Fuhs, B. (2007): Zur Geschichte der Familie. In: Ecarius, J. (Hrsg.), 17–35
Fuhs, B., Büchner, P. (1996): Der Lebensort Familie. Alltagsprobleme und Beziehungsmuster. In: Büchner, P., Fuhs, B., Krüger, H.-H. (Hrsg.), 159–200
Gaitanides, S. (2006): Interkulturelle Öffnung der sozialen Dienste. Neue Praxis, Sonderheft 8, 222–223
Galuske, M. (2011): Methoden der sozialen Arbeit. 9. Aufl. Juventa, Weinheim/München
Galuske, M. (2007): Methoden der sozialen Arbeit. 7. Aufl. Juventa, Weinheim/München
Galuske, M. (2002): Dienstleistungsorientierung – ein neues Leitkonzept Sozialer Arbeit. Neue Praxis 32, 241–258
Galuske, M., Thole, W. (Hrsg.) (2006): Vom Fall zum Management. VS, Verl. für Sozialwiss., Wiesbaden
Gehrmann, G., Müller, K. D. (1998): Praxis sozialer Arbeit. Walhalla, Regensburg
Geißler, K. A., Hege, M. (1995): Konzepte sozialpädagogischen Handelns. 7., unveränd. Aufl., Beltz, Weinheim
Geissler, B., Pfau-Effinger, B. (2005): Care and social integration in European societies. Policy Press, Bristol, UK
Gerhardt, U., Hradil, S. (1995): Familie der Zukunft. Leske + Budrich, Opladen
Gingerich, W. J., Kim, J. S., Stams, G. J. M., MacDonald, A. J. (2012): Solution-Focused Brief Therapy Outcome Research. In: Franklin, C. (Hrsg.), 95–110
Gintzel, U. (2008): Kinderarmut und kommunale Handlungsoptionen. Budrich UniPress, Opladen, Farmington Hills, Mich
Gissel-Palkovich, I. (2011): Lehrbuch Allgemeiner Sozialer Dienst – ASD. Juventa, Weinheim/München
Goffman, E. (2003): Wir alle spielen Theater. 10. Aufl. Piper Taschenbuch, München
Goldberg, B. (2011): Kindeswohl und Kindeswohlgefährdung. In: Goldberg, B., Schorn, A. (Hrsg.), 169–186
Goldberg, B., Schorn, A. (Hrsg.) (2011): Kindeswohlgefährdung: Wahrnehmen – Bewerten – Intervenieren. Budrich, Leverkusen u.a.
Gordon, T. (1991): Familienkonferenz in der Praxis. 3. Aufl. Heyne, München
Göttner-Abendroth, H. (1991): Das Matriarchat, Bd. II, 1. Kohlhammer, Stuttgart u.a.
Graebert, J. (2007): Das Matriarchat der Mosuo. Phoenix
Groenemeyer, A. (2011): Handbuch Soziale Probleme. VS Verl. für Sozialwiss., Wiesbaden
Groenemeyer, A. (2001): Soziale Probleme. In: Otto, H.-U., Olk, T. (Hrsg.):, 1693–1708
Gruber, C., Fröschl, E. (2001): Gender-Aspekte in der sozialen Arbeit. Czernin, Wien
Grunwald, K., Thiersch, H. (Hrsg.) (2008): Praxis lebensweltorientierter sozialer Arbeit. Juventa, Weinheim/München
Gugel, G. (2006): Gewalt und Gewaltprävention. Inst. für Friedenspädagogik, Tübingen
Günder, R. (1997): Ambulante Erziehungshilfen. Lambertus-Verl., Freiburg im Breisgau
Güntner, H. (2011): Mädchenzuflucht. In: Ehlert, G., Funk, H. (Hrsg.), 269–272
Güntner, H., Wieninger, S. (2010): Mädchenarbeit. In: Engelfried, C., Voigt-Kehlenbeck, C. (Hrsg.), 121–140
Hamburger, F. (2009): Abschied von der interkulturellen Pädagogik. Juventa, Weinheim/München

Hammerschmidt, P., Tennstedt, F. (2012): Der Weg zur Sozialarbeit: Von der Armenpflege bis zur Konstituierung des Wohlfahrtsstaates in der Weimarer Republik. In: Thole, W. (Hrsg.), 73–86

Hammerschmidt, P., Uhlendorff, U.(2012): Zur Entstehungsgeschichte des ASD – von den Anfängen bis in die 1970er Jahre. In: Merchel, J. (Hrsg.), 9–31

Hanetseder, C. (1992): Frauenhaus: Sprungbrett zur Freiheit? Haupt, Bern

Hansbauer, P. (2001): Fachlichkeit in den erzieherischen Hilfen – Konzepte, Methoden und Kompetenzen. In: Birtsch, V., Münstermann K., Trede, W. (Hrsg.), 353–375

Hansbauer, P., Hensen, G., Müller, K., Spiegel, H. v. (2009): Familiengruppenkonferenz. Juventa, Weinheim/München

Hansen, K. V. (2005): Not-so-nuclear families: Class, gender and Networks of care. Rutgers University Press, New Brunswick, NJ

Harnach-Beck, V. (1995): Psychosoziale Diagnose in der Jugendhilfe: Grundlagen und Methoden für Hilfeplan und Stellungnahme. Juventa, Weinheim/München

Harring, M., Rohlfs, C., Palentien, C. (Hrsg.) (2007): Perspektiven der Bildung. VS Verl. für Sozialwiss., Wiesbaden

Hartwig, L. (2007): Auftrag und Handlungsmöglichkeiten der Jugendhilfe bei häuslicher Gewalt. In: Kavemann, B., Kreyssig, U. (Hrsg.), 167–177

Haselmann, S. (2007): Systemische Beratung und der systemische Ansatz in der Sozialen Arbeit. In: Michel-Schwartze, B. (Hrsg.), 155–206

Hauser, R. (2008): Das Maß der Armut. Armutsgrenzen im sozialstaatlichen Kontext. Der sozialstatistische Diskurs. In: Huster, E.-U. (Hrsg.), 94–117

Hege, M. (1981): Die Bedeutung der Methoden in der Sozialarbeit. In: Projektgruppe Soziale Berufe (Hrsg.), 145–161

Heiner, M. (Hrsg.) (2004): Diagnostik und Diagnosen in der Sozialen Arbeit – ein Handbuch. Verlag Soziale Theorie und Praxis, Gelsenkirchen

Heinrichs, N., Nowak, C. (2009): Elterntrainings. In: Lohaus, A., Domsch, H. (Hrsg.), 293–304

Helming, E., Berse, E. (1999): Handbuch Sozialpädagogische Familienhilfe. 3., überarb. Aufl. Kohlhammer, Stuttgart

Heuchel, I., Lindner, E., Sprenger, K. (Hrsg.) (2009): Familienzentren in Nordrhein-Westfalen. Waxmann, Münster u.a.

Hill, P. B., Kopp, J. (2002): Familiensoziologie. 2., überarb. und erw. Aufl. Westdt. Verl., Wiesbaden

Hillmann, K.-H. (2007): Wörterbuch der Soziologie. 5. Aufl. Kröner, Stuttgart

Hinze, K., Jost, A. (Hrsg.) (2006): Kindeswohl in alkoholbelasteten Familien als Aufgabe der Jugendhilfe. Lambertus, Freiburg im Breisgau

Homfeldt, H.-G. (Hrsg.) (2008): Soziale Arbeit und Transnationalität: Herausforderungen eines spannungsreichen Bezugs. Juventa, Weinheim/München

Homfeldt, H.-G., Schröer, W., Schweppe, C. (2008): Transnationalität und Soziale Arbeit – ein thematischer Aufriss. In: Homfeldt, H.-G., Schröer, W., Schweppe, C. (Hrsg.), 7–23

Homfeldt, H.-G., Sting, S. (2006): Soziale Arbeit und Gesundheit. Ernst Reinhardt, München/Basel

Hradil, S. (2004): Die Sozialstruktur Deutschlands im internationalen Vergleich. VS Verl. für Sozialwiss., Wiesbaden

Hua, C. (2001): A society without fathers or husbands. Zone Books Distributed by The MIT Press, New York; Cambridge, Mass

Huinink, J., Konietzka, D. (2007): Familiensoziologie. Campus Verl., Frankfurt am Main

Hundsalz, A. (2006): Erziehungsberatung in Bewegung. In: Zimmer, A., Schrapper, C. (Hrsg.), 61–70

Huster, E.-U. (Hrsg.) (2008): Handbuch Armut und soziale Ausgrenzung. 1. Aufl. VS Verl. für Sozialwiss., Wiesbaden

Huster, E.-U., Boeckh, J., Mogge-Grotjahn, H. (2008): Armut und soziale Ausgrenzung: Ein multidisziplinäres Forschungsfeld. In: Huster, E.-U. (Hrsg.), 13–38

Institut für soziale Arbeit e. V. (1994): Hilfeplanung und Betroffenenbeteiligung. Votum, Münster

Jurczyk, K., Oechsle, M. (2008): Das Private neu denken. 1. Aufl. Westfälisches Dampfboot, Münster

Jurczyk, K., Rauschenbach, T., Tietze, W. (2004): Von der Tagespflege zur Familientagesbetreuung – Zur Zukunft öffentlich regulierter Kinderbetreuung in Privathaushalten. Beltz, Weinheim/Basel

Kapella, O., Baierl, A., Rille-Pfeiffer, C., Geserick, C., Schmidt, E.-M. (2011): Gewalt in der Familie und im nahen sozialen Umfeld. Österreichische Prävalenzstudie zur Gewalt an Frauen und Männern. ÖIF, Wien

Karsten, M.-E., Otto, H.-U. (1996): Die sozialpädagogische Ordnung der Familie. 2., überarb. Aufl. Juventa, Weinheim/München

Kavemann, B., Kreyssig, U. (Hrsg.) (2007): Handbuch Kinder und häusliche Gewalt. 2. Aufl. VS Verl. für Sozialwiss., Wiesbaden

Kellermann, B. (2005): Glücksspielsucht. In: Bilke, O., Küstner, U. J., Thomasius, R. (Hrsg.), 95–105

Kessl, F. (2006): Soziale Arbeit trotz(t) Bologna. In: Sting, S., Schweppe, C. (Hrsg.), 71–87

Kindler, H. (2007): Partnergewalt und Beeinträchtigung der kindlichen Entwicklung: Ein Forschungsüberblick. In: Kavemann, B., Kreyssig, U. (Hrsg.), 36–56

Kirchhöfer (1997): Konsistenz und Inkonsistenz von Familienselbstbildern in Eltern-Kind-Beziehungen. In: Mansel, J. (Hrsg.), 160–170

Klees-Möller, R. (1993): Soziale Arbeit mit jungen Müttern. Univ.-Verl. Brockmeyer, Bochum

Klein, M. (2005a): Familiäre Einflussfaktoren im Verlauf von Suchterkrankungen. In: Bilke, O., Küstner, U. J., Thomasius, R. (Hrsg.), 61–71

Klein, M. (2005b): Kinder aus suchtbelasteten Familien. In: Bilke, O., Küstner, U. J., Thomasius, R. (Hrsg.), 52–59

Kliche, D. (2012): Qualitätsentwicklung sozialpädagogischer Arbeit mit jungen Müttern und Vätern in Mutter/Vater-Kind Einrichtungen. In: http://hdl.handle.net/2003/29749, 28.11.2012

Knuth, N., Sabla, K.-P., Uhlendorff, U. (2009): Das Familienkonzeptmodell: Perspektiven für eine sozialpädagogisch fokussierte Familienforschung und -diagnostik. In: Beckmann, C., Richter, M., Otto, H.-U., Schrödter, M. (Hrsg.), 181--193

Köbler, G. (1997): Lexikon der europäischen Rechtsgeschichte. Beck, München

Koch, G., Lambach, R. (2000): Familienerhaltung als Programm. Votum, Münster

KOM, Europäische Kommission (2010): Eine Strategie für intelligentes, nachhaltiges und integratives Wachstum. Brüssel

KOM, Europäische Kommission (2006): Ein Fahrplan für die Gleichstellung von Frauen und Männern. Brüssel

Konietzka, D., Kreyenfeld, M. (Hrsg.) (2007): Ein Leben ohne Kinder. Kinderlosigkeit in Deutschland. VS Verl. für Sozialwiss., Wiesbaden

König, R. (2002): Familiensoziologie. Leske + Budrich, Opladen

Kreuzer, M. (2006): Neue Methoden der Familienarbeit. In: Galuske, M., Thole, W. (Hrsg.), 97–116

Krüger, E. (1994): Erziehungshilfe in Tagesgruppen. IGfH-Eigenverl., Frankfurt am Main

Kuller, C. (2004): Familienpolitik im föderativen Sozialstaat. Die Formierung eines Politikfeldes 1949-1975. Institut für Zeitgeschichte, Oldenbourg

Küster, E.-U., Thole, W. (2008): Kinder- und Jugendarbeit im „Dickicht der Lebenswelt". In: Grunwald, K., Thiersch, H. (Hrsg.), 213–232

Lamnek, S., Luedtke, J., Ottermann, R. (2006): Tatort Familie. 2. Aufl. VS Verl. für Sozialwiss., Wiesbaden

Lauterbach, W. (2003): Armut in Deutschland und mögliche Folgen für Familien und Kinder. Bibliotheks- und Informationssystem der Univ., Oldenburg

Leiprecht, R., Vogel, D. (2008): Transkulturalität und Transnationalität als Herausforderung für die Gestaltung Sozialer Arbeit und sozialer Dienste vor Ort. In: Homfeldt, H.-G., Schröer, W., Schweppe, C. (Hrsg.), 25–44

Lenz, G. (1999): Ressourcen erkennen, Familienauftrag ernstnehmen, ein holpriger Weg in der systemischen Familienberatung. Familiendynamik 24, 115–121

Lenz, I. (2008): Die neue Frauenbewegung in Deutschland. 1. Aufl. VS Verl. für Sozialwiss., Wiesbaden

Lenzen, D. (Hrsg.) (1995): Erziehungswissenschaft. 2. verb. Aufl., Rowohlt-Taschenbuch-Verl., Reinbek bei Hamburg

Lenzen, D. (Hrsg.) (1983): Theorien und Grundbegriffe der Erziehung und Bildung, Band 1. 1. Aufl. Klett-Cotta, Stuttgart

Liegle, L. (2009): Müssen Eltern erzogen werden? In: Beckmann, C., Richter, M., Otto, H.-U., Schrödter, M. (Hrsg.), 100–107

Lohaus, A., Domsch, H. (Hrsg.) (2009): Psychologische Förder- und Interventionsprogramme für das Kindes- und Jugendalter. Springer, Berlin, Heidelberg

Lüscher, K. (1995): Familie und Postmoderne. In: Nauck, B., Nave-Herz, R. (Hrsg.), 3–15

Lutz, R. (Hrsg.) (2012): Erschöpfte Familien. VS Verl. für Sozialwiss., Wiesbaden

Mangold, J. (1997): Lebenswelt- und Subjektorientierung. Verl. für Wiss. und Bildung, Berlin

Mansel, J. (Hrsg.) (1997): Generationen-Beziehungen, Austausch und Tradierung. Westdeutscher Verlag, Opladen

Marx, R. (2011): Familien und Familienleben. Grundlagenwissen für Soziale Arbeit. Juventa, Weinheim/München

Maturana, H. R., Varela, F. J. (1987): Der Baum der Erkenntnis. 2. Aufl. Scherz, Bern u.a.

Meder, N., Allemann-Ghionda, C., Uhlendorff, U., Mertens, G. (Hrsg.) (2011): Handbuch der Erziehungswissenschaft. 6. Erziehungswissenschaft und Gesellschaft. Studienausg. Schöningh, Paderborn/München

Mengel, M. (2007): Familienbildung mit benachteiligten Adressaten. 1. Aufl. VS Verl. für Sozialwiss., Wiesbaden

Merchel, J. (2012): Der „Allgemeine Soziale Dienst (ASD)" als Gegenstand eines Handbuchs – ein Beitrag zur Anerkennung der Bedeutung und der Professionalität eines Handlungsfeldes. In: Merchel, J. (Hrsg.), 1–8

Merchel, J. (Hrsg.) (2012): Handbuch Allgemeiner Sozialer Dienst (ASD). Ernst Reinhardt, München/Basel

Merchel, J. (1994): Von der psychosozialen Diagnose zur Hilfeplanung – Aspekte eines Perspektivenwechsels in der Erziehungshilfe. In: Institut für soziale Arbeit e. V. (Hrsg.), 44 – 63

Meyer, T. (2002): Moderne Elternschaft – neue Erwartungen, neue Ansprüche. Aus Politik und Zeitgeschichte 22–23, 40–46

Michel-Schwartze, B. (Hrsg.) (2009): Methodenbuch Soziale Arbeit. 2. Aufl. VS Verl. für Sozialwiss., Wiesbaden

Michel-Schwartze, B. (Hrsg.) (2007): Methodenbuch soziale Arbeit. 1. Aufl. VS Verl. für Sozialwiss., Wiesbaden

Ministerium für Familie, Kinder, Jugend, Kultur und Sport des Landes Nordrhein-Westfalen. In: www.familienzentrum.nrw.de, 04.09.2012

Minuchin, S. (1997): Familie und Familientherapie. 10. Aufl. Lambertus, Freiburg im Breisgau

Mollenhauer, K. (1996): Kinder- und Jugendhilfe, Theorie der Sozialpädagogik – ein thematisch kritischer Grundriss. Zeitschrift für Sozialpädagogik 42, 869–885

Mollenhauer, K. (1995): Sozialpädagogische Einrichtungen. In: Lenzen, D. (Hrsg.), 447–476

Mollenhauer, K. (1983): Familie – Familienerziehung. In: Lenzen, D. (Hrsg.), 412–419

Mollenhauer, K. (1965): Das pädagogische Phänomen Beratung. In: Mollenhauer, K., Müller, C. W. (Hrsg.), 25–33

Mollenhauer, K., Brumlik, M., Wudtke, H. (1975): Die Familienerziehung. Juventa, Weinheim/München

Mollenhauer, K., Brumlik, M., Wudtke, H. (1978): Die Familienerziehung. 2. Aufl. Juventa, Weinheim/München

Mollenhauer, K., Müller, C. W. (Hrsg.) (1965): Führung und Beratung in pädagogischer Sicht. Quelle und Meyer, Heidelberg

Mollenhauer, K., Uhlendorff, U. (1999): Sozialpädagogische Diagnose I. Über Jugendliche in schwierigen Lebenslagen. 3. Aufl. Juventa, Weinheim/München

Mollenhauer, K., Uhlendorff, U. (1992): Sozialpädagogische Diagnosen II. Selbstdeutung verhaltensschwieriger Jugendlicher als empirische Grundlage für Erziehungspläne. Juventa, Weinheim/München

Mührel, E., Birgmeier, B. (2009): Theorien der Sozialpädagogik – ein Theorie-Dilemma? VS Verl. für Sozialwiss., Wiesbaden

Müller, B. (1993): Sozialpädagogisches Können. Lambertus-Verl., Freiburg im Breisgau

Müller, C. W. (2006): Wie Helfen zum Beruf wurde. 4. Aufl. Juventa, Weinheim/München

Müller, H.-R., Ecarius, J., Herzberg, H. (2010): Familie, Generation und Bildung. Beiträge zur Erkundung eines informellen Lernfeldes. Barbara Budrich, Opladen; Farmington Hills

Münder, J., Meysen, T., Trenczek, T. (2009): Frankfurter Kommentar zum SGB VIII. 6., vollst. überarb. Aufl., [Gesetzesstand 01.09.2009]. Nomos, Baden-Baden

Nauck, B., Nave-Herz, R. (Hrsg.) (1995): Familie im Brennpunkt von Wissenschaft und Forschung. Luchterhand, Neuwied

Nave-Herz, R. (2004): Ehe- und Familiensoziologie. Eine Einführung in Geschichte, theoretische Ansätze und empirische Befunde. Juventa, Weinheim/München

Nave-Herz, R. (2001): Familie. In: Nave-Herz, R., Onnen-Isenmann, C. (Hrsg.), 289–310

Nave-Herz, R., Onnen-Isenmann, C. (Hrsg.) (2001): Lehrbuch der Soziologie. Campus, Frankfurt am Main

Niederfranke, A. (2008): Neue Dienstleistung für alle Lebensalter: Das Aktionsprogramm Mehrgenerationenhäuser. Recht der Jugend und des Bildungswesens 56, 184–191

Nielsen, H., Nielsen, K., Müller, C. W. (1986): Sozialpädagogische Familienhilfe. Beltz, Weinheim

Niemeyer, C. (2012): Sozialpädagogik, Sozialarbeit, Soziale Arbeit – „klassische" Aspekte der Theoriegeschichte. In: Thole, W. (Hrsg.), 135–150

Niemeyer, C. (2010): Klassiker der Sozialpädagogik. 3. Aufl. Juventa, Weinheim/München

Nord, J. (2008): Zur Bedeutung von Elternarbeit in der Heimerziehung. VDM Verl. Dr. Müller, Saarbrücken

Olk, T., Otto, H.-U. (2003): Soziale Arbeit als Dienstleistung. Grundlegungen, Entwürfe, Modelle. Luchterhand, München

Otto, H.-U., Thiersch, H. (Hrsg.) (2011): Handbuch Soziale Arbeit. 4. Aufl. Ernst Reinhardt, München/Basel

Otto, H.-U., Thiersch, H. (Hrsg.) (2001): Handbuch Sozialarbeit, Sozialpädagogik. 2. Aufl. Luchterhand, Neuwied

Palentien, C. (2004): Kinder- und Jugendarmut in Deutschland. 1. Aufl. VS Verl. für Sozialwiss., Wiesbaden

Pankoke, E. (2001): Soziale Frage, soziale Bewegung, soziale Politik. In: Otto, H.-U., Olk, T. (Hrsg.), 1676–1683

Parsons, T. (1964): Beiträge zur soziologischen Theorie. Luchterhand, Neuwied u.a.

Petermann, F. (1987): Analyse von Leistungsfeldern der Heimerziehung. Frankfurt am Main

Petermann, F., Petermann, F., Franz, M. (2010): Erziehungskompetenz und Elterntraining. Kindheit und Entwicklung 19, 67–71

Peters, F. (2012): „Erschöpfte Familie" trifft auf „ausgezehrte Soziale Arbeit" – Erfahrungen der Kinder- und Jugendhilfe mit erschöpften Familien. In: Lutz, R. (Hrsg.), 253--284

Peters, F. (2002): Diagnosen – Gutachten – hermeneutisches Fallverstehen. Rekonstruktive Verfahren zur Qualifizierung individueller Hilfeplanung. 2. Aufl. IGfH-Eigenverl., Frankfurt am Main

Pettinger, R., Rollik, H. (2005): Familienbildung als Angebot der Jugendhilfe. Rechtliche Grundlagen – familiale Problemlagen – Innovationen. Bundesministerium für Familie, Senioren, Frauen und Jugend. Berlin, Bonn

Petzold, M. (1999): Entwicklung und Erziehung in der Familie. Schneider-Verl. Hohengehren, Baltmannsweiler

Peuckert, R. (2008): Familienformen im sozialen Wandel. 7., vollständig überarbeitete Aufl. VS Verl. für Sozialwiss., Wiesbaden

Peuckert, R. (2007): Zur aktuellen Lage der Familie. In: Ecarius, J. (Hrsg.), 36–56

Poser, W., Poser, S. (1996): Medikamente – Missbrauch und Abhängigkeit. Thieme, Stuttgart

Pries, L. (2011): Familiäre Migration in Zeiten der Globalisierung. In: Fischer, V., Springer, M. (Hrsg.), 23–35

Projektgruppe Soziale Berufe (Hrsg.) (1981): Sozialarbeit: Expertisen. Juventa, Weinheim/München

Quast, A. (2006): Empfehlungen für die Arbeit mit suchtbelasteten Familien im Handlungsfeld der Kinder- und Jugendhilfe. In: Hinze, K., Jost, A. (Hrsg.), 96–175

Reich, G. (2003): Familientherapie der Essstörungen. Hogrefe, Göttingen

Richter, A. (2005): Armutsprävention – Ein Auf-

trag für die Gesundheitsförderung. In: Zander, M. (Hrsg.), 198–215
Richter, M. (2011): Familienhilfe. In: Otto, H.-U., Thiersch, H. (Hrsg.), 387–393
Richter, M. (2008): Familien und Bildung. In: Böllert, K. (Hrsg.), 33–46
Richter-Appelt, H., Moldzio, A. (2005): Sexualität und sexueller Missbrauch. In: Thomasius, R., Küster U. J. (Hrsg.), 27–37
Rietmann, S., Hensen, G. (2008): Tagesbetreuung im Wandel. VS Verl. für Sozialwiss., Wiesbaden
Rose, L., Sturzenhecker, B. (2009): ‚Erst kommt das Fressen …!'. Über Essen und Kochen in der Sozialen Arbeit. VS Verl. für Sozialwiss., Wiesbaden
Rosenbaum, H. (1982): Formen der Familie. Suhrkamp, Frankfurt am Main
Roßbach, H.-G., Blossfeld, H.-P. (Hrsg.) (2009): Frühpädagogische Förderung in Institutionen. VS Verl. für Sozialwiss., Wiesbaden
Rupp, M. (2009): Die Lebenssituation von Kindern in gleichgeschlechtlichen Lebenspartnerschaften. Bundesanzeiger-Verl.-Ges., Köln
Rupp, M., Mengel, M., Smolka, A. (2010): Handbuch zur Familienbildung im Rahmen der Kinder- und Jugendhilfe in Bayern. ifb-Materialien 7-2010. Staatsinstitut für Familienforschung an der Universität Bamberg (ifb), Bamberg
Rupp, M., Smolka, A. (2007): Von der Mütterschule zur modernen Dienstleistung. Die Entwicklung der Konzeption von Familienbildung und ihre aktuelle Bedeutung. Zeitschrift für Erziehungswissenschaft 10, 317–333
Sabla, K.-P. (2009): Vaterschaft und Erziehungshilfen. Juventa, Weinheim/München
Sachße, C. (2001): Geschichte der Sozialarbeit. In: Otto, H.-U., Olk, T. (Hrsg.), 670–681
Sachße, C., Tennstedt, F. (1988): Geschichte der Armenfürsorge in Deutschland. Band 2: Fürsorge und Wohlfahrtspflege 1871 bis 1929. Kohlhammer, Stuttgart
Sachße, C., Tennstedt, F. (1980): Geschichte der Armenfürsorge in Deutschland. Band 1: Vom Spätmittelalter bis zum 1. Weltkrieg. Kohlhammer, Stuttgart
Salomon, A. (1926): Soziale Diagnose. C. Heymann, Berlin
Sann, A., Thrum, K. (2005): Opstapje – Schritt für Schritt. Deutsches Jugendinstitut e.V., Abteilung Familie und Familienpolitik, München
Schaarschuch, A. (2003): Die Privilegierung des Nutzers. Zur theoretischen Begründung sozialer Dienstleistung. In: Olk, T., Otto, H.-U. (Hrsg.), 150–169
Schaarschuch, A. (1999): Theoretische Grundelemente Sozialer Arbeit als Dienstleistung. Ein analytischer Zugang zur Neuorientierung Sozialer Arbeit. Neue Praxis 29, 543–560
Schavan, A. (Hrsg.) (2004): Bildung und Erziehung. Perspektiven auf die Lebenswelten von Kindern und Jugendlichen. Suhrkamp, Frankfurt am Main
Schepers, G., König, C. (2000): Video-Home-Training. Beltz Verl., Weinheim
Schiersmann, C. (1998): Innovationen in Einrichtungen der Familienbildung. Leske + Budrich, Opladen
Schilling, C. (1998): Innovationen in Einrichtungen der Familienbildung. Leske + Budrich, Opladen
Schilling, J. (1993): Didaktik, Methodik der Sozialpädagogik. Luchterhand, Neuwied
Schlippe, A. von (2007): Werkstattbuch Elterncoaching. Vandenhoeck & Ruprecht, Göttingen
Schlippe, A. von, Schweitzer, J. (2007): Lehrbuch der systemischen Therapie und Beratung. Vandenhoeck & Ruprecht, Göttingen
Schmidtchen, G. (1989): Schritte ins Nichts. Leske + Budrich, Opladen
Schmitt, C. (2008): Handbuch Erziehungs- und Bildungspartnerschaften. Elternarbeit in Kooperation von Schule, Jugendhilfe und Familie. VS Verl. für Sozialwiss., Wiesbaden
Schneider, N. F., Krüger, D., Lasch, V., Limmer, R., Matthias-Bleck, H. (2001): Alleinerziehen – Vielfalt und Dynamik einer Lebensform. Kohlhammer, Stuttgart/Berlin/Köln
Schneider, N. F. (Hrsg.) (2008): Lehrbuch Moderne Familiensoziologie. B. Budrich, Opladen
Schone, R., Gnitzel, U., Jordan, E., Kalschener,

M., Münder, J. (1997): Kinder in Not. Votum, Münster

Schrapper, C. (Hrsg.) (2010): Sozialpädagogische Diagnostik und Fallverstehen in der Jugendhilfe. Anforderungen, Konzepte, Perspektiven. 2. Aufl. Juventa, Weinheim/München

Schröer, W., Struck, N., Wolff, M. (Hrsg.) (2002): Handbuch Kinder- und Jugendhilfe. Studienausg. Juventa, Weinheim/München

Schulte, D., Rudolf, G. (2008): Gutachten des Wissenschaftlichen Beirats Psychotherapie zur Systemischen Therapie. In: www.sgst.de/files/GutachtenSystemischeTherapie20081214.pdf, 04.08.2012

Sirringhaus-Bünder, A., Reitmayer, G. (2011): Videounterstützte Beratung nach der Marte-Meo-Methode in der Kindertagesstätte. In: Fischer, V., Springer, M. (Hrsg.), 413–418

Smolka, A., Rupp, M. (2007): Die Familie als Ort der Vermittlung von Alltags- und Daseinskompetenzen. In: Harring, M., Rohlfs, C., Palentien, C. (Hrsg.):, 219–236

Spiegel, H. von (2011): Methodisches Handeln in der Sozialen Arbeit. 4. Aufl. Ernst Reinhardt, München/Basel

Spies, A. (2010): Frühe Mutterschaft – Eine pädagogische Herausforderung der besonderen Art. In: Spies, A. (Hrsg.), 9–24

Spies, A. (Hrsg.) (2010): Frühe Mutterschaft, Schneider-Verl. Hohengehren, Baltmannsweiler

Statistik Austria (2007): Volkszählung 2001. Textband. Die demographische, soziale und wirtschaftliche Struktur der österreichischen Bevölkerung. Statistik Austria, Wien

Statistisches Bundesamt (2012a): Armutsgefährdung und Einkommensungleichheit: Deutschland auch 2009 unter EU-Durchschnitt. In: www.destatis.de/DE/PresseService/Presse/Pressemitteilungen/2012/03/PD12_109_634.html, 26.07.2012

Statistisches Bundesamt (2012b): Statistiken der Kinder- und Jugendhilfe. Erzieherische Hilfe, Eingliederungshilfe für seelisch behinderte junge Menschen, Hilfe für junge Volljährige – Familienorientierte Hilfen (§§ 27, 31 SGB VIII). Destatis, Wiesbaden

Statistisches Bundesamt (2012c): Bevölkerung und Erwerbstätigkeit: Statistik der rechtskräftigen Beschlüsse in Eheauflösungssachen (Scheidungsstatistik). Destatis, Wiesbaden

Statistisches Bundesamt (2011a): Statistiken der Kinder- und Jugendhilfe. Erzieherische Hilfe, Eingliederungshilfe für seelisch behinderte junge Menschen, Hilfe für junge Volljährige. Heimerziehung, sonstige betreute Wohnformen. Destatis, Wiesbaden

Statistisches Bundesamt (2011b): Bevölkerung und Erwerbstätigkeit: Haushalte und Familien. Ergebnisse des Mikrozensus 2009. Destatis, Wiesbaden

Statistisches Bundesamt (2010): Bevölkerung und Erwerbstätigkeit. Bevölkerung mit Migrationshintergrund. Destatis, Wiesbaden

Statistisches Bundesamt (2009): Neue Daten zur Kinderlosigkeit in Deutschland. Wiesbaden

Statistisches Bundesamt (2008): 16 Jahre Kinder- und Jugendhilfegesetz in Deutschland. Ergebnisse der Kinder- und Jugendhilfestatistiken Erzieherische Hilfen 1991 bis 2006. Von der Erziehungsberatung bis zur Heimerziehung. Destatis, Wiesbaden

Statistisches Bundesamt (2006): Datenreport 2006. Bundeszentrale für politische Bildung, Bonn

Steinbach, A. (2003): Stieffamilien in Deutschland. Ergebnisse der ‚Generations and Gender Survey' 2005. Zeitschrift für Bevölkerungswissenschaft 33, 153-180

Stimmer, F. (2006): Grundlagen des methodischen Handelns in der sozialen Arbeit. 2. Aufl. Kohlhammer, Stuttgart

Sting, S., Blum, C. (2003): Soziale Arbeit in der Suchtprävention. Ernst Reinhardt, München/Basel

Sting, S., Schweppe, C. (Hrsg.) (2006): Sozialpädagogik im Übergang. Juventa, Weinheim/München

Stöbe-Blossey, S. (2009): Neue Angebote für Familien. In: Heuchel, I., Lindner, E., Sprenger, K. (Hrsg.), 21–35

Straub, U. (2005): Family Group Conference. Sozial Extra 29, 37–41

Struck, N., Galuske, M., Thole, W. (Hrsg.) (2003): Reform der Heimerziehung. Leske + Budrich, Opladen

Süzen, T. (2011): Sozialpädagogische Arbeit mit Familien in Erziehungshilfen. In: Fischer, V., Springer, M. (Hrsg.), 386–397

Sydow, K. v. (2007): Die Wirksamkeit der systemischen Therapie – Familientherapie. Hogrefe, Göttingen

Tacke, V. (2008): Organisation. In: Farzin, S., Jordan, S. (Hrsg.), 212–214

Textor, M. (2004): Ehe- und Familienberatung. In: Chassé, K. August, Wensierski, H.-J. (Hrsg.), 151–160

Thiersch, H. (2004): Ambulante Erziehungshilfen und das Konzept der Lebensweltorientierung. In: Chassé, K. August, Wensierski, H.-J. (Hrsg.) 121–133

Thiersch, H. (1992): Lebensweltorientierte soziale Arbeit. Juventa, Weinheim/München

Thole, W. (Hrsg.) (2012): Grundriss soziale Arbeit. 4. Aufl. VS Verl. für Sozialwiss., Wiesbaden

Thole, W. (2000): Taschenwörterbuch Soziale Arbeit. Klinkhardt, Bad Heilbrunn

Thole, W., Rekowski, A., Schäuble, B. (2012): Sorgende Arrangements. VS Verl. für Sozialwiss., Wiesbaden

Thomasius, R., Küster, U. J. (Hrsg.) (2005): Familie und Sucht. Schattauer, Stuttgart

Tippelt, R., Schmidt, B. (Hrsg.) (2009): Handbuch Bildungsforschung. 2., überarb. und erw. Aufl. VS Verl. für Sozialwiss., Wiesbaden

Tschöpe-Scheffler, S. (2009): Familie und Erziehung in der sozialen Arbeit. Wochenschau-Verl., Schwalbach/Ts

Tschöpe-Scheffler, S. (2006): Konzepte der Elternbildung. 2. Aufl. Budrich, Opladen

Tschöpe-Scheffler, S. (2003): Elternkurse auf dem Prüfstand. Leske + Budrich, Opladen

Tschöpe-Scheffler, S., Wirtz, W. (2008): Familienbildung. In: Diller, A. (Hrsg.), 157–178

Uhlendorff, U. (2011a): Das Sozialpädagogische Problem. In: Meder, N., Allemann-Ghionda, C., Uhlendorff, U., Mertens, G. (Hrsg.), 11–29

Uhlendorff, U. (2011b): Sozialpädagogische Einrichtungen. In: Meder, N., Allemann-Ghionda, C., Uhlendorff, U., Mertens, G. (Hrsg.), 98–123

Uhlendorff, U. (2010a): Sozialpädagogische Diagnosen III. Ein sozialpädagogisch-hermeneutisches Diagnoseverfahren für die Hilfeplanung. 3. aktualisierte. Aufl. Juventa, Weinheim/München

Uhlendorff, U. (2010b): Typenbildende Verfahren. In: Bock, K. (Hrsg.), 314–324

Uhlendorff, U. (2003): Geschichte des Jugendamtes. Entwicklungslinien öffentlicher Jugendhilfe 1871 bis 1929. Beltz, Weinheim

Uhlendorff, U., Cinkl, S., Marthaler, T. (2008): Sozialpädagogische Familiendiagnosen. 2., korr. Aufl. Juventa, Weinheim/München

Uhlendorff, U., Hammerschmidt, P. (2012): Geschichte des Allgemeinen Sozialen Dienstes. In: Merchel, J. (Hrsg.),

van Dülmen, R. (1990): Das Haus und seine Menschen. Beck, München

Volkmann, U., Schimak, U. (Hrsg.) (2002): Soziologische Gegenwartsdiagnosen II. Budrich, Opladen

Wabnitz, R. J. (2012a): Grundkurs Familienrecht für die Soziale Arbeit. 3., überarb. Aufl. Ernst Reinhardt, München/Basel

Wabnitz, R. J. (2012b): Grundkurs Kinder- und Jugendhilferecht für die Soziale Arbeit. 3., überarb. Aufl. Ernst Reinhardt, München/Basel

Wagner, M. (2008): Entwicklung und Vielfalt der Lebensformen. In: Schneider, N. F. (Hrsg.), 99–120

Walper, S., Schwarz, B. (2002): Risiken und Chancen für die Entwicklung von Kindern aus Trennungs- und Stieffamilien: Eine Einführung. In: Walper, S., Schwarz, B. (Hrsg.), 7–22

Walper, S., Schwarz, B. (Hrsg.) (2002): Was wird aus den Kindern? 2. Aufl. Juventa, Weinheim/München

WAVE (2011): Wave (Women against violence europe) Country Report 2011. In: www.aoef.at/cms/doc/CR_komplett_2011_NEU.pdf., 29.06.2012

Weber, M., Eggemann-Dann, H.-W., Schilling, H. (2003): Beratung bei Konflikten. Juventa, Weinheim/München

Weber, M., Schilling, H. (Hrsg.) (2012): Eskalierte Elternkonflikte. 2. Aufl. Juventa, Weinheim/München

Weltbank (2007): Absolute poverty measures for the developing world. In: http://go.worldbank.org/93WGM7REV0, 28.11.2012

Wichern, J. H. (1958): Sämtliche Werke. Band 4. Teil 1: Schriften zur Sozialpädagogik. Lutherisches Verl.-Haus, Berlin u.a.

Widulle, W. (2012): Gesprächsführung in der Sozialen Arbeit. 2. Aufl. VS Verl. für Sozialwiss., Wiesbaden

Wieners, T. (1999): Familientypen und Formen außerfamilialer Kinderbetreuung heute: Vielfalt als Notwendigkeit und Chance. Leske + Budrich, Opladen

Winkler, M. (2004): Aneignung und Sozialpädagogik – einige grundlagentheoretische Überlegungen. In: Deinet, U., Reutlinger, C. (Hrsg.), 71–92

Winkler, M. (1988): Eine Theorie der Sozialpädagogik. Klett-Cotta, Stuttgart

Wolf, K. (2003): Und sie verändert sich immer noch. Reformprozesse in der Heimerziehung. In: Struck, N., Galuske, M., Thole, W. (Hrsg.), 19–38

Wulf, C., Althans, B., Audehm, K., Bausch, C., Göhlich, M., Sting, S., Tervooren, A., Wagner-Willi, A., Zirtas, J. (2001): Das Soziale als Ritual. Leske + Budrich, Opladen

Zander, M. (Hrsg.) (2005): Kinderarmut. VS Verl. für Sozialwiss., Wiesbaden

Zander, B. (2003): Systemische Praxis der Erziehungs- und Familienberatung. Vandenhoeck & Ruprecht, Göttingen

Zimmer, A.; Schrapper, C. (Hrsg.) (2006): Zukunft der Erziehungsberatung. Juventa, Weinheim/München

Sachregister

Leseprobe

Leseprobe aus

Karsten Speck:
Schulsozialarbeit

6.2 Methoden und methodisches Handeln

Bis heute gibt es erstaunlich wenig Beiträge, die sich mit den Methoden, d.h. zielorientierten und überprüfbaren Wegen in der Sozialen Arbeit zur Problemlösung (Stimmer 2000, 22) und der Weiterentwicklung des methodischen Handelns in der Schulsozialarbeit beschäftigen (Müller 2004). Ein Grund hierfür könnte sein, dass Schulsozialarbeit als eine sozialpädagogische Leistung am Ort Schule über grundsätzlich keine anderen, sondern dieselben Methoden, wie auch die systematisch übergeordnete Soziale Arbeit verfügt. Die vorhandenen Methoden der Sozialen Arbeit müssen insofern lediglich an die Anforderungen und die Adressaten der Schulsozialarbeit angepasst werden. Es gibt also – wie Burkhard Müller (2004, 222) zu Recht feststellt – „keine spezifischen Methoden der Schulsozialarbeit". Das Methodenspektrum der Schulsozialarbeit ist damit äußerst vielfältig, denn neben den klassischen Methoden der Sozialen Arbeit, die sich vorrangig auf die direkte Arbeit mit den KlientInnen beziehen (Einzelfallhilfe, soziale Gruppenarbeit und Gemeinwesenarbeit), haben „neuere" Methoden, die sich nur indirekt auf die KlientInnen beziehen (z.B. Supervision, Selbstevaluation), in der Sozialen Arbeit an Bedeutung gewonnen (von Spiegel 2004a; Stimmer 2000). In Anlehnung an Galuskes Konzept- und Methodeneinteilung in der Sozialen Arbeit (1998, 166ff) lassen sich vier

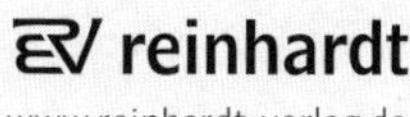

Gruppen von Methoden in der Schulsozialarbeit unterscheiden:

a) Direkte einzelfall- und primärgruppenbezogene Methoden mit direktem Interventionsbezug streben eine gezieltere und überprüfbarere Intervention zwischen SchulsozialarbeiterInnen und KlientInnen an. In der Schulsozialarbeit kommen hier beispielsweise die Einzelfallhilfe, die sozialpädagogische und klientenzentrierte Beratung, die multiperspektivische Fallarbeit, das Case-Management, die Mediation, die rekonstruktive Sozialarbeit oder die Familientherapie zum Einsatz.

b) Direkte sekundärgruppen- und sozialraumbezogene Methoden mit direktem Interventionsbezug fokussieren ebenfalls auf eine gezieltere und überprüfbarere Intervention zwischen SchulsozialarbeiterInnen und KlientInnen, beziehen dabei aber das Netzwerk der KlientInnen, andere Gruppenmitglieder bzw. das Gemeinwesen stärker ein. Zu diesen Methoden zählen in der Schulsozialarbeit zum Beispiel die soziale Gruppenarbeit, die Gemeinwesenarbeit, die soziale Netzwerkarbeit, die Erlebnispädagogik, die themenzentrierte Interaktion und das Empowerment.

c) Indirekt interventionsbezogene Methoden dienen den SchulsozialarbeiterInnen dazu, ihre sozialpädagogische Arbeit bzw. ihr konkretes Arbeitsfeld systematisch zu reflektieren und die eigene Handlungsfähigkeit zu verbessern. Zu nennen sind hier unter anderem die Supervision und die Selbstevaluation.

d) Struktur- und organisationsbezogene Methoden zielen auf die Abstimmung und Planung von Hilfestrukturen

Leseprobe

vor einer eigentlichen Intervention ab. Dabei geht es um die Diskussion und Bereitstellung entsprechender Rahmenbedingungen für die Schulsozialarbeit. Bedeutsame Methoden sind unter anderem das Sozialmanagement und die Jugendhilfeplanung.